RÉPUBLIQUE FRANÇAISE
Liberté — Égalité — Fraternité

DÉPARTEMENT DE LA SEINE

DIRECTION DES AFFAIRES DÉPARTEMENTALES

ÉTAT DES COMMUNES

A LA FIN DU XIXᵉ SIÈCLE

publié sous les auspices du Conseil Général

NEUILLY-SUR-SEINE

NOTICE HISTORIQUE
ET
RENSEIGNEMENTS ADMINISTRATIFS

MONTÉVRAIN
IMPRIMERIE TYPOGRAPHIQUE DE L'ÉCOLE D'ALEMBERT

1904

NEUILLY-SUR-SEINE

MONOGRAPHIES

En vente :

ÉPINAY	L'ILE-SAINT-DENIS
PIERREFITTE	BAGNEUX
STAINS	CHEVILLY
VILLETANEUSE	PANTIN
ORLY	CHATILLON
DUGNY	ARCUEIL-CACHAN
ANTONY	MALAKOFF
LE BOURGET	ALFORTVILLE
THIAIS	FONTENAY-aux-ROSES
RUNGIS	VANVES
FRESNES	VILLEJUIF
DRANCY	BRY-SUR-MARNE
LE PLESSIS-PIQUET	SAINT-OUEN
VILLEMOMBLE	CHOISY-LE-ROI
BONDY	BAGNOLET
GENNEVILLIERS	ASNIÈRES
ROMAINVILLE	CHARENTON-le-PONT
BOURG-LA-REINE	SAINT-DENIS
LA COURNEUVE	CRÉTEIL
BOBIGNY	FONTENAY-sous-BOIS
SCEAUX	SAINT-MAURICE
BONNEUIL-sur-MARNE	LEVALLOIS-PERRET
L'HAŸ	LE PRÉ-saint-GERVAIS
LES LILAS	NANTERRE
ROSNY-SOUS-BOIS	CLICHY
NOISY-LE-SEC	ISSY-les-MOULINEAUX
AUBERVILLIERS	CLAMART
CHATENAY	NEUILLY-sur-SEINE

Sous presse :

SAINT-MANDÉ	VINCENNES

En préparation :

MAISONS-ALFORT	COLOMBES
IVRY-SUR-SEINE	BOIS-COLOMBES

RÉPUBLIQUE FRANÇAISE
Liberté—Égalité—Fraternité

DÉPARTEMENT DE LA SEINE

DIRECTION DES AFFAIRES DÉPARTEMENTALES

ÉTAT DES COMMUNES

A LA FIN DU XIXᵉ SIÈCLE
publié sous les auspices du Conseil Général

NEUILLY-SUR-SEINE

NOTICE HISTORIQUE
ET
RENSEIGNEMENTS ADMINISTRATIFS

MONTÉVRAIN
IMPRIMERIE TYPOGRAPHIQUE DE L'ÉCOLE D'ALEMBERT

1904

NOTICE HISTORIQUE

NEUILLY-SUR-SEINE[1]

Anciennement, écart de la paroisse de Villiers-la-Garenne, communauté de la Généralité et de l'Élection de Paris, et municipalité du département de Saint-Germain, arrondissement de Saint-Denis, de 1787 à 1790.

De 1790 à l'an IX, par suite de la translation du chef-lieu de commune de Villiers à Neuilly, commune de l'arrondissement de Saint-Denis et du canton de Clichy.

De l'an IX à 1893, chef-lieu de canton de l'arrondissement de Saint-Denis.

Actuellement, en vertu de la loi du 12 avril 1893, chef-lieu de canton, commune unique.

---

1. Il existe en France un nombre assez considérable de localités dénommées Neuillac, Neuillay, Neuillé, Neuilli ou Neuilly. Presque toutes sont pourvues d'un surnom distinctif.— Par délibération du 17 janvier 1896, le Conseil municipal de la ville dont nous traitons émit le vœu que son nom officiel fût Neuilly-sur-Seine, et un décret du 2 mai 1897 ratifia ce désir.— A l'Est de Paris, se trouvent deux autres communes du nom de Neuilly, au département de Seine-et-Oise, canton du Raincy : Neuilly-Plaisance et Neuilly-sur-Marne, voisines de Rosny-sous-Bois, de Nogent-sur-Marne et du Perreux.

I. — FAITS HISTORIQUES

Un site exceptionnellement favorable dans une belle plaine boisée, au bord de la Seine qui y baigne de gracieux îlots, le voisinage du bois de Boulogne et de Paris, dont les quartiers opulents, par un phénomène commun aux grandes capitales, se développent vers l'Ouest, le séjour qu'y ont fait des familles princières et des personnages puissants, tout a concouru à faire de Neuilly la plus élégante des communes du département, et sans contredit l'une des plus charmantes villes de France.

Ses débuts, cependant, avaient été des plus humbles. Durant tout le haut moyen âge, cette partie de la plaine resta couverte par les épais taillis de la forêt de Rouvray, aujourd'hui bois de Boulogne. Si l'on est fondé à reconnaître dans l'état des biens de l'abbaye de Saint-Denis au IXe siècle l'un des deux *Villare* qui y figurent comme étant celui qui devint plus tard Villiers-la-Garenne, ce lieu n'avait certainement que l'importance d'une métairie. Au XIIIe siècle, des coupes considérables furent faites dans le bois de Rouvray, la plaine fut défrichée et aux bûcherons succédèrent des laboureurs, bientôt assez nombreux pour obtenir la création d'une paroisse qui garda cet ancien nom de Villiers.

D'autre part, vers la même époque, l'extension que prit Paris à dater de Philippe-Auguste rendit nécessaire la construction d'une route mettant la capitale en relations avec la région de l'Ouest et la Normandie ; cette route, qui n'était autre que « la grant rue Saint-Honoré », prolongée en ligne droite sous le nom de faubourg du Roule, traversa la paroisse de Villiers, laissant le village à une demi-lieue environ vers l'Est ; au point où elle franchissait la Seine par un bac se créa un port, où l'abbaye de Saint-Denis, restée maîtresse de la seigneurie, exerça ses droits de perception. Ce port reçut le nom de Lugny ou Nully, et, jusqu'à la Révolution, il ne fut considéré que comme un écart de la paroisse de Villiers.

Les plus anciens actes que nous ayons rencontrés nomment ce lieu *Lulliacum* ou *Lugniacum* en latin, Lugny en français ; ils ont trait à la maison, « l'hostel » que l'abbaye de Saint-Denis y avait fait édifier. Les revenus du port de Neuilly appartenaient à celui des religieux de l'abbaye qui était pourvu de l'office de chantre ;

aussi, la maison sise en ce lieu se nommait-elle la Chantrerie ; on la trouve louée, le 2 novembre 1649, moyennant 75 livres tournois par an, à un laboureur de Neuilly nommé Jacques Renault, « à la réserve de la chambre où se tient ordinairement les plaidz [procès] et où s'exerce la justice dependant de la dite Chantrerie, ensemble le lieu où on met ordinairement les prisonniers [1] ».

Il n'est pas douteux que ce port ait été l'origine et la cause initiale du développement de Neuilly, en même temps que de la décadence constante du chef-lieu de la paroisse. Dès qu'il fut créé, la population se groupa de préférence dans son voisinage ; elle y avait d'autant plus d'intérêt que la circulation de jour en jour plus fréquente sur la route de Normandie, au passage du bac, motivait, en les rendant prospères, diverses industries locales. Nous avons la preuve qu'une chapelle s'y éleva, au plus tard durant le XVIe siècle ; dans un acte du 1er juillet 1597, il est question d'une « maison tenant à la chapelle dudit lieu (le port de Neuilly), aboutissant par devant à la rivière de Seine [2] ».

On sait d'autre part qu'elle était située entre la rue du Pont et celle des Belles-Filles (aujourd'hui rue Soyer). Nous dirons tout à l'heure comment elle fut remplacée, au milieu du XVIIIe siècle, par un édifice plus vaste.

En 1717, le gouvernement prescrivit une enquête, qui dut être générale à toute la France, sur la situation des paroisses. Rédigée sous forme de questionnaire, elle donna lieu à un grand nombre de réponses, qui forment un dossier important pour la région de l'Ile-de-France, aux Archives nationales. Le département de la Seine n'y est malheureusement représenté que pour six paroisses, mais Villiers-la-Garenne est du nombre. Voici ce texte ; on suppléera aisément à l'absence des questions par le sens même qu'impliquent les réponses :

Art. I. La paroisse de Villiers-la-Garenne.
2. Du diocèse de Paris.
3. De la juridiction de Saint-Denis.
4. Simple seigneurie.
5. MM. les religieux de Saint-Denis, seigneurs.
6. La parroisse est située sur le bord de la rivière de Seine.

---

1. Additions et rectifications à l'*Histoire du diocèse de Paris*, de l'abbé Lebeuf, p. 499.
2. *Ibidem.*

7. L'étendue de la parroisse est de neuf cent quarante trois arpens, soixante six perches.

8. La principalle propriété du territoire est de produire du seigle, de l'avoine et des pois.

9. Le nombre des maisons est de cent sept.

10. Le nombre des familles est de cent soixante quinze ; il est augmenté de dix ou douze depuis vingt à vingt cinq ans.

11. Le principal commerce est celui de la culture des terres, et blanchissage.

12. Les impositions, qui consistent en taille et capitation, montent à 3.617 l. 10 s. ; elles sont augmentées, depuis 1710, de 803 l. 15 s. pour subvenir aux nécessitez de l'Estat.

13. Il n'y a point de benefices dans l'étendue de la parroisse.

14. Il y a un curé desservant la parroisse, qui a 300 l. pour sa portion congrue ; et un vicaire au pont de Neuilly, qui reçoit 100 l. de MM. de Saint-Honoré et 50 l. du Pont.

15. Il n'y a point d'autres ecclésiastiques que le curé et le vicaire.

16. Il y a quatre nobles.

17. Il y a quarante cinq privilegiés et exempts de tailles, savoir : trois notaires à Paris, un officier du Roy, vingt cinq bourgeois de Paris et six Suisses, un commandant la brigade, trois archers, quatre particuliers logeant dans le chasteau de Madrid, et deux portiers du bois de Boulogne.

18. Le nombre des habitans taillables est de quatre vingt treize : sçavoir dix sept laboureurs dont dix sont aussy blanchisseurs, un autre, meunier et une autre laboureuse et cabaretière, trente blanchisseurs dont trois sont aussy pescheurs, un autre blanchisseur et masson et un autre blanchisseur et voiturier, une cabaretière, un chirurgien, deux épiciers et chandeliers, deux pescheurs, un boucher, un boulanger, un marchand de bois et cabaretier, un bourlier, deux charpentiers, deux massons, un maréchal, un vigneron, un savetier, une laittière, vingt quatre journaliers, un suisse sans profession, une veuve sans profession et deux mendiants.

19. Il appartient à l'Eglise 68 arpens 62 perches et demie, sçavoir en bonnes terres labourables 24 arpens 25 perches ; en mediocres terres 7 arpens 25 perches ; en moindres terres 11 arpens 87 perches et demie ; en prez, 23 arpens 75 perches ; en oziers, un arpent 50 perches ; deux maisons ; les dixmes, la pesche de la rivière et les droits seigneuriaux. Le revenu annuel est évalué par estimation à 2.950 l. 10 s.

20. Il appartient à la noblesse 189 arpens 75 perches, sçavoir en bonnes terres labourables 23 arpens 25 perches ; en médiocres terres 6 arpens ; en moindres terres 15 arpens ; en prez 45 arpens 50 perches ; en bois, 100 arpens ; le chasteau de Madrid et cinq maisons. Le revenu anuuel, non compris ledit chasteau de Madrid et les 100 arpens de bois qui font partie du bois de Boulogne, appartenant au Roy, évalué par estimation à la somme de 5.012 l. 10 s.

21. Il appartient aux privilegiez 333 arpens 50 perches, sçavoir en bonnes terres labourables 158 arpens 12 perches et demie ; en médiocres terres, 63 arpens ; en moindres terres 62 arpens 87 perches et demie ; en prez 46 arpens 50 perches ; en oziers, 3 arpens ; 52 maisons et un moulin. Le revenu annnel est évalué à 15.581 l. 14 s.

22. Il appartient aux taillables 211 arpens 82 perches et demie, sçavoir en bonnes terres labourables 53 arpens 32 perches et demie; en médiocres terres, 130 arpens 12 perches et demie; en oziers 8 arpens 25 perches; et 47 maisons. Le revenu annuel est évalué à 4.563 l. 19 s. 6 d.

23. Il n'y a ny landes ny bruyères.

24. Il n'y a point de communes.

25. Il y a 110 arpens de terres incultes et abandonnées; elles sont en cet estat depuis un tems immemorial et ne peuvent estre mises en valeur à cause de leur aridité. — Il y a aussy 30 arpens de terres sur lesquelles sont plantés les arbres qui forment les allées depuis le Roulle jusqu'au pont de Neuilly.

26. Il y a cent arpens de bois faisant partie du bois de Boulogne appartenant au Roy.

27. Il n'y a point de vignes.

28. Il y a 121 arpens 37 perches et demie de prez; le revenu annuel est évaluée par estimation à 1.820 l. 12 s. 6 d.

29. Il y a un moulin à vent; le revenu est évalué par estimation à la somme de 212 l.

30. Il n'y a point d'étangs.

31. La commune ne possède et ne doit rien [1].

Une série de plans des XVIIe et XVIIIe siècles, conservés aux Archives nationales, permettent de donner une idée de la physionomie du bourg au temps de Louis XIV, notamment un plan de 1657, coté N^4 31. Villiers n'y figure que par une agglomération insignifiante, tandis que Neuilly semble y constituer une petite ville, limitée entre la Seine, les rues actuelles Soyer et du Château, et enfin l'avenue de Neuilly, qui naturellement n'était pas encore percée. On y remarque, aboutissant à angle droit sur la rue du Château (alors nommée chemin de Saint-Denis à Saint-Cloud), et se dirigeant toutes vers la Seine, les rues des Francs-Bourgeois, du Bac, des Chasseurs, la « grande rue du Pont », les rue du Bailly (aujourd'hui Bailly), Mayon et des Mauvaises-Paroles. Ce sont ces deux dernières qu'a absorbées l'avenue de Neuilly.

De nombreux lieux dits y sont inscrits : les Graviers, les Huissiers (qui ont donné leur nom à des rues encore existantes), les Groseilliers, les Picardies, Port pierreux. D'autres documents nous font connaître le Tertre, Juliart, le Souchet.

A l'extrémité du territoire était le hameau des Ternes, continué vers Paris par le Bas-Roule et le Haut-Roule, pour lesquels fut créé en 1699 une paroisse distraite de celle de Villiers, Saint-Philippe du Roule.

1. Archives nat., Q^3 206, liasse de l'Élection de Paris.

Nous avons parlé de la chapelle qui était alors à Neuilly. On se préoccupa de l'agrandir en 1739 ; il y fallait l'agrément des dames de Saint-Cyr, qui avaient succédé depuis 1686 aux droits seigneuriaux de l'abbaye de Saint-Denis. Les archives de la mairie nous fournissent au sujet de cet agrandissement un texte précieux :

Extrait du registre des délibérations du Conseil étably par S. M. pour l'administration du temporel de la Royalle Maison de Saint Louis à Saint Cyr.
Du dix sept septembre mil sept cent trente neuf.
Sur ce qui a été représenté par les sieurs curé, marguilliers et habitans de la paroisse de Villiers et port de Neuilly que le nombre des habitans dudit lieu du port de Neuilly s'étant augmenté, la chapelle succursale dudit lieu du port de Neuilly ne peut pas contenir ceux qui se présentent pour y entendre la messe les fêtes et les dimanches ; que d'ailleurs il est nécessaire d'avoir des bâtimens pour y tenir des écolles ; que, comme la fabrique a des deniers qui doivent être placés en fond ils ne croyent pas pouvoir mieux faire ny plus utillement les employer que de faire construire au devant du frontispice de ladite chapelle succursale étant audit lieu de Neuilly une espèce de porche formé de murs et de barreaux par le bas, où plusieurs personnes pourront entendre la messe et autres offices de l'église, et appliqué au dessus d'un côté à une chambre où se tiendront les écolles pour les garçons et l'autre côté à une écolle pour les filles, avec deux escaliers séparés....

En conséquence, les dames de Saint-Cyr autorisent la construction d'un bâtiment ayant trente pieds de long sur la largeur du pignon de ladite chapelle, au premier étage duquel seront installées des écoles pour les enfants de la paroisse de Villiers-la-Garenne et du port de Neuilly.

Ces travaux furent exécutés et l'avant-corps réellement construit. On en a la preuve, assez lointaine, dans deux délibérations municipales des 14 mai et 5 décembre 1811 où est mentionné cet édifice, depuis longtemps alors désaffecté et occupé par un propriétaire qui avait cru pouvoir s'annexer le terrain de la voie publique sur lequel avait été fait ce prolongement de construction. Le Conseil lui en contestait le droit.

Ainsi agrandie en 1739, la chapelle paraissait devoir être suffisante aux besoins de la population pendant une période relativement longue ; il n'en fut rien. Dix ans plus tard, l'abbé Chauveau, curé de Villiers-la-Garenne et de Neuilly, obtenait, non sans difficultés, de faire transférer le service curial de Villiers à Neuilly, mais, cette fois, dans une église proprement dite, pour la construction de laquelle il avait réuni des fonds importants, notamment de la part d'une de ces paroissiennes, Mme de Vougny. Sur cette entreprise, les archives de la mairie contiennent également toute une série de documents intéressants, provenant pour la plupart du curé Chauveau qui se multipliait pour réussir. Il avait fixé au 27 novembre 1749 la pose de la première pierre de la nouvelle église et obtenu de Mlle de Charolais, châtelaine de Bagatelle, qu'elle présiderait en personne à cette cérémonie ; mais, au dernier moment, l'insouciante princesse prétexta une indisposition et se fit remplacer par « noble dame Cécile-Élisabeth Rozier, femme de M. Carrin, gouverneur pour le Roi des ville et château de Montluel, écuyer de S. A. S. Mlle de Charolais ». Ce fut pour l'abbé Chauveau une grande déconvenue, dont il fut avisé en ces termes par l'archevêque de Paris lui-même :

Paris, le 26 novembre 1749

Mademoiselle vient de me mander, Monsieur, que sa santé ne luy permet pas d'aller demain mettre la première pierre à votre eglise, comme elle se l'étoit proposé, mais qu'elle y enverra une personne pour la mettre à sa place. J'ay, en consequence, fait avertir M. l'evesque de L'Escars [*sic*] de ne pas se donner la peine d'aller faire cette cérémonie. Vous la pouvez faire vous-même. Je suis avec une parfaite considération, Monsieur, votre très humble et très obligeant serviteur.

Ch., Arch. de Paris.

La construction de l'église se poursuivit d'abord rapidement, sous la conduite de l'architecte Houlié. La première pierre du chœur fut posée solennellement le 26 mai 1750 et une sépulture y fut faite « derrière le pilier du côté de l'évangile » le 26 mai 1751 ; toutefois, une lettre de l'archevêché de Paris au curé de Neuilly, en date du 30 juillet 1773 [1] semble bien attester qu'à cette époque l'édifice n'était pas achevé : « ..... Mais, puisque M. de Sainte-James ne veut plus permettre que vos habitans entendent la messe chez lui et qu'il est d'ailleurs nécessaire que le T. S. Sacrement repose à Neuilly pour les malades, je vous accorde la permission que vous demandez de célébrer la sainte messe dans une petite chapelle, et d'y garder le Saint-Sacrement, supposé néanmoins qu'elle soit à tous égards ou que vous ayez soin de la mettre dans l'état de décence et de sûreté convenables..... *Il faut que l'on s'occupe sérieusement de construire votre nouvelle église,* ou si cela n'est pas, on sera obligé de reporter le service divin dans l'ancienne. »

1. *Additions et rectifications à l'abbé Lebeuf,* ouvr. cité, pp. 500-501.

Cette injonction porta ses fruits et l'église fut certainement achevée avant la Révolution. Nous parlerons de celle qui lui a succédé, sur le même emplacement, dans le chapitre consacré aux édifices publics encore existants.

En 1787, fut créée, en même temps que le régime des Assemblées provinciales, qui ne devait durer qu'à peine trois ans, une division de la France en départements, division dont l'existence ne fut pas plus longue. Durant ce laps de temps, la municipalité de Villiers-la Garenne-Neuilly eut à rédiger, comme toutes les autres municipalités du royaume, le cahier de ses doléances aux États généraux. Nous en reproduisons ici les seuls articles ayant trait aux réformes locales proposées par les habitants :

Cahier des doléances, remontrances et instructions de l'assemblée du tiers état des habitants de la paroisse de Villiers-la Garenne et Neuilly près Paris.

L'assemblée du tiers état de la paroisse de Villiers-la Garenne, Neuilly près Paris, et dépendances, formée en exécution des lettres de convocation des États généraux, données à Versailles le 24 janvier dernier, pour rédiger le cahier des doléances, plaintes et remontrances desdits habitants a arrêté le présent cahier contenant les demandes, avis et instructions qu'elle désire être présentées et proposées à l'assemblée générale des États de la nation, ainsi qu'il suit :

. . . .

Art. 25. — Que les États généraux soient priés de prendre en considération que le plus grand bien de l'homme est la pureté de l'air qu'il respire. Les habitants du village de Neuilly avaient cet avantage avant la construction du nouveau pont et la suppression du bras de rivière qui bordait le village ; mais, depuis, les eaux des blanchisseurs séjournent et croupissent dans le bras de la rivière supprimé. Il répand un air infect qui occasionne des maladies contagieuses. Il serait donc instant que l'assemblée provinciale avisât le plus promptement possible au moyen de constater et supprimer ce cloaque.

L'assemblée indique, pour moyen le moins dispendieux, d'établir une chaussée de 12 pieds de largeur seulement, au milieu de laquelle il serait formé un ruisseau pavé qui conduirait les eaux à la rivière.

Art. 26. — Que la mendicité soit défendue, et que chaque paroisse soit chargée de nourrir ses pauvres.

Art. 27. — Qu'il existait, depuis un temps immémorial, dans la plaine des Sablons, un marché aux vaches qui était l'occasion d'une consommation très profitable à la paroisse ; que, malgré la situation avantageuse du lieu pour les marchands forains, ce marché a été transféré à la Chapelle-Saint-Denis pour le profit d'un seul particulier, au préjudice de l'intérêt général, et que, par cette raison, la paroisse espère de la justice et de la protection des États généraux que ce marché sera rétabli comme il subsistait depuis plusieurs siècles.

Qu'au surplus, l'assemblée se réfère, en ce qui peut la concerner, aux doléances contenues dans les cahiers des autres communautés, et particulièrement de celles de la banlieue de Paris.

Fait et arrêté en ladite assemblée, ce jourd'hui 14 avril 1789.

Signé : Bonnard ; Delaizement ; Lamare ; Lenoir ; Sabat ; Singrelin ; Caillaud ; Girard ; Gervais ; Prevost......1.

La mairie de Neuilly conserve la suite de ses registres de délibérations municipales depuis le 9 août 1789, collection précieuse qui nous permettra de retracer, au moins dans les grandes lignes, les principaux faits de l'histoire locale.

La première, à la date que nous venons de dire, est le procès-verbal d'une assemblée générale des habitants, tenue « dans la salle ordinaire, attenante à la chapelle Saint-Jean-Baptiste » ; le syndic était Nicolas-Jean Delaizement, marchand boucher ; il proposa la création d'un comité et la formation d'un corps militaire pour diriger et commander la garde bourgeoise ; des nominations furent faites sur-le-champ. Les délibérations suivantes attestent que, dès lors, Neuilly était bien chef-lieu de commune, et que Villiers existait à peine nominalement ; parfois, cependant, nous voyons les habitants se réunir « dans la salle curiale de Villiers » ; cette salle était, en effet, toujours disponible puisque la cure avait été officiellement transférée à Neuilly.

Le 7 février 1790, il y eut assemblée générale des habitants « dans la chapelle Saint-Jean-Baptiste de Neuilly où se tiennent ordinairement les assemblées générales de cette paroisse », afin de procéder à une opération importante : l'élection du premier corps municipal, constitué conformément aux décrets récemment rendus par l'Assemblée nationale et qui créaient en France l'organisation communale actuelle. 73 citoyens prirent part au vote ; ils commencèrent par élire président de l'assemblée le curé de Neuilly, Vielle ; puis élurent comme maire leur syndic Delaizement, âgé de quarante-neuf ans ; comme procureur de la commune, Jean-Baptiste Sabat, et enfin nommèrent, également au scrutin, quatre membres du corps municipal et douze notables.

Le 14 novembre suivant, Delaizement ayant donné sa démission pour raisons de famille, Michel Saulnier fut élu maire le 21 novembre.

Le 1ᵉʳ avril 1791, la municipalité rendit un arrêté portant que

---

1. *Archives parlementaires*, tome V, pp. 213-214.

les danses chez les marchands de vin, traiteurs et aubergistes seraient suspendues pendant le carême, jusqu'au lundi, lendemain de Pâques.

Le 15 avril suivant, un service solennel fut célébré dans l'église en l'honneur et mémoire de Mirabeau.

Le 15 septembre 1792, le corps municipal décida l'enlèvement de la grille entourant la croix d'Armenonville, au bois de Boulogne, pour la faire transformer en piques.

La délibération suivante, datée du 28 septembre 1793, atteste la situation précaire de la commune :

Le Conseil général nomme le citoyen Bignon commissaire pour se présenter par devant le citoyen ministre de l'intérieur, et l'inviter à procurer dans le plus court délay à la commune de Neuilly des grains nécessaires pour la subsistance de 2.477 âmes de population ; qu'elle n'a aucune ressource sur la récolte, étant toute consommée dans ce moment-cy ; l'invite, en outre, à prendre en considération la grande route de Neuilly comme étant très passagère par rapport de Cherbourg, des casernes de Courbevoye et Ruelle, et qu'il est impossible de refuser du pain à nos frères d'armes qui passent continuellement dans cette commune.

Le Conseil nomme, en outre, le citoyen Carron pour faire la demande au ministre de la guerre et le solliciter d'avoir une augmentation de secours de subsistances pour cette commune, par rapport à la consommation de nos frères d'armes qui y passent journellement.

Voici, à la date du 17 brumaire an II (7 novembre 1793), une intéressante délibération fixant le prix de la journée de travail :

Le Conseil général délibérant et voulant parvenir à mettre à exécution l'article huit du décret de la Convention du 29 septembre dernier (vieux style), après avoir entendu le Procureur de la commune, arrête que la journée de travail des ouvriers journaliers blanchisseurs sera fixée à quarante sols le maximum les hommes, et à trente cinq sols le maximum la journée de la femme, sans être nourris ;

2° La journée de maçon sera fixée, travaillant comme compagnon maçon, à trois livres le maximum ;

3° Le maximum de la journée de travail pour le garçon maçon manœuvre, à deux livres cinq sols ;

4° Le maximum de la journée d'un compagnon menuisier sera fixé à trois livres dix sols ;

5° Le maximum de la journée de compagnon charpentier sera fixé à trois livres dix sols ;

6° Le maximum de la journée de compagnon serrurier sera fixé à trois livres quinze sols ;

7° Le maximum de la journée de compagnon couvreur est fixé à quatre livres dix sols ;

8° Le maximum de la journée de aide-garçon couvreur est fixé à deux livres dix sols ;
9° Le maximum de la journée de compagnon peintre-vitrier sera fixé à trois livres ;
10° Le maximum de la journée de terrassier est fixé à deux livres dix sols ;
11° Le maximum de la façon de la paire de souliers est fixé à une livre seize sols ;
12° Le maximum de la journée de compagnon bourrelier est fixé à deux livres dix sols ;
13° Le maximum de la journée de compagnon charron est fixé à trois livres ;
14° Le maximum de la journée de garçon boucher est fixé à deux livres ;
15° Le maximum de la journée de garçon boulanger est fixé à [en blanc] ;
16° Le maximum de la journée de garçon tailleur est fixé à trois livres ;
17° Le maximum de la journée de garçon perruquier est fixé à [en blanc] ;
18° Le maximum des gages de l'année de garçon charretier est fixé à 180 livres ou à 15 livres par mois ;

A la séance suivante, le lendemain, le Conseil fixa à quatre livres dix sols la journée des graveurs et imprimeurs des manufactures de toiles peintes, et à trente sols par jour la journée de « pincanteuse ».

Par délibération du 31 octobre 1793, le tutoiement devint obligatoire dans la commune.

Il a été fait lecture d'une lettre datée de Franciade, du 19 present mois, portant envoy d'une expédition d'un arrêté pris par le Conseil général de ce district pour substituer à un usage aussi absurde qu'aristocratique une manière de parler fraternelle et conforme aux principes d'égalité qui doivent animer tous bons républicains.

Lecture faite dudit arrêté, après avoir entendu le procureur de la commune,

Le Conseil général jaloux de suivre l'exemple du Conseil général d'administration du district, arrête que dorénavant, tant dans les assemblées générales du Conseil et municipalité que dans le public, le tutoyement sera employé quand on ne parlera qu'à une seule personne, sans distinction, et que le présent sera rendu public par voye d'affiches.

Délibération du 1er janvier 1794 :

Sur la demande de l'agent national, le Conseil général arrête qu'il sera fait une girouette peinte aux trois couleurs, surmontée du bonnet de la Liberté, placée sur le clocher, laquelle sera en taule ; autorise le citoyen Thierry, commissaire, pour faire toute dépense nécessaire à ce sujet, de laquelle il lui sera tenu compte en produisant mémoire en forme.

Depuis longtemps, l'église de Villiers n'était plus qu'une chapelle de secours desservie par un vicaire. Fréquemment, pendant la Révolution, la municipalité demanda sa suppression complète, « d'autant plus, dit une délibération du 15 juin 1792, que la nation gagnerait l'entretien d'un prêtre, et d'une jolie petite maison et jardin qui sert de presbytère ». Il semble par là que Neuilly craignait encore que Villiers ne reprît sa suprématie d'antan, et ne redevînt, chef-lieu de la commune : crainte chimérique, que fit cesser d'ailleurs la disparition de l'édifice en l'an V.

Quant à l'église Saint-Jean-Baptiste de Neuilly, elle devint à la fin de 1793 « temple de la Raison ». Une délibération du 6 prairial an II (25 mai 1794) ordonna que cette mention fût remplacée au fronton du monument par la déclaration célèbre : « Le peuple français reconnaît l'Être suprême et l'immortalité de l'âme. »

La défense de nos frontières et le désir même de les reculer inspirèrent à la Convention la fondation de l'École de Mars créée par décret du 1er juin 1794 sur la proposition de Barère.

C'est la plaine des Sablons qui fut choisie pour son installation, et la date du 8 juillet pour celle de l'ouverture de l'École. Les travaux d'aménagement n'étaient pas longs à effectuer, car les élèves campaient sous la tente. Née pendant la Terreur, l'École de Mars ne survécut que peu au 9 thermidor ; elle fut fermée au mois d'octobre suivant ; M. Chuquet lui a consacré un livre aussi complet qu'il était possible (voy. à la Bibliographie). Située comme elle l'était, entre Neuilly et les Ternes, sa présence devait nécessairement attirer, d'une façon ou d'une autre, l'attention de l'ombrageuse et révolutionnaire municipalité de Neuilly. Le 16 messidor an II, le maire fit arrêter, à Neuilly même, 114 personnes, « ci-devant nobles et leurs domestiques, cherchant par les manœuvres les plus criminelles à faire tourner au profit de leurs projets contre-révolutionnaires le camp des élèves de l'École de Mars ». On remarquera qu'à cette date, 16 messidor, c'est-à-dire 4 juillet 1794, l'École n'était pas encore officiellement ouverte, mais beaucoup de jeunes gens y étaient déjà arrivés de tous les points de la France.

A la date du 4 thermidor an XI (23 juillet 1803), le *Journal des Débats* donne l'information suivante : « Depuis quelque temps, on a établi à Neuilly une école de natation où les grenadiers à pied de la garde consulaire, en garnison à Courbevoie, apprennent à nager. Hier, en présence de leur colonel, le citoyen Hulin, ils ont traversé la Seine à la nage avec leurs habillements et les chapeaux sur la tête, en commandant la charge. »

Nous sommes arrivés à une époque où commence la gloire et la prospérité de Neuilly, grâce à diverses circonstances favorables, notamment à la présence, dans les châteaux de son territoire, d'hôtes illustres entre tous. Il sera question plus bas de ces personnages et de ces châteaux ; ici, nous nous bornons à relater les faits de l'histoire générale de la commune.

En 1806, fut entreprise, au terre-plein de la barrière de l'Étoile, la construction de l'Arc de Triomphe que Paris compte aujourd'hui parmi ses plus beaux monuments. Situé hors de la barrière, il appartint en réalité, jusqu'en 1860, au territoire de Neuilly, à moins que la capitale n'ait considéré comme lui appartenant la zone de « cent toises » grevée de servitudes, autour des barrières. A la vérité, on ne trouve pas la preuve, dans les délibérations municipales, que Neuilly ait été consulté au sujet de cette grandiose construction ; son acquiescement n'aurait pas été douteux.

Le bourg paya cher l'écho des fêtes dont il avait retenti pendant l'épopée napoléonienne ; du moins, il ne se montra pas ingrat, le jour où la fortune des armes impériales devint chancelante. Le 13 janvier 1813, son Conseil municipal prenait la délibération suivante : « Le Conseil, animé du désir de donner à S. M. l'Empereur un moyen particulier de son dévoûment dans les circonstances présentes, offre trois cavaliers montés et équipés au nom et aux frais du canton. » Dans le cours de la même année, Chaptal, comte de Chanteloup, ancien ministre de l'intérieur sous le Consulat, fut nommé maire de Neuilly. Chimiste renommé, il exploitait aux Ternes, c'est-à-dire dans la commune même, une manufacture d'acides dont les émanations, soit dit en passant, avaient en 1811, donné lieu à des plaintes des habitants de cette partie de la commune, où le maire, Labordère, habitait alors (délibération du 13 mai 1811). Ajoutons que Chaptal ne fut pas longtemps maire de Neuilly. Après les tristes événements de mars 1814, sa fidélité à l'Empire lui conseilla la retraite, et Labordère fut rappelé à la mairie par le préfet, « le maire et l'adjoint ayant quitté leur poste » (séance du 4 avril 1814).

L'invasion de 1815 fut très onéreuse pour le bourg, que les troupes alliées occupèrent du 5 juillet au 22 décembre. Leurs réquisitions sur les habitants s'élevèrent à 5.867 fr. 67 ; rien qu'à la date du 5 juillet, la commune avait eu à fournir aux Anglais 35.000 litres d'avoine et 3.000 litres d'eau-de-vie.

Quelques années plus tard, le duc d'Orléans, futur Louis-

Philippe, devenait possesseur, par voie d'échange avec le roi, des châteaux de Neuilly et de Villiers, et c'était une nouvelle ère d'animation et de gloire qui s'ouvrait pour Neuilly. Le duc aima beaucoup cette résidence, et quand il fut roi, lui continua sa faveur. Il s'y trouvait lors des événements de juillet 1830 qui eurent pour conséquence de lui donner le trône. Sa présence faillit même devenir fatale à la commune, ou du moins lui valoir de fournir le terrain d'un champ de bataille. En effet, battues à Paris par les forces populaires, les troupes de Charles X s'étaient repliées sur la rive gauche de la Seine, vers Suresnes, et de là menaçaient le pont de Neuilly. Si elles l'avaient pu franchir, le duc d'Orléans courait risque d'être enlevé. Un boulet qui vint tomber dans le parc du château acheva de jeter l'émoi ; le duc et sa famille se retirèrent précipitamment au château de Villiers, plus éloigné et plus facile à défendre ; ils attendirent là les événements. Pour plus de sûreté encore, le duc alla passer la journée du 30 juillet dans un autre de ses domaines, au Raincy ; quand il revint, le soir, à Villiers, il y apprit que l'événement espéré venait de se produire : la Chambre des députés l'avait proclamé lieutenant-général du royaume ; aussitôt, et malgré les émotions d'un pareil jour, il partit à pied pour le Palais-Royal et y arriva, vers minuit, sans encombre.

Tous ces faits ont été racontés avec beaucoup de précision par un témoin oculaire, homme de lettres estimé, Cuvillier-Fleury, qui était parmi les familiers les plus intimes du château de Neuilly.

Devenu roi, Louis-Philippe continua, comme nous venons de le dire, à aimer Neuilly, à y venir vivre le plus souvent possible, en simple bourgeois entouré de sa famille. Cependant, si l'on feuillette les registres de délibérations municipales pendant cette période, de 1820 à 1848, on y verra non sans surprise de fréquentes constatations de la pauvreté de la commune. Presque à chaque page, ce ne sont que doléances sur la situation précaire du budget communal, au point qu'on en arriva, à un certain moment, à supprimer, pour cause de pauvreté, le chétif éclairage à l'huile qui venait d'être installé, puis, par décence, en raison des séjours fréquents du roi, à le rétablir. Ces doléances étaient sans doute un peu intéressées. En réalité, Louis-Philippe et la reine se montrèrent assez peu généreux ; ils se bornèrent à contribuer financièrement à la réédification de l'église Saint-Jean-Baptiste et à la fondation d'une école de filles ; la municipalité eut, en outre, à remercier le roi d'avoir fait exécuter, aux frais de la liste civile, les travaux d'une nouvelle issue dans le bois de Boulogne, en face de la rue d'Orléans, et le pria, en conséquence, de permettre que cette porte fût nommée porte d'Orléans (délibération du 9 mai 1835). C'est à cela, ou à peu près, que se réduisirent les largesses de la famille d'Orléans, qui tint, sans doute, à justifier, là comme ailleurs, sa légendaire parcimonie.

Le 13 juillet 1842, un événement dramatique, qui attrista la France entière, vint plonger dans la consternation les habitants de Neuilly. Ferdinand-Philippe-Louis-Charles-Henri, duc d'Orléans, fils aîné du roi, se rendait de Paris au château de Neuilly, où résidait alors la famille royale, lorsque, vers la barrière de l'Étoile, les chevaux de sa voiture prirent une allure inquiétante, et il parut au prince que leur conducteur n'en était plus maître.

Au point où la grande avenue croise la route de la Révolte, le danger sembla tel au duc que, confiant dans son agilité (il n'avait que 32 ans), il sauta à pieds joints sur la route, mais la vitesse du véhicule était telle, l'élan aussi avait été si imprudemment calculé que l'infortuné tomba sur le sol avec tant de violence qu'il se fractura le crâne, et demeura étendu, à demi mort. On le transporta aussitôt avec mille précautions dans la boutique d'un modeste négociant, Cordier, épicier, où des médecins aussitôt prévenus lui prodiguèrent tous les secours imaginables. Le roi, la reine, leurs filles, prévenus avec ménagement, accoururent au chevet improvisé du prince, et rien ne devait être plus tragique qu'un pareil spectacle, qui eût été déchirant même s'il s'était agi de simples particuliers. L'accident s'était produit à onze heures du matin ; le prince expirait à quatre heures, ayant vaguement reconnu, paraît-il, sa famille en larmes.

Sur l'emplacement où s'était produit la catastrophe, une chapelle fut élevée par les soins de la famille royale et inaugurée le 11 juillet 1843 ; elle est placée sous le vocable de Saint-Ferdinand (prénom ordinaire du duc) et de Notre-Dame de la Compassion.

On sait qu'Alfred de Musset a consacré une de ses plus belles pièces de vers à ce tragique événement. Il était condisciple du duc d'Orléans et celui-ci consacrait au poète une tendre affection. Il n'est pas sans intérêt de noter qu'une statue de Musset va s'élever sur le rond-point de la porte Maillot, à deux pas de l'endroit où le prince trouva une mort si affreuse ; ce rapprochement de deux souvenirs illustres n'est d'ailleurs, croyons-nous, qu'une fortuite coïncidence ; elle est, du moins, heureuse.

Voici quels étaient, à la date du 26 avril 1847, les propriétaires les plus imposés de la commune :

S. M. le Roi	6.096,05
Benazet	935,82
Farcy	868,98
Berton	852,49
Richard Seymour, lord Hertford	717,99
Mamby-Wilson	672,35
Touzelin	549,60
D^{lle} Noblet	542,26
Laflèche (Nicolas-Denis)	537,93
Dulert	521,22
Grundler	506,31
André	500,69

Venaient ensuite, comme propriétaires payant moins de cinq cents francs : Mme veuve Lebreton, MM. Carlier, le vicomte de Contamine, Labie, Gouvion-Saint-Cyr, Mmes veuve Belin, veuve Thiéry, la comtesse Dupont, MM. Marcas, Dugas et Mercier-Lerey (archives de la mairie, rég. de délib.).

Ni la municipalité ni la population de Neuilly ne sauraient être rendues responsables des désordres sans nom qui marquèrent dans cette ville la fin du règne de Louis-Philippe. A la mairie, la Révolution de 1848 ne laissa d'autre trace dans les délibérations que le changement du maire et la débaptisation, jugée obligatoire, de quelques noms de rues ; mais une bande de forcenés venus des bas-fonds de la capitale envahit le château, le brûla et le saccagea de fond en comble ; seul un corps de bâtiment, l'aile droite, resta debout comme pour attester par comparaison avec ce qui avait disparu l'importance du désastre. Cet acte de vandalisme mérite d'être flétri et déploré également : qu'il ne se fût pas produit, le changement de régime n'en aurait pas moins amené nécessairement le morcellement du domaine et, par suite, la création du parc, qui aujourd'hui donne tant de valeur et de charme à Neuilly ; du moins, aurait-on conservé le château, précieux par tous ses souvenirs et specimen si intéressant de l'architecture du premier Empire et de la Restauration.

A la tourmente succéda, comme toujours, le calme et même, comme parfois, une période plus belle que la précédente. L'ancien régime n'avait rien fait pour Neuilly que le doter d'un pont monumental ; la Restauration et le règne de Louis-Philippe avaient fait moins encore dans l'intérêt du bourg ; on peut dire que sa prospérité a commencé avec la seconde moitié du XIXe siècle. Bien des faits y ont concouru : d'abord le lotissement du parc royal, grâce auquel toute la région septentrionale de la commune est devenue un prolongement fort élégant des plus riches quartiers de Paris ; puis l'extension des limites de la capitale, retranchant de Neuilly le populeux faubourg qu'y formaient les Ternes, mais soudant désormais la grande cité à la petite par l'avenue de la Grande-Armée, et l'avenue de Neuilly aux Champs-Élysés ; la transformation du bois de Boulogne, et aussi ce goût toujours croissant de la villégiature chez les Parisiens, qui s'est si heureusement manifesté en peuplant de luxueuses villas la partie Sud de la commune, dite Saint-James, favorisée entre toutes puisqu'elle borde le bois de Boulogne. Joignons-y enfin la vogue que l'on témoigna alors pour les plaisirs nautiques ; les rives de la Seine sont trop belles en ces parages pour n'y avoir pas attiré un grand nombre de canotiers ; dès cette époque, l'île de la Grande-Jatte commença à être très fréquentée par un public ami des jeux bruyants. Nous avons noté une délibération du 27 mai 1862 par laquelle le Conseil municipal alloua un crédit de 200 francs pour des fêtes qu'un entrepreneur nommé Dufour organisait dans cette île : régates, mâts de cocagne, etc., et dont la première devait avoir lieu le surlendemain, 29 ; le Conseil voyait là une certaine utilité pour le développement du parc.— La même année, la municipalité s'était prononcée favorablement sur le projet d'établissement d'un théâtre, pour lequel un certain M. Cournier demandait une subvention annuelle de 2.000 francs pendant cinq ans, mais elle avait ajourné le vote jusqu'à ce que l'exécution fût suffisamment assurée (séance du 8 avril). Elle ne le fut pas, paraît-il, ni alors ni depuis.

L'année terrible faillit malheureusement anéantir les heureux résultats acquis depuis vingt ans ; les fautes de l'Empire allaient faire expier bien cruellement aux populations le bien-être qu'il leur avait valu. Le 18 septembre 1870, le maire, M. Ybry, réunit le Conseil et l'informa qu'il avait fait transporter les archives municipales au greffe du Tribunal de commerce à Paris, et qu'il prenait des mesures pour transférer provisoirement le siège de la mairie rue Lafayette, n° 22 ; seul, l'état civil continuerait à fonctionner dans la commune. Le 6 octobre, le Conseil siégea pour la première fois dans ce local ; il s'occupa des moyens de fournir des vivres aux habitants restés dans leurs foyers ; à cet effet, une demande fut adressée à la mairie centrale de Paris. Le 15 décembre, sir Richard Wallace, le plus riche propriétaire de Neuilly, mettait à la disposition de la mairie une somme de deux mille francs pour subvenir aux nécessités les plus urgentes.

Le Conseil revint siéger à Neuilly, le 9 mars 1871. Après tant d'angoisses patriotiques, les habitants se croyaient en droit de respirer ; pour leur ville, le bilan de la guerre étrangère ne se soldait pas trop douloureusement ; l'invasion avait fait des misères individuelles, mais elle avait épargné les immeubles. Qui eût cru que, quelques jours plus tard, le véritable désastre allait se déchaîner pendant deux mois, ne laissant derrière lui que deuils et ruines ! Du 2 avril au 21 mai, un bataillon de fédérés parisiens occupa Neuilly et s'y comporta avec la même brutalité que s'il eût été en pays conquis ; les orgies de tout genre s'y succédèrent sous les yeux des habitants terrorisés ; la mairie fut au pouvoir de ces individus, et l'on devine sans peine comment ils l'administrèrent. Pendant toute cette période, des combats se livrèrent presque chaque jour entre les troupes de Versailles et celles de la Commune ; les premières avaient pour objectif de pénétrer dans Paris de ce côté, et le feu du Mont-Valérien couvrait leurs attaques, de sorte que, pendant plusieurs semaines, les obus français accomplirent pour la destruction de Neuilly ce que n'avaient pu faire les canons prussiens. Cette fois, hélas ! le bilan de la guerre civile fut terrible : à la séance du 16 décembre 1871, la municipalité constata que les dégâts aux bâtiments communaux étaient évalués à 299.517 fr. 06, dont 107.915 francs pour l'église, 69.501 francs pour les bâtiments scolaires, 3.176 francs pour la mairie. Mais ce que les chiffres officiels n'ont pas dit, c'est le nombre des maisons particulières démolies ou saccagées et celui des victimes innocentes, qu'un obus venait tuer dans leur demeure ou sur la voie publique.

Plus de trente ans se sont écoulés depuis ces événements lamentables, et tout souvenir matériel en est effacé. Neuilly a reconquis la prospérité que, sous l'Empire, les circonstances, la force des choses lui avaient donnée ; c'est le propre des démocraties de vouloir, et de réaliser elles-mêmes ce qu'elles ont voulu ; on n'en saurait proposer de plus frappant exemple que celui de cette ville, naguère en ruines, aujourd'hui si brillante et si coquette. Une mairie de rare élégance, des bâtiments scolaires, confortables et luxueux, une église nouvelle aux proportions harmonieuses, des monuments élevés à la mémoire de Parmentier, de Perronnet, du général Henrion-

Bertier, en attendant ceux qui vont se dresser en l'honneur d'Alfred de Musset et des aéronautes du siège de 1870, tels sont les principaux témoins de l'activité incomparable déployée par les diverses municipalités qui ont eu en mains l'administration de la ville sous la troisième République. Ajoutons que tout récemment, à la fin de l'année 1902, une commission municipale a été créée avec mission de s'occuper de tout ce qui a trait à l'histoire du passé et de l'art à Neuilly ; déjà ses travaux sont très appréciables, et il y aurait de notre part ingratitude à ne pas nommer ici son dévoué et savant secrétaire, M. Edgard Circaud, auquel la présente Notice doit maints renseignements utiles.

Jusqu'ici, nous nous sommes appliqué à ne faire figurer, dans le tableau succinct qui précède, que l'exposé des faits généraux relatifs à l'histoire de Neuilly ; il convient maintenant de dire quelques mots des châteaux, aujourd'hui disparus, qui ont contribué, tant par leur beauté même que par l'importance de leurs hôtes, à fréquemment attirer l'attention sur la localité tout entière et à augmenter son renom.

Le plus ancien de ces châteaux est celui de *Madrid*, dit aussi du bois de Boulogne. Il faut croire que la captivité subie en Espagne par François 1er ne lui avait pas laissé de trop pénibles souvenirs pour qu'il ait voulu en consacrer la mémoire à son retour en France. Une chronique contemporaine le dit, d'ailleurs, en termes formels : « En cest an (1529), le Roy nostre sire feist commencer un somptueux edifice, sur la façon de Madrit, nommé Longchamp, assis entre le port de Nully et Longchamp, au bout du boys, près la rivière. » La seule erreur dn chroniqueur est d'avoir donné au château le nom de l'abbaye voisine de Longchamp. Les archéologues se sont divisés sur la question de la personnalité de l'architecte qui fournit le plan de cette résidence ; les uns l'attribuent à un Italien, della Robbia ; d'autres à un Tourangeau, nommé Pierre Gadyer, mais les documents produits par feu le comte de Laborde en faveur du premier sont fort probants, sans compter que le style du monument, qui nous est connu par des planches de Du Cerceau, paraît bien attester une origine italienne.

Madrid se construisit lentement, et quand il fut achevé, sous François II seulement, la faveur royale s'en était déjà détournée. Par une singulière décadence, ses vastes bâtiments furent affectés, au temps de Louis XIV, à une manufacture de bas de soie, qui occupa de nombreux ouvriers : 79 en 1672. Redevenu désert à la fin du siècle, il reçut, le 21 mai 1717, la visite de l'empereur de Russie, Pierre le Grand : « Le czar eut dimanche un très beau temps à Saint-Cloud, où il dîna avec le Régent, qui lui fit un régal aussi abondant que délicat. De là, Sa Majesté alla voir l'ancien château de Madrid qui est au bout du bois de Boulogne, que François Ier fit bâtir au retour de sa prison, et qui n'a nulle beauté que sa vue riche et étendue, parce que le bâtiment est à l'antique et d'un goût bizarre ».

Madrid reprit ensuite quelque faveur : Fleuriau d'Armenonville, qui fit tant pour le bois de Boulogne, dont il avait la garde, y résida jusqu'à sa mort, qui survint le 27 novembre 1728 ; puis ce fut la célèbre Mlle de Charolais ; et enfin le prince de Conti qui le possédait encore au moment de la Révolution, mais déjà le domaine avait été morcelé au profit de celui de Saint-James et il était question de démolir les bâtiments, qui tombaient en ruine.

Le 1er octobre 1790, la municipalité de Neuilly eut à se défendre contre celle de Boulogne qui revendiquait la possession territoriale du château de Madrid ; pour établir ses droits, elle produisit la copie du titre d'érection de la chapelle du château, le 15 mars 1724, où les attributions paroissiales du curé de Villiers étaient spécifiées. Le domaine fut mis en adjudication le 27 mars 1792, et le sieur Nicolas-Jean Le Roi déclaré acquéreur. Il y eut des difficultés pour l'observation des clauses, car nous voyons la municipalité de Neuilly faire défense, le 6 brumaire an II (27 octobre 1793), aux portiers du bois de Boulogne de laisser sortir les matériaux de la démolition du château de Madrid, « attendu que le citoyen Le Roi n'a pas rempli les charges, clauses et conditions de son adjudication ». La démolition se poursuivit très lentement, et on peut dire qu'elle n'a été complètement achevée que sous le second Empire, lors de la transformation du bois et de l'ouverture du boulevard qui, depuis, a reçu le nom de Richard Wallace.

Le château de *Bagatelle* a eu des origines modestes : ce fut d'abord le simple logis d'un des portiers du bois, mais on sait d'autre part que souvent ces portiers étaient des personnages assez considérables, que le roi pourvoyait ainsi d'une habitation et de quelques privilèges forestiers qu'ils avaient le loisir de transmettre, contre redevance, à un fermier. Le nom de « Bagatel » apparaît pour la première fois, à la date du 18 mars 1736, dans les registres paroissiaux de Villiers. Quelques années plus tard, Mlle de Charolais unissait la possession de cette résidence à celle de Madrid ; elle la sous-loua à divers propriétaires, et finalement, en 1777, elle appartenait au comte d'Artois, frère du roi. C'est ici le lieu de citer, après plusieurs autres, un passage tout à fait intéressant des *Mémoires secrets* de Bachaumont :

22 octobre 1777. — Il y a, dans le bois de Boulogne, une espèce de vide-bouteilles appelé Bagatelle, qui par divers arrangements se trouve appartenir au comte d'Artois. Ce prince annonce un goût décidé pour la truelle, et indépendamment des bâtiments de toute espèce qu'il a déjà entrepris, au nombre de quatre ou cinq, il a le désir d'étendre et d'embellir celui-ci ou plutôt de le changer absolument et de le rendre digne de lui. Il a pris une tournure fort ingénieuse pour se satisfaire aux frais de qui il appartiendrait. Il a parié 100.000 francs avec la Reine que ce palais de fée serait commencé et achevé durant le voyage de Fontainebleau, au point d'y donner une fête à S. M. à son retour. Il y a 800 ouvriers, et l'architecte de S. A. R. espère bien la faire gagner.

Cet architecte se nommait Bellanger. Il réussit, en effet, à réaliser le tour de force dont il était chargé, mais, soit dépit, soit réelle indisposition, la Reine ne vint pas assister à la fête promise ; le bâtiment avait été construit en moins de six semaines.

Pendant la Révolution, le Conseil de la municipalité de Neuilly fit bonne garde autour de ce charmant château, qui faisait partie des biens nationaux. Les registres municipaux en font souvent mention. Le 30 mai 1792, communication est donnée d'un arrêté du Directoire du département, ordonnant la fermeture de la maison de Bagatelle et de ses dépendances à tous ceux qui y résident.

Le 4 brumaire an II (25 octobre 1793), le Conseil nomme des commissaires pour se présenter au Comité de l'Union des créanciers de Charles-Philippe [comte d'Artois], émigré, comité siégeant rue des Mauvais-Garçons en Grève, « à l'effet de les prier d'accorder (c'est-à-dire de leur céder) l'horloge de Bagatelle, qui est un très modique objet pour la masse des créanciers et un grand bien pour la commune de Neuilly, et leur observant que, depuis la Révolution, les citoyens de la commune ont sacrifié une infinité de temps pour la conservation de la propriété de Bagatelle, et qu'ils n'ont jamais réclamé aucune indemnité, de l'accorder au prix de l'estimation ou à tout autre prix raisonnable que le comité voudra fixer ».

— 28 —

Le 26 nivôse l'an II de la République une et indivisible, en la maison commune de Neuilly, le Conseil général assemblé, il a été fait lecture d'une lettre du directoire de Franciade portant envoy d'une copie de l'arrêté du département confirmatif de celui du district qui autorise cette municipalité à fournir aux gardiens de Bagatelle le bois nécessaire pour faire du feu et empêcher l'humidité de nuire dans les appartemens de cette maison, et recommander la plus exacte surveillance sur les gardiens afin qu'il ne fassent pas une trop grande consommation de bois et qu'ils ne l'emploient pas à d'autres usages qu'à celui prescrit par l'arrêté. Le Conseil général renvoie cette exécution et surveillance au corps municipal.

Mais c'est la question de l'horloge qui fait l'objet des plus vives préoccupations. La municipalité avait trouvé moyen d'en devenir propriétaire en la rachetant à un marchand qui se l'était fait adjuger. D'où la délibération suivante, datée du 29 germinal an II (18 avril 1794) :

Le maire a fait lecture d'une lettre datée de Paris, du 28 de ce mois, à lui écrite par le citoyen Javon, conseil des créanciers de Charles-Philippe Capet, émigré, portant que les créanciers unis de Charles-Philippe Capet émigré n'ont pas été plus tôt instruits de l'adjudication faite à la commune de Neuilly de l'horloge étant dans la maison de Bagatelle que, tant pour leur intérêt que pour celui de la République, ils se sont hâtés d'adresser au district de Franciade des réclamations contre cette adjudication, et qu'ils ont lieu d'espérer qu'elles seront favorablement écoutées, et que l'adjudication faite à la commune de Neuilly sera déclarée nulle ; qu'ils viennent d'écrire au district pour l'inviter à prononcer avant de faire remonter et établir cette horloge dans un nouvel emplacement, et qu'ils ont engagé à prévenir la commune de n'opérer aucun changement avant qu'il n'ait porté de décision, et prie d'en faire part au Conseil général de la commune afin qu'il veuille bien ne rien entreprendre au sujet de l'horloge.
Le corps municipal délibérant, l'agent national entendu, considérant que l'horloge en question n'a pas été acheté à la vente de Bagatelle par la commune de Neuilly, ni même à son nom, qu'il a été adjugé à un marchand ou créancier de l'union, que celui-cy a revendu à un autre particulier et que ce dernier a revendu à la commune de Neuilly, ce qui est même prouvé par le procès-verbal de vente ;
Considérant que si les créanciers de Charles-Philippe Capet, émigré, ont des réclamations à faire au sujet de l'horloge, [ils] doivent s'adresser au marchand à qui il a été adjugé et non à la commune de Neuilly et que, tout considéré, il ne sera fait aucune réponse à la lettre, sinon au directoire du district, en conséquence arrête que l'analyse du présent sera portée dans la correspondance du district, en la prévenant que l'horloge est en place à la commune de Neuilly depuis quatre jours.

Une délibération du 6 prairial suivant (25 mai) fait connaître que cette horloge, objet de tant de convoitises, fut payée 625 livres. —

Voici enfin une délibération du 9 prairial (28 mai) portant « qu'il sera fait invitation à tous les citoyens et citoyennes se promenant au jardin et maison dite Bagatelle de ne toucher à rien et de s'y comporter avec décence, à peine d'être arrêtés et conduits par devant les autorités constituées ».

Le 7 prairial an V seulement (26 mai 1797), Bagatelle trouva un acquéreur en la personne du sieur Lhéritier, qui y établit un restaurant. Plus tard, le domaine revint à l'État et ce n'est qu'en 1835 qu'il fut acheté par le marquis d'Herford, dont les ayants droit le possèdent encore aujourd'hui. Des négociations ont été engagées avec eux pour le rachat par la Ville de Paris de cette belle propriété et son annexion définitive au domaine du Bois de Boulogne.

Saint-James doit son nom à Claude Baudard, baron de Saint-James, trésorier général de la marine, qui y fit construire en 1774 le fort joli château resté debout au milieu d'un parc bien réduit aujourd'hui. Nous renvoyons pour l'histoire de ses possesseurs à l'excellente Notice de M. l'abbé Bouillet (voir à la Bibliographie).

Bien plus fameux dans l'histoire ont été les châteaux de *Neuilly* et de *Villiers*, le premier d'abord, puis les deux ensemble lorsqu'ils eurent été réunis. L'ouvrage qui leur est consacré dans la série de publications intitulées *Domaine privé du Roi*, et qui est attribué à Fontaine, donne la liste de leurs propriétaires : au XVIIe siècle, le marquis de Nointel; en 1702, M. de Sassenaye; en 1740, Mme de Gontaut-Biron, et la même année, Voyer d'Argenson, qui construisit le château; en 1766, Radix de Sainte-Foix; en 1792, Mme de Montesson; en 1794, Delannois et Mme Vanderberghe; en 1801, Talleyrand; en 1804, Murat, déjà possesseur du château de Villiers, et qui réunit les deux domaines; en 1808, la princesse Pauline Borghèse; en 1818, le duc d'Orléans, devenu Louis-Philippe en 1830. C'est surtout pendant les quinze premières années du XIXe siècle que le château fut brillant : Murat, la princesse Borghèse y donnèrent des fêtes magnifiques. Louis-Philippe y apporta la bourgeoisie de ses mœurs, mais il fit subir au domaine d'importantes transformations. Plusieurs de ses enfants y naquirent : la princesse Clémentine, le prince de Joinville, le duc de Montpensier. Nous avons dit par quel acte de vandalisme cette magnifique propriété fut détruite au lendemain de 1848. Avant de la morceler, on tenta d'y attirer le public par quelques fêtes, organisées par la municipalité. Elles produisirent au total 7.251 fr. 75, que le Conseil municipal autorisa le Bureau de bienfaisance à employer en distributions de vêtements et de coke aux indigents (délibération du 15 novembre 1848).

II. — MODIFICATIONS TERRITORIALES ET ADMINISTRATIVES

Le territoire primitif de la paroisse de Villiers a été bien plus vaste que ne l'est aujourd'hui celui de la commune de Neuilly. Le premier retranchement en fut fait par la création de la paroisse Saint-Philippe du Roule formée, en partie sur Villiers, en partie sur Clichy à la fin du XVIIe siècle, en 1699. Avant cela, Villiers s'étendait donc sur une partie de la rue actuelle du Faubourg-Saint-Honoré, dite alors du faubourg du Roule, jusqu'à la rue La Boétie environ. En 1790, l'Assemblée nationale décida que les limites de Paris seraient invariablement arrêtées à l'enceinte des fermiers généraux, encore inachevée, mais représentée par les boulevards auxquels on a conservé le nom d'extérieurs. Neuilly fut donc séparé de Paris par les boulevards de l'Étoile (aujourd'hui avenue de Wagram) et de Courcelles. Cette même année, il posa sa candidature à un chef-lieu de canton.

Le 2 février, un de ses délégués, Bonnard, adressait à Target une pétition à cet effet. En voici quelques passages, dont nous respectons l'orthographe :

Les habitans du pont de Neuilly, Villiers-la-Garenne et dépendances, qui viennent de former leur municipalité, apprennent que l'Assemblée Nationale est à la veille de former les cantons de la banlieue de Paris. La position du village du pont de Neuilly, l'étendue de sa paroisse, sa population, susceptible de la plus grande augmentation, la beauté des routes qui y aboutissent et qui y amènent naturellement tous ceux qui viennent à Paris tant pour le débit de leurs denrées que pour l'approvisionnemeut de leur pays, sa proximité avec les différents villages qui l'avoisinent ont fait espérer que l'Assemblée Nationale voudra bien accorder un canton au village de Neuilly comme étant le centre des endroits dont ce canton pourroit être composé.

En effet, la paroisse de Neuilly est composée du village de Neuilly, Villiers-la-Garenne, la plaine des Sablons, les Ternes, la Porte-Maillot, Madrid et Bagatelle.

En réunissant à ses différents endroits 1° le village de Courbevoye qui n'est séparé de Neuilly que par le pont ; 2° le village de Puteaux qui n'est qu'à un quart de lieue de Neuilly ; 3° celui de Surenne, qui n'est qu'à une grande demie-lieue ; le village d'Anière, qui est au plus à une demie-lieue, la population de ces différents endroits seroit plus que suffisante pour former un très beau canton ; on peut même ajouter qu'il n'en existeroit pas un seul dans la banlieue de Paris qui fût plus commode ni mieux concentré.

Pour indemniser le canton qu'on veut former au village de Nanterre, en y réunissant le village de Colombes et de Genevilliers qui sont à une lieue de distance, alors les choses seroient à la satisfaction de tous les habitans des différents villages qui composoient ces deux cantons. Le canton de Colombes seroit supprimé et le canton de Clichy la Garenne seroit encore bien suffisant et assé considérable d'après ce qui lui resteroit, c'est à dire Monceaux, Montmartre, Clignancourt, La Chapelle et Saint-Ouen..... 1.

Il sera dit tout à l'heure que cette requête ne fut pas accueillie.

A la date du 7 janvier 1781, les registres de délibérations contiennent un texte très important pour la topographie communale : c'est la division en huit sections du territoire de la commune. Nous reproduisons ce document en indiquant en note les localités actuellement correspondantes :

La première section, dite de *Neuilly*, est la portion du territoire de notre communauté qui est limitée, sçavoir : au levant, par le chemin de la Porte-Maillot à Saint-Denis ; au nord, par l'ancienne route de Paris à Neuilly et la rue du Bacq ; au couchant, par l'avenue de Madrid à Neuilly et le chemin de Neuilly à Clichy, et au midi, par le mur du Bois de Boulogne [2].

La deuxième section, dite de *Madrid*, est limitée, savoir : au levant, par l'avenue de la porte de Neuilly à la porte de Longchamp ; au nord, par la grande route du pont de Neuilly ; au couchant, par la rivière de Seine, et au midi, par le territoire de la commune de Boulogne [3].

La troisième section, dite du *Bois de Boulogne...*, est limitée, savoir : au levant, par les murs dudit Bois de Boulogne, ou terroir des Six-Tournois ; au nord, par les murs dudit Bois de Boulogne, côté de la grande route du pont de Neuilly ; au couchant, par l'avenue de la porte de Neuilly à la porte de Longchamp ; au midi, par le territoire de la communauté de Boulogne [4].

1. Arch. nat., D IV bis, liasse 250.
2. Désignations actuelles : avenue de la Révolte ; avenue du Roule, rues des Chasseurs et du Pont ; avenue de Madrid, rue et boulevard du Château ; bois de Boulogne.
3. Désignations actuelles ; boulevard Richard-Wallace ; avenue de Neuilly ; boulevard de Seine ; bois de Boulogne.
4. Désignations actuelles : bois et territoire de Boulogne.

La quatrième section, dite des *Six-Tournois*..., est limitée, savoir : au levant, par le territoire de la communauté de Passy ; au nord, par la grande route du pont de Neuilly ; au couchant, par les murs du Bois de Boulogne, et au midi, par le chemin de Barbarie [1].

La cinquième section, dite des *Longs-Cornets*..., est limitée, savoir : au levant, par le nouveau boulevard de la clôture de Paris ; au nord, par l'ancienne route de Paris à Neuilly ; au couchant, par le chemin de la Porte-Maillot à Saint-Denis, et au midi, par la grande route du pont de Neuilly [2].

La sixième section, dite des *Ternes*..., est limitée, savoir, au levant, par le chemin des Dames ; au nord, par le territoire de la communauté de Clichy ; au couchant, par le chemin de Saint-Denis, dit de la Révolte, et au midi, par l'ancienne route de Paris à Neuilly [3].

La septième section, dite de la *Plaine de Villiers*..., est limitée : au levant, par le chemin de Saint-Denis, dit de la Révolte ; au nord, par le territoire de la communauté de Clichy ; au couchant, par le chemin de Neuilly à Clichy, et au midi, par l'ancienne route de Paris à Neuilly et la rue du Bacq [4].

La huitième section, dite du *Port de Neuilly*..., est limitée, au levant, par le chemin de Neuilly à Clichy ; au nord, par le territoire de la communauté de Clichy ; au couchant, par la rivière de Seine, et au midi, par la grande route du pont de Neuilly [5].

Le territoire ainsi délimité resta tel quel pendant de longues années. Toutefois, la ligne de démarcation tracée entre les communes des Batignolles et de Neuilly était sinueuse du côté du chemin, — aujourd'hui rue de Courcelles. Le 24 décembre 1834, le Conseil municipal de Neuilly réclama avec énergie que les enclaves des Batignolles sises en deçà de ce chemin fussent réunies à son territoire :

---

[1]. Désignations actuelles : Ville de Paris ; avenue de Neuilly ; bois de Boulogne.

[2]. Désignations actuelles : avenue de Wagram ; avenues des Ternes et du Roule ; avenue de la Révolte ; avenues de la Grande Armée et de Neuilly.

[3]. Désignations actuelles : rue Poncelet ; rue de Courcelles ; avenue de la Révolte ; avenues de la Grande-Armée et de Neuilly.

[4]. Désignations actuelles : avenue et rue de la Révolte ; territoire de Levallois-Perret ; rue et boulevard du Château ; avenue du Roule, rues des Chasseurs et du Pont.

[5]. Désignations actuelles : rue et boulevard du Château ; territoire de Levallois-Perret ; quai Bourdon ; avenue de Neuilly.

Cette réunion, dit le Rapport adressé au roi par le Ministre de l'intérieur, procurerait en effet aux habitants la jouissance des avantages que possèdent les habitans du hameau des Thernes (sic), tandis qu'ils sont éloignés de leur chef-lieu actuel et séparés de tous les points d'habitation par la plaine de Monceaux, dont l'étendue est assez considérable.

Le Conseil municipal des Batignolles, le Conseil d'arrondissement de Saint-Denis et le sous-préfet exprimèrent un avis défavorable ; mais le Conseil général, dans sa séance du 1er octobre 1835, appuya énergiquement la demande en faveur de Neuilly.

Cette opinion prévalut, en effet, car en février 1836, Louis-Philippe signa une ordonnance suivant laquelle le chemin de Courcelles servirait désormais de limite entre les deux communes, et qu'en conséquence, le polygone compris entre ce chemin et l'ancienne limite serait détaché de la commune des Batignolles et réuni à celle de Neuilly [1].

C'est la première fois que nous parlons du quartier des Ternes. Son histoire, maintenant qu'il est annexé à Paris, trouvera place dans un autre travail ; elle est assez importante pour cela. Qu'il suffise de noter ici que cet écart de Neuilly, devenu de plus en plus considérable à dater de la Révolution, ne cessa guère d'être en lutte avec son chef-lieu pour obtenir d'en être séparé et de former une commune indépendante. En 1831, en 1839, en 1848, en 1849, en 1850, pour ne noter que les manifestations principales de ce esprit séparatiste, il introduisit auprès des pouvoirs publics des pétitions très vives auxquelles, de Neuilly, on répondait avec la même âpreté. Plusieurs de ces mémoires furent autographiés.

A la suite d'une nouvelle requête plus pressante, présentée en 1853, le sous-préfet de Saint-Denis eut, le 29 avril, à formuler son avis sous forme d'arrêté. La minute en est conservée aux Archives de la Seine (D. M^7 n° 1) ; nous y lisons ceci :

Considérant que les habitans des Thernes prétendent que les intérêts bien entendus de cette section exigent qu'elle soit érigée en commune ; que sa séparation de Neuilly est naturellement indiquée par la configuration des localités et ferait cesser l'esprit de rivalité existant entre les deux annexes ;
Que ces allégations sont repoussées par les habitants et le Conseil municipal de Neuilly, qui affirment que le maintien de l'unité est favorable à la prospérité et à l'avenir de toutes les parties de la commune de Neuilly, en permettant par la concentration des ressources de pourvoir à d'intéressantes améliorations ; qu'il n'existe aucun élément sérieux de désunion entre les deux

---

[1]. Arch. nat., F^2 II, Seine, 1.

annexes ; qu'enfin, il y a lieu de ne pas oublier que, pour donner satisfaction à de justes réclamations de la section des Ternes, la commune s'est imposé d'importantes dépenses qui perdraient, par la séparation, toute leur opportunité ;

Considérant que les considérations invoquées de part et d'autre sont assurément dignes d'attention ; qu'il eût été peut-être préférable, pour consacrer une mesure aussi importante, d'attendre qu'il fût procédé, ainsi qu'il en est question déjà depuis longtemps, à la revision générale des circonscriptions territoriales de l'arrondissement de Saint-Denis ; qu'on ne peut dissimuler toutefois que la question a fait, depuis 1848, un pas immense vers sa solution et que les esprits, surtout dans la section des Ternes, y sont préparés...

Le sous-préfet, concluait, au cas où l'administration supérieure statuerait en faveur de la séparation, à ce qu'il fût « procédé au partage entre les deux communes des valeurs actives ainsi qu'à la répartition des dettes et charges existantes, conformément à l'avis émis par le Conseil d'arrondissement dans sa session de 1852 ».

Il n'est pas douteux que le quartier des Ternes fût devenu, peu après, chef-lieu de commune si, dès lors, la certitude n'avait commencé à se faire que le gouvernement impérial préparait l'extension des limites de Paris jusqu'aux fortifications désormais achevées. Les Ternes allaient prochainement faire partie intégrante de la capitale ; il devenait inutile d'engager une procédure de séparation. La commission syndicale qui y avait été créée demeura cependant en permanence, et elle fut même appelée pour la forme à donner son avis sur l'annexion, en 1859.

L'avis de Neuilly sur cette annexion était plus important ; il nous est connu par une délibération municipale du 7 mars 1859, et surtout par le rapport du commissaire-enquêteur chargé de recueillir l'opinion des habitants, et qui fut M. Charles Giraud, membre de l'Institut, demeurant à Neuilly, rue Saint-James, n° 19 ter. Le rapporteur constate qu'il ne s'est produit aucune objection sérieuse contre l'annexion ; il attire l'attention sur l'indemnité à payer aux officiers ministériels ; mais, chose bizarre, alors que tant de communes étaient jalouses de conserver leur autonomie, il conclut en exprimant le regret que le projet n'ait pas englobé Neuilly tout entier dans la capitale, afin de lui donner la sécurité dont il est privé (Arch. nat., F. 87.004).

Ces consultations, nous le répétons, étaient de pure forme et n'auraient pu avoir pour résultat de modifier un plan depuis longtemps arrêté et mûri. A dater du 1er janvier 1860, le quartier des Ternes, entre l'avenue de Grande-Armée et la rue de Courcelles, fit partie du XVIIe arrondissement de Paris.

La dernière diminution de territoire qu'ait subie la ville de Neuilly eut lieu par la création en 1866 de la commune de Levallois-Perret. Nous renvoyons à la Notice historique sur cette commune, où sont exposées toutes les difficultés qu'elle eut à vaincre du côté de Neuilly et de Clichy pour créer son indépendance. C'est la partie de la commune que l'on nommait alors le village Champerret qui fut distraite de Neuilly, et la ligne de démarcation entre les deux communes fut formée par l'axe de la rue de Villiers.

On a vu plus haut que, dès 1790, Neuilly réclamait le privilège de devenir chef-lieu de canton. Clichy lui fut préféré, mais, en l'an IX, quand les circonscriptions centrales furent réduites de seize à huit, cette faveur lui fut accordée. Le canton de Neuilly se composa alors des communes d'Auteuil, Boulogne, Clichy, Montmartre, Neuilly et Passy. L'annexion de 1860 réduisit cette circonscription (à laquelle avait été ajoutée Batignolles-Monceaux en 1830) aux seules communes de Boulogne, Clichy et Neuilly, auxquelles fut adjointe celle de Levallois-Perret en 1867. En 1839 (21 juin), le Conseil municipal de Neuilly avait eu à protester très vivement contre le projet d'un chef-lieu de canton à Batignolles-Monceaux, et obtenu gain de cause. Enfin, la loi du 12 avril 1893 a fait de la commune de Neuilly seule un chef-lieu de canton, lui consacrant ainsi sa qualité de ville et l'importance qu'elle doit à un long passé, à des monuments remarquables, à une population élégante et cultivée.

III. — ANNALES ADMINISTRATIVES. — LISTE DES MAIRES

Enseignement. — Sous l'ancien régime, déjà, Neuilly avait eu des écoles. Les registres paroissiaux de Villiers mentionnent en 1736, en 1738 et en 1739, Pierre Burat, « maistre des petites ecolles de Neuilly »; ils contiennent, le 30 mai 1745, l'acte de décès de Catherine Reau, « maîtresse des écoles des filles au pont de Neuilly ». En outre, nous avons cité plus haut (p. 12) un texte relatif à l'installation de ces écoles dans une construction annexe de la chapelle primitive du lieu.

Le 15 pluviôse an XI (4 février 1803), le Conseil municipal s'occupa de réorganiser l'enseignement primaire dans la commune ; il nomma le citoyen Braissier instituteur, avec un traitement de 200 francs par an, à la charge par lui de se loger ; la rétribution scolaire variait de 1 franc à 1 fr. 50 et 2 francs, suivant l'âge des enfants. L'instituteur avait mission de leur apprendre la lecture, l'écriture, les éléments de la langue française et les principes de l'arithmétique ; « les enfants seront élevés dans la religion de leurs parents et dans le respect pour les lois et le gouvernement ».

Au budget de l'an XIII (1805), fut inscrit un crédit de 300 francs au lieu de 200, en raison des frais de logement de l'instituteur.

Le registre des délibérations municipales contient, à la date du 27 mai 1819, le texte d'une lettre du duc d'Orléans à l'abbé Delabordère, maire, l'informant qu'il allouait une somme de 6.000 francs à la commune pour la construction d'une école selon la méthode d'enseignement mutuel ; la lettre de remerciements du maire est également transcrite au registre.

Le 10 août 1838, le Conseil, confirmant son vote du 6 mai 1836, décidait à l'unanimité la création d'une classe d'adultes, à dater du 1er novembre suivant, dans la nouvelle mairie (de Sablonville).

Voici quelle était la situation de l'enseignement primaire à Neuilly sous le second Empire, d'après une délibération du 6 novembre 1867 :

Le Conseil... est d'avis qu'il y a lieu de conserver les écoles actuelles au nombre de deux, l'une établie rue des Huissiers pour les garçons, l'autre pour filles, rue des Poissonniers ;

2° De conserver également les deux cours d'adultes créés précédemment, l'un pour les hommes, l'autre pour les filles ;

3° De renvoyer à l'examen d'une commission, sauf au Conseil à statuer ultérieurement sur son rapport, les questions relatives à la création d'une nouvelle école à Sablonville, à la location du local proposé pour la recevoir ; — à l'établissement d'une cinquième classe à l'école des garçons, rue des Huissiers ; — aux dépenses d'appropriation des nouvelles école et classe, — et enfin à la caisse des écoles.

La gratuité absolue existant depuis longues années, il n'y a pas lieu de délibérer sur les autres points indiqués en la circulaire de M. le Sous-préfet de Saint-Denis...

Par délibération en date du 27 décembre suivant, et après avoir entendu un long rapport de la Commission compétente, le Conseil votait la création d'une cinquième classe à l'école des garçons et l'établissement, dans une maison sise rue du Marché, d'une école tenue par des sœurs de Saint-Vincent-de-Paul, où seront reçus des enfants des deux sexes. Il reconnut, en outre, l'utilité d'une sixième classe à établir dans un délai prochain à l'école des filles.

Toutefois, le 17 février 1868, revenant sur ces décisions, ou au moins sur les deux premières, le Conseil ajourna « à une autre époque, plus opportune, toute extension à donner aux écoles de la commune ».

Le 19 mars 1869, le Conseil régla le budget de l'enseignement de la façon suivante :

800 francs à chacun des huit frères professant à l'école des garçons ;

600 francs à chacune des sept sœurs préposées à l'école des filles ;

3.150 francs pour la directrice de la salle d'asile, son adjointe et une femme de service ;

300 francs pour le maître de chant de l'école des garçons ;

300 francs pour le maître de chant de l'école des filles ;

360 francs pour le professeur de gymnastique.

Au total, un budget annuel de 14.710 francs pour l'instruction. Il suffit de comparer ces chiffres à ceux du budget actuel pour constater les progrès qui ont été faits dans ce sens depuis une quarantaine d'années.

La question de l'établissement d'un lycée à Neuilly avait été vaguement envisagée par la municipalité ; elle fut reprise en 1893 par M. Magès, conseiller municipal, qui lui a consacré un rapport très étudié et très documenté, mais jusqu'ici elle n'a pas eu encore de solution favorable.

Octroi. — L'octroi a été autorisé à Neuilly en vertu d'une ordonnance royale du 26 octobre 1825.

Police.— Par délibérations des 10 mai 1832 et 19 juillet 1833, le Conseil municipal émettait un vœu formel de création d'un commissariat de police ; le 24 décembre 1834, nouvelle délibération dans ce sens, fortifiée par le vote d'un crédit de 1.000 francs ; le 2 février 1835, présentation de trois candidats au choix du préfet de police. La fonction fut créée ; son titulaire exposait, peu après, qu'il n'avait que 2.000 francs de traitement et un loyer de 540 francs. Le Conseil municipal hésita quelque peu avant de lui allouer une indemnité de 500 francs (17 mars et 10 août 1836) ; encore fut-il stipulé que ce crédit voté ne constituerait pas un précédent pour l'avenir.

Une délibération du 5 novembre 1841, reconnaissant les moyens d'action du commissariat comme insuffisants, créa deux emplois de sergent de ville, l'un aux Ternes, l'autre à Neuilly, au traitement de 800 francs chacun.

Notariat. — Le 9 germinal an II (29 mars 1794), le Conseil émettait le vœu que le citoyen Crassoux, représentant du peuple pour les départements de Paris et de Seine-et-Oise, fixât à Neuilly la résidence d'un notaire et autorisât à cet effet la translation de l'étude du citoyen Petit, actuellement notaire à Montmarat (Montmartre). Par arrêté du Directoire du département, en date du 5 floréal suivant (24 avril 1794), cette translation fut autorisée.

Fête annuelle. — La fête de Neuilly, si fréquentée, si fructueuse aussi, depuis longtemps, doit son origine à une délibération municipale du 30 mai 1816, fixant son établissement sur les contre-allées de la grande route à l'époque de la Saint-Jean, fête du patron de l'église.

Culte. — Après la Terreur, l'église fut rendue au culte par délibération du 8 messidor an III (27 juin 1895). — Il sera question, dans le chapitre suivant, des édifices affectés au culte ; nous nous bornerons à noter ici une délibération du 20 novembre 1857 portant qu'il y a lieu, en raison de nombreuses pétitions produites, de demander à l'autorité compétente un terrain de 8.000 mètres entre Champerret et Sablonville pour y édifier une église et des écoles à l'usage de la population du Parc. Ce projet n'eut pas de suites ; déjà, le 10 juin 1856, le Conseil avait passé à l'ordre du jour sur un projet d'église à Sablonville même.

Viabilité. — *Noms des rues.* — L'ouvrage de M. Darney (voir à la Bibliographie) contient un dictionnaire bien fait des rues de Neuilly ; nous pouvons cependant y ajouter plusieurs renseignements utiles, et çà et là quelques rectifications.

Le chemin de la Procession, qui formait une ligne sinueuse entre le vieux Neuilly et Villiers, fit l'objet d'une délibération municipale du 9 août 1790 ; elle avait pour objet « de réclamer le chemin qui est au bout du jardin de M. Senef, que l'on appelle le chemin de la Procession, qui conduisoit de tout temps de Neuilly à Villiers le long de la Seine ; que ce chemin a été intercepté par M. Haler du côté de Villiers, et, du bout aboutissant au chemin de Villiers qui a été intercepté par M. de Sainte-Foix ». D'autres délibérations de l'an III (25 germinal, 8 et 10 prairial, 5 messidor) attestent qu'on s'occupa de le rouvrir au public, et que cela fut exécuté, puisque l'arrachement des peupliers nécessité par cette ouverture coûta 691 livres ; mais, dix ans environ après, Murat l'absorba de nouveau en renfermant les châteaux de Neuilly et de Villiers dans une seule clôture que la Seine limitait à l'Ouest, et il en fut ainsi jusqu'au morcellement du domaine.

La rue des Huissiers doit son nom à un lieu dit existant déjà au XVIIe siècle (voir p. 11) et non, comme on l'a pensé, au fait qu'elle aurait été habitée par les huissiers du château ; le 10 mai 1823, le Conseil réclamait son pavage aux frais du gouvernement, en déclarant que « c'est le chemin le plus fréquenté des environs de la capitale ; c'est par là que passent toutes les voitures qui concourent à son approvisionnement ». Il y a là certainement de l'exagération, car on ne doit pas oublier que la route adoptée pour le camionnage et les voitures publiques fut pendant fort longtemps l'avenue du Roule, continuée par celle des Ternes.

Par délibération du 7 février 1839, le quai de la Pompe, conduisant de la grille du Ponceau (une des entrées du château de Neuilly) au pont, reçut le nom de quai Bourdon, en souvenir d'un conseiller municipal mort en fonctions en 1838.

Le 21 juin 1844, le Conseil accepta la donation de la nouvelle rue provenant de la succession Hadingue et lui donna le nom du maire, Garnier. C'est sans doute par un hommage semblable que le nom du maire alors en exercice fut donné à une voie ouverte durant son administration, la rue Ancelle.

Par délibération du 5 février 1845, la suppression de l'impasse des Mauvaises-Paroles fut décidée, pour lui substituer une rue « partant du coin de la rue de Longchamp pour aboutir à l'épi du pont ».

La Révolution de 1848 eut pour conséquence de débaptiser quelques noms de rues : par délibération du 4 avril, l'avenue de Neuilly devenait avenue de la République ; la rue Louis-Philippe, rue du 24 Février ; la rue d'Orléans, rue de la Liberté ; la place d'Orléans, aux Ternes, place Boulnois, du nom de son fondateur : modifications puériles et qui ne furent pas maintenues ; en effet, une délibération du 17 janvier 1852 rendit à la plupart de ces voies leur ancien nom.

La rue Jacques-Dulud se nommait d'abord rue des Champs ; elle prit son nouveau nom à la suite d'une délibération du 31 mai 1861, constatant que M. Jacques Dulud, mort en 1859, avait été longtemps le seul habitant de cette rue, où il avait créé un établissement important.

Par délibération du 14 novembre 1862, fut voté l'élargissement de la rue des Belles-Filles, en attendant le moment prochain où sa largeur serait portée à 15 mètres.

Pendant la guerre de 1870-1871, on recommença à changer certaines dénominations : une délibération du 2 octobre 1870 donna à la rue du Marché le nom de Victor Noir, pseudonyme du jeune publiciste habitant Neuilly, et qu'au cours d'une entrevue dans sa maison d'Auteuil le prince Pierre Bonaparte avait mortellement frappé d'un coup de feu. Par délibération du 26 janvier 1871, les boulevards de Madrid et Eugène devenaient boulevards Richard-Wallace et Garibaldi ; la rue Ancelle, rue Franchetti ; la rue Louis-Philippe, rue Charras ; la rue Borghèse, rue Eugène-Sue ; la rue Soyer, rue Millevoye. Cette fois, encore, la plupart de ces dispositions, si même elles furent appliquées, ne furent pas maintenues après la tourmente.

Notons enfin quelques décisions ayant le caractère d'hommage public : rue Devès (décret du 18 octobre 1894), rue Charcot (7 avril 1898), rue Puvis-de-Chavannes (4 janvier 1899), rue d'Armenonville (12 septembre 1901).

Ce n'est pas ici le lieu de produire les documents relatifs à la formation du parc de Neuilly par l'administration des domaines et à sa remise à la commune de Neuilly. Voici, du moins, le texte (dont nous devons l'obligeante communication à M. Circaud) d'un arrêté gouvernemental relatif au rétablissement du chemin de halage sur la Seine que les clôtures du parc avaient supprimé depuis près d'un demi-siècle. Cet arrêté est du 22 mars 1848 :

Le Gouvernement provisoire,
Vu les ordonnances de 1669 et 1672 sur les eaux et forêts portant que les propriétaires des héritages aboutissant aux rivières navigables fourniront pour le halage un passage de vingt deux pieds au moins (sept mètres quatre vingts centimètres) de largeur, sans pouvoir y planter d'arbres ou y tenir clôture, à peine d'être contraints à réparer et à remettre les chemins en état et à leurs frais ;
Considérant que le parc du château de Neuilly s'étend immédiatement jusqu'à la Seine ; que sa clôture envahit le chemin dû à la navigation et coupe les communications locales ;
Considérant que cet état de choses, constituant une contravention perma-

nente aux dispositions des règlements ci-dessus visés, est en partie le résultat d'entreprises faites sur la rivière, dont le régime a été sensiblement modifié ;

Considérant qu'il importe de faire cesser les dommages qui sont les conséquences de ces actes abusifs,

Arrête :

Article premier. — Les clôtures du parc de Neuilly, sur le bord de la Seine, seront reculées de manière à rétablir le chemin de halage, conformément aux dispositions de l'ordonnance de 1669 (titre XXVIII, art. 7).

Art. 2. — La dépense des travaux à exécuter, tant pour cet objet que pour construire une voie praticable, sera mise à la charge de l'ancien domaine privé de la couronne.

Cette dépense pourra être avancée sur les fonds de l'État.

Éclairage public. — La plus ancienne mention que nous ayons rencontrée au sujet de l'éclairage des rues se trouve dans une délibération du 6 août 1832, portant que cet éclairage (à l'huile, et très clairsemé) aura lieu dès que le roi habitera son château, bien que d'habitude on ne la commence qu'en octobre. Mais, le 27 septembre 1833, le Conseil, en raison des finances communales, votait la suppression complète de l'éclairage, qui grève le budget de 5.000 francs. Nous inclinons à croire qu'il y avait là une petite manœuvre destinée à provoquer la générosité royale ; quoi qu'il en soit, la décision fut rapportée le 2 novembre suivant.

Le 12 juin 1841, une Commission fut nommée pour étudier la substitution du gaz à l'huile ; toutefois, à la session d'août de la même année, le Conseil autorisa le maire à renouveler pour un an le traité avec le concessionnaire de l'éclairage à l'huile. Quelques jours après, le 8 août, la Commission remit un rapport très favorable au gaz, et le 5 février 1842, le maire fut invité à traiter avec la Compagnie. Dès lors, les voies principales de la commune furent éclairées par ce procédé ; au commencement de 1848, on suspendit encore l'éclairage pour raison d'économie et il ne fut repris que le 20 août ; de ce chef, la commune eut à payer à la Compagnie une indemnité de 600 francs pour le préjudice que lui avait causé cette interruption.

Moyens de transport. — Grâce à sa proximité de Paris, Neuilly aurait pu jadis, — à l'époque où l'on voyageait peu, ou pédestrement, ou en voiture particulière, — se passer de services de transport en commun le reliant avec la capitale ; il n'en manqua jamais, cependant, étant situé sur le chemin de Saint-Germain, toujours sillonné de voitures publiques. Puis, on créa des véhicules pour le bourg même. Le 2 mai 1836, le maire rendait compte au Conseil des excellents services que rendaient à la population les « voitures algériennes », auxquelles on a accordé le privilège de passer par l'avenue du Roule et les Ternes, malgré les embarras continuels qu'offrent ces voies ; il apprenait que « les gérants des Omnibus » voulaient créer une concurrence par le même chemin, mais espérait que l'administration ne les y autoriserait pas. A cette date, il ne s'agit pas encore de la Compagnie générale des Omnibus, qui à partir de 1855, créa un service régulier dans toute la traversée de Neuilly.

Il y avait aussi, sous Louis-Philippe, les cabriolets venant de Paris ; le 7 août 1840, la municipalité demanda au préfet de police qu'ils fussent obligés à conduire les voyageurs à n'importe quel point de la commune, moyennant une surtaxe à deux degrés : 1° des barrières de Paris à la porte Maillot ou au boulevard de la Révolte ; 2° de ces points à la Seine.

Le 13 mai 1846, le Conseil prit en considération une pétition des habitants de Sablonville, demandant que l'omnibus de la Madeleine eût une station place de la Mairie (alors à Sablonville) et transportât les voyageurs jusqu'à cette station pour 30 centimes.

On n'apprendra pas sans surprise que, le 3 août 1852, la municipalité prit une délibération très motivée pour « refuser » l'établissement du chemin de fer dit d'Auteuil, ou du moins pour protester contre cet établissement. Elle faisait valoir qu'il n'y avait là en vue qu'un intérêt particulier pour mettre « la rue Saint-Lazare en rapport avec le pont de Sèvres », que les chevaux seraient effrayés au passage des trains sous les avenues des Ternes et de la Grande-Armée, que c'était enlever à Neuilly le calme et la salubrité, et faire fuir les familles riches, « et que, dès lors, on verra la seule industrie du pays, la location des maisons, pour longtemps paralysée ».

Mieux avisé, le 2 novembre suivant, ou du moins résigné à admettre une situation qu'il ne pouvait empêcher, le Conseil demandait que le tracé se rapprochât le plus possible des fortifications, épargnant le nouveau quartier qui se crée à Ferdinanville, — et enfin, de plus en plus conquis au projet, le 11 décembre, il votait un crédit de 15.000 francs pour aider à la construction d'un double boulevard longeant le chemin de fer (boulevards Pereire Nord et Sud).

Une délibération du 15 décembre 1857, renouvelée dans un vœu du 3 mai 1858, exprima le regret que la tête de ligne des omnibus desservant Neuilly eût été reportée de l'autre côté du pont, à Courbevoie, ce qui rendait le service tout à fait insuffisant.

Il fut question de tramways, pour la première fois, le 24 novembre 1871. A cet égard, le Conseil ajourna une proposition qui lui était faite ; puis les offres se multiplièrent et aboutirent d'abord à la création de la ligne Étoile-Courbevoie, le 3 septembre 1874, puis à celle de Saint-Augustin-Parc de Neuilly (plus tard Madeleine-Pont de la Jatte), le 30 juillet 1875, auxquelles s'ajouta, le 24 octobre 1876, la ligne Saint-Augustin-Courbevoie (aujourd'hui Madeleine-Pont de Neuilly-Courbevoie). Plus récemment, ont été créées les lignes de Saint-Augustin à Saint-James, de la porte Maillot au Val d'Or, de la porte Maillot à Saint-Denis, à Maisons-Laffitte, à Colombes, qui, avec les chemins de fer métropolitain et de ceinture assurent à la commune les relations les plus aisées avec Paris et toute la banlieue.

MAIRES DE NEUILLY

DELAIZEMENT (Nicolas-Jean). Élu le 7 février 1790. Démissionnaire la même année.
SAULNIER (Michel). Élu le 21 novembre 1790. Démissionnaire le 20 mars 1792.
GIRARD (Jean-Baptiste). Élu le 1er avril 1792.
BOUTARD (Jean-Baptiste). Élu le 26 mars 1793.
DELABORDÈRE. 1808-1813.
CHAPTAL, baron de Chanteloup. 1813-1814.
DELABORDÈRE. 1814-1829.
RAIMBAULT (Louis-Nicolas). 1830-1832.
LABIE (Jean). 1832-1843.
GARNIER (Joseph-François). 1843-1848.
SOYER, maire provisoire, nommé le 1er mars 1848.
SIMONET. 1848-1849.
ANDRAU. 1849-1851.
ANCELLE (Narcisse-Désiré). 1851-1868. Démissionnaire.
YBRY (Charles). 1868-1870.
HOUSSAY. Élu le 7 septembre 1870.
BOYRIVEN. Élu le 24 novembre 1870.
MANIER (Louis-Eugène-Polycarpe). Élu le 17 août 1871.
DAIX (Victor-Jean-François). 1875-1886. Démissionnaire.
ROUSSELET (Ferdinand-Alexandre). 1886-1888.
HENRION-BERTIER (général Jean-François-Achille). 1888-1901. Mort en fonctions.
HUET (Georges-Victor). 1901-1904.
BERTEREAU (Alexandre-Auguste). Élu le 15 mai 1904.

IV. — MONUMENTS ET ÉDIFICES PUBLICS

Ponts. — Il nous paraît juste de commencer ce chapitre par l'historique du pont de Neuilly, non seulement parce qu'il est le monument le plus fameux de la commune, mais encore parce que Neuilly doit son origine au port et au passage d'eau établis en ce point sur la Seine ; elle l'a compris, d'ailleurs, en faisant figurer le pont à la place d'honneur de son blason.

Pendant longtemps, il n'y eut là qu'un simple bac. On a souvent raconté que, le 9 juin 1606, Henri IV y passant avec la reine et le duc de Vendôme, tous trois chavirèrent et faillirent être noyés. Le fait n'est pas contestable, ayant été rapporté par plusieurs témoins oculaires ; ce qui est plus douteux, c'est que l'émotion produite sur le roi par ce semblant d'accident l'ait pour toujours guéri de maux de dents dont il souffrait. Il est probable, du moins, que cette alerte eut pour conséquence la construction d'un pont, qui fut en bois ; on le trouve mentionné comme existant en 1621, détruit par le fait d'une inondation en 1638, et aussitôt après reconstruit de même en bois. Il faudrait parler ici d'un prétendu accident survenu à Pascal, le 8 novembre 1654 : les chevaux de sa voiture s'emportant, brisant leurs rênes et se précipitant dans le vide tandis que le carrosse restait suspendu, comme providentiellement, au-dessus de l'abîme. Et ceux qui ont introduit cette anecdote dans l'histoire ajoutent que le philosophe, jusque-là peu croyant, aurait juré dès lors de se convertir au service de la foi. C'est, on le voit, l'histoire du mal de dents renouvelée. M. Victor Giraud a fait justice de cette légende dans un Mémoire très bien fait (Voy. à la Bibliographie).

Nous avons publié ailleurs (*Additions et rectifications à l'abbé Lebeuf,* pp. 501-502) les extraits des registres paroissiaux de Villiers relatifs à la construction du pont actuel qui a contribué à immortaliser le nom de Perronet. La première pierre en fut posée le 19 août 1768 ; quatre ans plus tard, le 26 juillet 1772, la dernière clef des cinq arches du pont était posée en présence du curé de Neuilly, qui la bénit ; enfin, le 22 septembre suivant, on procédait en présence du roi, de toute la cour et d'une foule immense, au décintrement du pont, opération qui parut aussi merveilleuse que le fait pour le nouveau pont d'être le premier qui ait été construit plan sans dos d'âne. Des médailles, des gravures consacrèrent cette solennité.

Les ponts de la Jatte, ou ponts Bineau, furent construits en 1869. L'année suivante, leur destruction était ordonnée pour les nécessités de la défense; ils furent reconstruits dans leur état actuel en 1873 et 1877. Le 23 février 1872, le Conseil municipal de Neuilly avait émis un vœu pressant pour leur rétablissement.

Mairie. — En 1790, on utilisa l'église pour les assemblées générales des citoyens actifs et, comme salle de mairie, une salle adossée à l'église. Lorsque, en l'an X, Neuilly, devenu chef-lieu de canton, eut besoin d'un local pour la justice de paix, c'est encore cette salle qui servit malgré les inconvénients d'exiguïté et de voisinage qu'elle offrait, le juge de paix se plaignant que les chants religieux troublassent la gravité des audiences. Il y eut pour remédier à cet état de choses des délibérations du 28 thermidor an X et du 15 pluviôse an XI, voire même des votes de crédit, mais sans effet. Le 28 septembre 1809, le maire constatait que « la salle qui sert de maison commune et de salle d'audiences de la justice de paix n'est autre chose qu'une petite pièce latérale tenant immédiatement à l'église et destinée à en faire la sacristie »; qu'on a pu s'en contenter tant qu'on pouvait, au besoin, utiliser toute l'église, mais, maintenant que cet édifice est rendu au culte, il faut aviser. En conséquence, il proposait l'acquisition d'une maison appartenant à Mme Petit, sise rue de Madrid, juste en face de la grande rue de l'Ancien-Pont (la rue de Madrid se nomme aujourd'hui rue du Château). Le prix en était de 18.000 francs, et l'on prévoyait 1.360 francs pour les frais d'aménagement, soit une dépense totale de 19.360 francs, que le Conseil vota aussitôt. Telle fut la seconde mairie de Neuilly.

Le 8 août 1833, le Conseil fut saisi d'une nouvelle proposition de changement: les dissentiments existant entre Neuilly et la section des Ternes étaient dus en grande partie à ce que la mairie était fort éloignée de cette section; de plus, cette mairie était devenue beaucoup trop exiguë. Le Conseil vota l'établissement à Sablonville d'un bâtiment destiné à recevoir la mairie, la justice de paix, la prison cantonale et un corps de garde sur un emplacement que lui offrait M. Marcel, architecte et propriétaire de la majeure partie des terrains de Sablonville, qu'il s'agissait de mettre en valeur. En échange, la commune abandonnait à M. Marcel la mairie de la rue du Château. Cette décision fut confirmée par des votes, le 14 septembre suivant, et les 30 janvier et 27 juin 1834. Le bâtiment élevé à Sablonville ne fut prêt que deux ans après : le Conseil y siégea pour la première fois le 5 août 1836. La municipalité n'avait pas attendu cette date pour reconnaître que l'ancienne mairie lui serait nécessaire comme presbytère et, le 6 mai 1836, elle avait décidé de racheter cet immeuble à M. Marcel au prix de 12.000 francs. Ajoutons ici qu'il fut démoli en 1845 pour la construction d'écoles (délibération du 23 janvier 1845).

A son tour, la mairie de Sablonville fut jugée insuffisante, malgré plusieurs agrandissements (voir notamment une délibération du 14 décembre 1861). En 1882, le 30 juillet, fut posée la première pierre du somptueux hôtel de ville actuel et, le 16 janvier 1886, l'édifice était inauguré solennellement. La justice de paix occupa à elle seule l'ancienne mairie de Sablonville.

Églises. — Dans le premier chapitre de ce travail, nous avons eu occasion de fournir des renseignements assez nombreux sur l'église primitive de Villiers, sur la chapelle du port de Neuilly, sur l'église entreprise par l'activité persévérante de l'abbé Chauveau pour remplacer cette chapelle. Achevé peu avant la Révolution, cet édifice lui-même parut trop modeste lorsque l'Empire et la Restauration eurent valu à Neuilly le début de sa prospérité. Une délibération du 10 mai 1823 comporta un vœu formel pour son agrandissement; il y est dit que, depuis quelques années, 130 maisons se sont construites à Neuilly. Ce vœu d'agrandissement se transforma, le 28 février 1824, en un vote ferme de reconstruction totale, sur les plans dressés par l'architecte de l'arrondissement, Molinos. Pendant les travaux, les exercices du culte eurent lieu dans une sorte de hangar situé au coin de la grande avenue et de la rue des Graviers. La pose de la première pierre de la nouvelle église eut lieu le 4 novembre 1827, jour de la Saint-Charles ; on frappa à cette occasion une médaille commémorative dont la légende fut composée par Petit-Radel, membre de l'Institut. La construction fut achevée en 1830; quelques mois avant la révolution de Juillet, le duc et la duchesse d'Orléans donnèrent 12.000 francs pour l'ameublement de l'église. Dès l'année suivante, on constatait de nombreuses malfaçons, et il fallut procéder à une reprise de travaux qui fut très onéreuse pour la ville, en dépit des procès qu'elle gagna sur l'entrepreneur.

Quant à l'église de Villiers, elle avait été démolie sous le Directoire. Le 26 nivôse an II (15 janvier 1794), il avait été décidé qu'on offrirait au district de Saint-Denis la grande cloche de cette église pour l'envoyer à l'Arsenal où elle serait convertie en canon.

Le budget communal n'a pas participé à l'édification de la belle église Saint-Pierre, qui s'élève au rond-point d'Inkermann; les frais en ont été faits entièrement par des libéralités particulières.

La première pierre en a été posée le 30 octobre 1887, et elle a été livrée au culte, avant son complet achèvement, le 15 avril 1897.

Cimetières. — Le premier cimetière de la commune fut incontestablement celui qui entourait l'église paroissiale de Villiers. Lorsque, sous Louis XV, l'abbé Chauveau eut fait transférer le titre paroissial à Neuilly, il fallut créer un cimetière en ce dernier lieu. Nous le connaissons par des mentions indirectes: une délibération municipale du 26 fructidor an II (12 septembre 1794) a pour objet son agrandissement ou sa translation en un autre point, car il est devenu trop petit en raison de l'augmentation de population due à l'École de Mars, et de la reprise du cimetière de Villiers où l'on inhumait les morts de la plaine des Sablons, des Ternes et de Villiers.

D'autre part, dans une longue délibération du 5 mars 1812, le Conseil décida de protester contre un décret impérial du 14 juillet 1811, confirmant une vente faite au sieur Simon par le bureau des domaines nationaux, le 19 messidor an IV (7 juillet 1796) de toute la plaine des Sablons, « ce qui aurait pour effet de priver la commune de deux rues essentielles pour la communication avec un terrain clos servant comme lieu de sépulture depuis plus de quarante ans, et actuellement rempli ». De ces indications l'on peut inférer que le cimetière en question était voisin de l'église, des rues des Poissonniers et de l'Église. — Cinq ans plus tard, le 22 pluviôse an IX (11 février 1801), le Conseil municipal délibérait d'acheter un terrain d'environ dix-huit ares, situé hors de l'agglomération de la commune, « parce que les cadavres sont entassés faute de place ».

Déjà, en l'an III, on avait songé à une acquisition de ce genre, ainsi que le prouve cette délibération :

Extrait des registres des délibérations du Comité de salut public de la Convention nationale du 17 prairial an IIIe, d'après l'arrêté pris le 15 prairial, relativement au cimetière :

L'agent national entendu,

Le Conseil général arrête qu'il sera choisi le terrain de l'émigré Placement, situé le long du mur du bois de Boulogne, contenant environ un arpent, tenant d'un bout au Chemin Vert, du devant aux héritiers Royé, du Nord aux héritiers Barbier, ledit terrain en friche depuis plusieurs années.

L'Assemblée nomme à cet effet le citoyen Caron, notable, commissaire à l'effet de se transporter à Franciade à l'effet d'obtenir la vente dudit terrain.

On vient de voir que rien n'était encore fait en 1801. Le 15 pluviôse an XI (4 février 1803), la municipalité de Neuilly votait en faveur de Murat la suppression du chemin de la Procession, et recevait de lui en échange, outre un terrain à prendre dans le ci-devant cimetière de Villiers, une rente de 300 francs. C'est l'argent de cette rente qui servit à acheter le terrain voisin du bois de Boulogne, qui a si longtemps servi de nécropole à Neuilly. Plusieurs fois il fut agrandi, toutes les combinaisons proposées pour trouver un autre emplacement ayant échoué. A cet égard, nous renverrons aux délibérations des 18 mai 1843, 22 septembre 1849 (le Conseil décidait qu'il serait créé un second cimetière communal pour les Ternes, mais cela ne se fit pas), 15 décembre 1857 (acquisition du terrain Dulud), 17 août 1860 (règlement à 3.681 fr. 10 des frais de reculement des murs).

Puis, des délibérations du 24 mars 1865 et du 19 novembre 1866 envisagent de nouveau la nécessité et les difficultés de transporter le cimetière sur un autre point; on écarte un projet d'acquisition à Levallois-Perret pour s'arrêter à l'acquisition de 80.000 mètres de terrain à Puteaux, au delà du chemin de fer de Versailles. Le 15 mai 1868, le Conseil vote l'acquisition d'un terrain de 85.350 mètres situé sur les communes de Puteaux et de Courbevoie, au lieu dit les Saurins (15 mai 1868), mais, à la séance du 23 janvier 1869, le Conseil reçoit communication d'une lettre préfectorale du 17 août 1868, l'invitant à ajourner cette acquisition par suite des lenteurs que nécessitera l'emprunt, et il se décide à voter un nouvel agrandissement du cimetière, dont les frais seront de 205.500 francs. Les négociations pour l'acquisition du terrain des Saurins furent reprises après la guerre franco-allemande, et depuis 1884, Neuilly a été autorisé à y ouvrir son nouveau champ de repos.

BIBLIOGRAPHIE

L'abbé Lebeuf, *Histoire du diocèse de Paris*, t. I, pp. 430-437 de l'édition de 1883.

Additions et rectifications, par Fernand Bournon ; Paris, Champion, 1901, in-8, pp. 495-514. [Il a été fait un tirage à part du chapitre : *Villiers la Garenne et Neuilly*.]

Requête des habitants de Neuilly-lès-Paris à Nosseigneurs les députés à l'Assemblée nationale, tendant à obtenir le comblement de l'ancien lit de rivière dont les eaux stagnantes causent des maladies épidémiques et des fièvres dangereuses à tous les propriétaires riverains ; Paris, impr. Delaguette, 1790, in-4, 16 pp.

Travaux et embellissements de Paris. (Notice sur Sablonville, avec plan. — Extrait des Annales de l'industrie nationale et étrangère, 1825, in-8.)

Comte de Laborde, *le Château du Bois de Boulogne, dit château de Madrid* ; Paris, Dumoulin, 1835, in-8.

Château de Neuilly. — Domaine privé du Roi (par Fontaine ?) ; 1836, in-4, avec plans et planches.

Observations sur divers griefs contenus dans le rapport de la Commission syndicale formée sur la demande en séparation des Thernes d'avec Neuilly [par Labie, maire de Neuilly — défavorable à la séparation] ; Paris, 1839, in-8, 15 pp. (Bibl. Nat., L K[7] 5582).

Mémoire autographié, daté du 24 novembre 1849 et adressé aux membres du Conseil général de la Seine sur la même question [défavorable] (B. N., L K[7] 5584).

Résumé du Mémoire adressé à M. le Ministre de l'intérieur et à M. le Préfet de la Seine sur la question de séparation des deux sections de la commune de Neuilly [défavorable] ; Neuilly, 1850, in-8, 14 pp. (B. N., L K[7] 5585).

L'abbé Bellanger, *Histoire de Neuilly près Paris (Seine) et de ses châteaux......* ; Neuilly, 1855, in-12. [Par délibération du 13 novembre 1854, le Conseil municipal de Neuilly avait voté 500 francs pour l'impression de ce travail, destiné à être vendu au profit du Bureau de bienfaisance.]

Lefeuve, *Annuaire de la ville de Neuilly ;* Paris, 1856, in-12. [Par délibération du 8 novembre 1856, le Conseil municipal souscrivit 150 francs pour l'achat de 50 exemplaires de cet Annuaire.]

Malarce (A. de), *la Maison royale des Filles de Saint-Louis et la maison de N. D. des Arts;* Paris, Amyot, 1864, in-8.

Mémoires de l'abbé Roy à S. E. M. le Ministre des Cultes, avec pièces justificatives; Paris, 1862-1866, in-4 et in-8. [Justification tentée par cet ecclésiastique, curé de Neuilly, d'accusations relatives à sa vie privée.]

Journal d'un habitant de Neuilly pendant la Commune (par Georges d'Heylli); Paris, 1871, in-8.

La Commune devant l'histoire. — Les Pillards de Neuilly; Paris, Lachaud, 1872, in-12.

Conseil municipal de Neuilly. Projet de lycée. Rapport présenté par M. Magès, conseiller municipal; Vincennes, impr. Lucien Lévy, 1893, in-12.

L'abbé Bouillet, *la Folie de Saint-James à Neuilly;* Paris, Plon, 1894, in-8. (Extrait des Comptes rendus de la réunion des Sociétés des Beaux-Arts des départements à Paris en 1894.)

Ville de Neuilly-sur-Seine. Avis du Conseil municipal sur la la demande de transfert du titre curial à l'église Saint-Pierre, et la conversion en chapelle de secours de l'église Saint-Jean-Baptiste ; Paris, impr. Douste, s. d. (1896), in-8.

Chuquet (Arthur), *l'École de Mars* [installée à Sablonville en 1794]; Paris, Plon, 1899, in-12.

Ville de Neuilly-sur-Seine. Budget explicatif présenté par M. le Maire pour l'exercice 1900; Paris, impr. Douste, 1900, in-4.

Darney (G.), *Neuilly (sur Seine),* monographie ; Auxerre, impr. Lanier, avril 1900, in-8 ; avec planches.

Giraud (Victor), *Une Légende de la vie de Pascal: l'accident du pont de Neuilly* in-8, 17 pp. (Extrait de la *Quinzaine* du 16 février 1902.)

Fernand Bournon.

Au moment où cette Notice s'achevait, M. Edgard Circaud nous a fourni une nouvelle preuve de son obligeante science de l'histoire de Neuilly en nous donnant la nomenclature suivante des médailles et des estampes intéressant Neuilly :

MÉDAILLES CONCERNANT L'HISTOIRE DE NEUILLY

Décintrement du pont de Neuilly

Bronze par Roëttier fils.

Avers : Profil à droite de Louis XV. En exergue : Ludovicus XV rex Christianissimus.

Revers : Vue du pont avec l'inscription suivante : Novam artis audaciam mirante sequana. En exergue : Pons ad Lugniacum exstructus MDCCLXXII.

Jeton des Ponts et Chaussées

Bronze par Roëttier fils.

Avers : Profil à droite de Louis XV. En exergue : Ludovicus XV rex Christianissimus.

Revers : Vue du pont, au-dessus : Paucis amplecitur arcubus amnem. En dessous : Ponts et Chaussées MDCCLXXII.

Reconstruction de l'église Saint-Jean-Baptiste

Pose de la première pierre.
Bronze par Gayard.

Avers : Profil à gauche de Charles X. En exergue : Carolus X rex Franciæ.

Revers : L'église Saint-Jean-Baptiste. En exergue : Sub. Invocat. S. Johannis. Deo O. M. D. ecclesia Nobiliacensis.— Au-dessous de l'église : Lapidi. primatio. rite. fundata. in. festo. S. Caroli MDCCCXXVII.— *Molinos. arch.*

Mort du duc d'Orléans

Bronze par Petit.

Avers : Profil à droite du duc d'Orléans. En exergue : Ferd. Ph. L. Ch. H. Ros. duc d'Orléans, pr. R.

Revers : Un cénotaphe sur lequel pleure une femme casquée représentant la France ; à droite, un ange agenouillé tient entre ses bras une épée.

Inscription : A Ferdinand de France, la Patrie et l'Armée. 13 juillet 1842.

Toute une série de jetons populaires furent frappés à l'occasion de ce triste accident.

Inauguration de la chapelle Saint-Ferdinand

Bronze par Borrel.

Avers : Profil à droite du duc d'Orléans. En exergue : Ferdinand. Philippe. Louis. C. H. Duc d'Orléans.

Revers : La chapelle Saint-Ferdinand. Au-dessus : Sous l'invocation de Notre-Dame de la Compassion.

Au-dessous : Élevée a la Mémoire de S. A. R. L. F. R. duc d'Orléans. prince Royal. Inaugurée le 11 juillet 1843.

Série de jetons populaires en cuivre frappés à l'occasion de l'inauguration.

Mariage du prince de Joinville

Jeton octogonal en cuivre doré.

Avers : Le prince et la princesse de Joinville se tiennent la main au-dessus d'un autel qui les sépare. La France les bénit. En exergue : DE JOINVILLE. — D. F. CAROLINE. 1ᵉʳ MAI 1843.

Revers : Attributs de la Marine. En exergue : NEUILLY REÇOIT LE PRINCE ET LA PRINCESSE DE JOINVILLE.

Bataille d'Isly

Bronze par Caque.

Avers : Profil à droite de Louis-Philippe. En exergue : LOUIS PHILIPPE 1ᵉʳ ROI DES FRANÇAIS.

Revers : Reproduction complète de la lettre de félicitations adressée par Louis-Philippe au maréchal Bugeaud, et datée de Neuilly, jeudi 29 août 1844.

Pose de la première pierre de l'Hôtel de Ville

Il n'y a pas eu de médaille de frappée pour cette cérémonie. On s'est contenté de faire graver sur une médaille d'argent de grand module :

Avers : POSE DE LA PREMIÈRE PIERRE DE L'HOTEL DE VILLE DE NEUILLY-SUR-SEINE LE 30 JUILLET 1882.

Revers : Noms du Président de la République, du préfet de la Seine, du maire de Neuilly, des adjoints, des conseillers municipaux et de MM. Dutocq et Simonet, architectes.

Cette médaille et un procès-verbal sur parchemin enfermés dans une boîte de plomb ont été scellés dans la première pierre.

Les doubles de ces deux pièces ont été faits et sont conservés dans le coffre-fort de la mairie.

MONUMENTS GRAPHIQUES SE RAPPORTANT A L'HISTOIRE DE NEUILLY

Musée Carnavalet

Deux pierres tombales trouvées au mois d'août 1897, avenue du Roule, 150-152, au pied d'une masure en cours de démolition.

La plus ancienne porte un dessin gravé à la pointe, en partie effacé, représentant un saint Martin. Un fragment d'inscription en petite gothique du XVᵉ siècle n'offre de lisible que les mots de « Villiers » et « reverrend père en Dieu ».

L'autre est du commencement du XVIIIᵉ siècle ; l'épitaphe est celle de René Richer, lieutenant et procureur fiscal de Villiers, le port de Neuilly, haut et bas Roule, château roïal de Neuilly et dépendances, etc., et celles de sa famille.

Ces deux pierres ont fait l'objet d'une communication à la Société de l'Histoire de Paris de la part de M. Ch. Sellier (Bulletin, année 1897, page 163).

Bas-relief de Caunois représentant une députation de la Chambre, offrant la couronne à Louis-Philippe après la révolution de 1830.

La scène se passe dans un des salons du château de Neuilly. On y retrouve plusieurs figures politiques connues et particulièrement le député d'Ille-et-Vilaine, Bernard de Rennes, qui fut le premier propriétaire de ce bas-relief exécuté en 1847.

Musée de Cluny

Neuf grands émaux de Pierre Courtois ; hauteur 1 m. 65, largeur 1 mètre, datés de 1559, catalogués 4580 à 4588, ayant décoré le château de Madrid.

Ils représentent : Justicia, Prudentia, Charitas, Saturne, Jupiter, Sol, Mars, Hercule et Minerve.

Musée de l'Armée

Maquette de M. Foulley, représentant l'accident du duc d'Orléans (1842).

RENSEIGNEMENTS
ADMINISTRATIFS

I.— TOPOGRAPHIE, DÉMOGRAPHIE ET FINANCES

§ I. — TERRITOIRE ET DOMAINE

A. — TERRITOIRE

Nom. — Neuilly-sur-Seine.

Dénomination des habitants. — Les formes Neuillois et Neuillylois sont employées. La première toutefois est plus usitée. L'almanach Hachette, pour 1899, propose la forme Neuillistes.

Armoiries.— La ville de Neuilly porte : de gueules au pont d'or, accompagné d'un vaisseau d'argent, soutenu d'une mer de même ; au chef d'azur chargé de 3 fleurs parmentières d'or. Devise : *Præteritis egregia, quotidie florescit.* Ces armoiries ont été adoptées par délibération du Conseil municipal en date du 19 janvier 1900.

Limites du territoire. — Le territoire est limité :
Au Nord, par Levallois-Perret ;
A l'Est, par la Ville de Paris ;
Au Sud, par Boulogne ;
A l'Ouest, par Puteaux et Courbevoie, de l'autre côté de la Seine.

Quartiers, hameaux et écarts. — La ville de Neuilly ne comprend, indépendamment de l'agglomération principale, que l'écart de Bagatelle, au Sud-Ouest, dans le bois de Boulogne.

L'agglomération elle-même peut se diviser en 7 quartiers circonscrits comme suit :

1° Le quartier du Parc, au Nord, limité par les rues Soyer et du Château, le boulevard d'Argenson, l'avenue du Roule, la route de la Révolte, la rue de Villiers et le boulevard Bourdon ;

2° Le quartier du Pont, à l'Ouest, compris entre la rue Soyer, la rue du Château et l'avenue de Neuilly ;

3° Le quartier de l'Hôtel-de-Ville, au centre, limité par la rue d'Orléans, l'avenue de Neuilly, le boulevard d'Argenson et la rue du Château ;

4° Le quartier de Sablonville, à l'Est, circonscrit par l'avenue de la Révolte, la rue d'Orléans et l'avenue du Roule.

5° Le quartier Charles-Laffitte, limité par l'avenue de Madrid, le boulevard Maillot et l'avenue de Neuilly ;

6° Le quartier Saint-James, limité par les boulevards de la Seine et Richard-Wallace ;

7° Le quartier de la Jatte, formé par l'île de la Grande-Jatte.

Lieux dits. — Les différents quartiers qui viennent d'être énumérés tirent leur nom d'anciens lieux dits dont les plus importants, tels que Bagatelle, Madrid et Saint-James, rappellent les célèbres châteaux dont il a été parlé dans la notice historique. Sablonville, le bois de Rouvray rappellent également des souvenirs historiques. Les plus anciennes feuilles cadastrales mentionnent, en outre, au Nord, un lieu dénommé ci-devant prairie Conti.

Superficie du territoire. — Le territoire communal mesure 652 hectares. Dans ce chiffre, le bois de Boulogne est compris pour 267 hectares et les terrains non agricoles pour 320 hectares. Le reste est occupé par des cultures diverses ou des prés naturels.

Arrondissement. — Saint-Denis.

Canton. — Neuilly-sur-Seine.

Circonscription électorale législative. — 5ᵉ circonscription de l'arrondissement de Saint-Denis.

Sectionnement électoral. — Pas de sectionnement.

Bureaux de vote. — Trois : un à la justice de paix, place Parmentier, et deux à la mairie.

Circonscription judiciaire. — Neuilly est le siège de la circonscription judiciaire comprenant les cantons de Neuilly, Boulogne, Levallois-Perret et Clichy.

Commissariat. — Neuilly.

Orographie. — Le sol s'élève régulièrement du Nord au Sud. A la limite de Levallois, la cote d'altitude est de 30 mètres au-dessus du niveau de la mer, et, à la limite de Boulogne, elle est de 45 mètres.

Hydrographie. — La ville de Neuilly est limitée, à l'Ouest, par la Seine qui forme, sur son territoire, les îles du Pont et de la Grande-Jatte.

B. — DOMAINE

Hôtel de ville. — L'hôtel de ville de Neuilly, situé place du même nom, entre l'avenue du Roule et le boulevard d'Argenson, occupe une partie des terrains acquis par la commune, en 1879, de Mme Ve Balsan. Il est isolé sur ses quatre faces : la façade latérale droite fait vis-à-vis au nouveau groupe scolaire de l'avenue du Roule, la façade postérieure donne sur un square, et celle de gauche, sur des constructions particulières.

La facade antérieure, large de 40 mètres, présente, de chaque côté, 2 cartouches ornés de sculptures par M. Lormier et portant chacun une inscription. Celle de droite rappelle la date de l'adjudication des travaux de construction et de l'inauguration. Celle de gauche rappelle la cérémonie de la pose de la première pierre.

Du côté du boulevard d'Argenson, les ailes font retour sur une longueur de 13 mètres. Le rez-de-chaussée, surélevé de 7 m. 50, est relié à la place de l'Hôtel-de-Ville par un large perron. Le premier étage lui-même est élevé de 9 mètres au-dessus du rez-de-chaussée, et les combles, de 8 mètres au-dessus de leur base. Enfin, l'édifice est couronné par un élégant campanile en fonte de fer présentant une hauteur de 42 mètres au-dessus du sol.

La façade, ainsi que l'a remarqué M. Darney[1], se recommande particulièrement par une puissante opposition entre les trois arcades du rez-de-chaussée et les sept ouvertures du premier étage, dont l'effet est de donner aux parties élevées de l'édifice une grande finesse. Les trois arcades du rez-de-chaussée laissent entre elles de forts piédroits, supportant le premier étage, avec ses sept ouvertures uniformément répétées.

1. Darney, *Neuilly-sur-Seine*, p. 209.

« L'ordre corinthien, qui domine la composition de cet étage, est du meilleur effet. Il supporte un attique au-dessus duquel le motif de l'horloge s'élève sur une base s'étendant dans la largeur des trois entre-colonnements centraux de l'étage inférieur. La partie centrale de l'horloge est accotée de deux frontons circulaires servant de siège à des figures couchées représentant, à gauche, les *Devoirs* et, à droite, les *Droits* du citoyen. Le cadran central est encadré de deux figures de femmes debout représentant *le Jour* et *la Nuit*. Enfin, au-dessus de cette partie de l'horloge, un attique à fronton est couronné de deux enfants supportant un écusson sur lequel est écrit : *Ville de Neuilly* [1]. »

La décoration de l'horloge est due au ciseau de M. Tony Noël ; la frise corinthienne, située au-dessus du premier étage et composée de guirlandes et d'enfants, est l'œuvre de M. Barrias ; les clefs des arcades du rez-du-chaussée ont été exécutées par M. Gauthier. Signalons enfin, au-dessus des grandes croisées, 4 figures allégoriques de M. Barrias, représentant la Justice et la Bienveillance, le Travail et l'Épargne.

Dans leur aménagement intérieur, les différents services de l'hôtel de ville présentent la disposition suivante : au rez-de-chaussée on trouve, avec la loge du concierge, le bureau du préposé en chef de l'octroi, la bibliothèque municipale comprenant une salle spéciale pour la lecture sur place, utilisée, à certains jours, par le contrôleur des contributions directes, enfin le commissariat de police et le secrétariat du Bureau de bienfaisance comprenant une salle spéciale pour les distributions de quinzaine. L'entresol est occupé par les bureaux du secrétariat général, de l'état civil, du percepteur des contributions directes et de la recette municipale. Il possède, en outre, deux bureaux d'enregistrement et un local affecté au préposé des pompes funèbres.

Le premier étage, auquel on accède directement par le grand escalier d'honneur, situé au milieu du péristyle, comprend les cabinets du maire, des adjoints et du secrétaire général, une salle de commissions, l'ancien cabinet des adjoints et la salle des fêtes encadrée par la salle des mariages et celle du Conseil municipal. Les cheminées de la salle des mariages sont ornées de belles sculptures dues au ciseau de M. Gaudez.

Le second étage comprend un bureau pour le lieutenant et un

---

1. Darney, *loc. cit.*

logement pour le clairon des sapeurs-pompiers, les services de la voirie et une grande pièce pour les archives.

Dans les sous-sols se trouvent différentes salles de sociétés et les violons du commissariat. Au-dessus des fenêtres des façades postérieure et latérales, on lit le nom de différentes localités situées jadis ou restant encore dans la dépendance de Neuilly ; sur le côté droit : Longchamp, le Pont, le Bois, Saint-James, Madrid ; sur le côté gauche : la Mairie, le Parc, la Porte Maillot, le Jardin, le Marché ; enfin, au-dessus des fenêtres donnant sur le boulevard d'Argenson : les Ternes, Neuilly, Levallois, Rouvray, Suresnes, Clichy, Boulogne et Villiers.

L'hôtel de ville possède un nombre assez considérable d'œuvres d'art : nous citerons tout d'abord, dans le vestibule, 4 groupes de sculpture, donnés par leurs auteurs à la commune. Le premier, œuvre du sculpteur Kinsburger, a pour titre : *En péril*. Le second : *Un Duel à mort*, a été donné en 1887 par M. Rousselet, alors maire de Neuilly. Le troisième : *Faune et Berger,* a pour auteur le sculpteur Mérel. Enfin le dernier, au pied de l'escalier d'honneur, est l'œuvre du sculpteur Raphaël Marino et représente *la Mort de Caligula*. Signalons également le plafond du grand vestibule de M. Bonnencontre, intitulé *l'Hymen*.

Le cabinet du maire comprend, indépendamment de diverses aquarelles représentant des aspects du vieux Neuilly ou du Neuilly actuel, un portrait en pied du général Henrion-Bertier, et la maquette du groupe composé par le sculpteur Bartholdi à la mémoire des aéronautes et employés des postes qui se distinguèrent pendant le siège de Paris. Ce monument doit être érigé prochainement sur le rond-point des Ternes.

Enfin, il convient de mentionner l'important projet de décoration de la salle des fêtes et de la salle des mariages, qui, d'après le plan arrêté par les artistes intéressés dans leur réunion du 26 novembre 1902, comprend les œuvres suivantes : La salle des fêtes sera ornée de 6 panneaux. Deux d'entre eux, situées en vis-à-vis, au-dessus des cheminées, représenteront, l'un, une Fête au château de Saint-James sous le premier Empire, et l'autre, la Cour de François 1er au château de Madrid. Le premier est l'œuvre de M. Poilpot et le second, celle de M. Chartran. Viendront ensuite trois tableaux de MM. Schommer, Gervex et Bréham dont les sujets sont également empruntés à divers événements de l'histoire communale : la Traversée de la Seine en bac par Henri IV et

Marie de Médicis, au moment de l'accident qui faillit leur coûter la vie (V. notice historique); Louis XVI surprenant Parmentier dans son champ d'expériences à la plaine des Sablons, et Louis-Philippe avec sa famille; enfin, signalons, face aux fenêtres, un panneau de M. Lapierre divisé en 4 parties et consacré au pont de Neuilly, à Perronet et à Louis XV.

La salle des mariages comprendra les œuvres suivantes : 4 panneaux latéraux de M. Aublet, de chaque côté des croisées, représentant la Naissance, les Premiers Pas, l'Enfance studieuse et l'Adolescence ; un plafond central avec ses 4 pendentifs, de M. Dubufe, dont le sujet est Patrie; enfin 2 panneaux de MM. Dagnan-Bouveret et Courtois, le premier (le Mariage antique), au-dessus du siège du maire, et le second (l'Age d'or), en face de la cheminée.

Le terrain Balsan, sur lequel s'élève l'hôtel de ville, n'a été affecté que partiellement à cet édifice, une partie ayant été employée à la construction de l'école maternelle et de l'école de filles de l'avenue du Roule, et une autre ayant été revendue pour 162.634 fr. 87, le 29 avril 1882, devant Mᵉ Brault, notaire à Neuilly. L'ensemble de ce terrain, acquis par la commune le 25 mars 1879 (autorisation préfectorale en Conseil de préfecture du 11 janvier précédent) sé composait de 2 lots : le premier, de 7.603 m. 48, a été vendu à raison de 25 francs le mètre, et le second, de 3.605 m. 33, à raison de 40 francs, ce qui représente une superficie de 11.208 m. 81 et un prix principal de 334.300 fr. 20.

La dépense nécessitée par la construction, aux termes du décompte général des travaux, approuvé par arrêté préfectoral du 17 janvier 1888, s'est élevée à 1.477.870 fr. 74. Elle a été payée à l'aide des fonds provenant de l'emprunt de 1.900.000 francs, réduit à 1.740.000 francs, voté par le Conseil municipal dans sa séance du 14 mai 1880.

Écoles. — Il existe à Neuilly 2 écoles de garçons, 2 écoles de filles et 3 écoles maternelles.

L'école de garçons de la rue des Huissiers peut être considérée comme formant un groupe avec l'école de filles et l'école maternelle de la rue des Poissonniers. Les trois écoles de l'avenue du Roule forment un second groupe. L'école maternelle de la place Parmentier est isolée.

1° L'école de filles et l'école maternelle de la rue des Poissonniers ont été construites en 1860 pour remplacer les anciennes écoles de la rue du Château, dites de la Reine, devenues insuffisantes. Dans sa délibération du 1er août 1857, le Conseil municipal proposa d'abord de déclarer d'utilité publique l'acquisition d'un terrain de 1.952 mètres, appartenant à Mme Sallandrouze et approuva un premier devis de travaux s'élevant à 72.927 fr. 20. Plus tard, le 27 octobre 1858, intervint un jugement d'expropriation relatif au terrain Salandrouze dont le prix fut fixé à 65.000 francs, par décision du jury en date du 5 avril 1859. Enfin, par délibération en date des 1er août 1859 et 23 mars 1860, le Conseil municipal approuva deux devis de travaux supplémentaires ; le premier, de 17.230 fr. 42, relatif à la construction de nouveaux bâtiments annexes destinés au service médical et à la buanderie ; le second, de 16.053 fr. 75, dont 2.903 fr. 99 applicables à la maison de secours des sœurs de Saint-Vincent-de-Paul [1].

L'école de filles a subi un agrandissement notable en 1898. Aux termes d'un contrat, passé le 18 octobre 1897 devant Me Brault, la ville de Neuilly a acquis dans ce but, des époux Gontard, un terrain de 430 mètres superficiels, au prix de 90 francs le mètre.

La dépense occasionnée par cette acquisition s'est élevée, tous frais compris, à 43.294 fr. 88. D'après le décompte définitif, approuvé par arrêté préfectoral du 27 novembre 1901, les travaux de construction ont entraîné, d'autre part, une dépense de 98.417 fr. 47.

L'école de garçons de la rue des Huissiers a été édifiée sur un terrain acquis de Mme Dulud le 14 janvier 1861, moyennant le prix principal de 63.000 francs, en exécution d'un vote du Conseil municipal en date du 21 septembre 1860. D'après une délibération en date du 30 décembre 1862, la dépense résultant des travaux de construction était alors évaluée à 138.417 francs.

2° Le groupe scolaire de l'avenue du Roule comprend 2 immeubles distincts.

Le premier, affecté à l'école de garçons, provient d'une propriété bâtie, située au n° 73, acquise de M. Roblot, moyennant le prix principal de 125.000 francs, aux termes d'un contrat passé en l'étude de Me Raynal, le 23 janvier 1873, et approuvé pour régularisation par arrêté préfectoral du 24 septembre suivant.

L'école de filles et l'école maternelle ont été édifiées, ainsi qu'il

---

1. V. p. 74 le paragraphe sur l'orphelinat.

a été dit plus haut, sur une partie du terrain Balsan, acquis en 1879, en vue de la construction de l'hôtel de ville actuel. Le décompte des travaux de construction, approuvé par arrêté préfectoral du 16 juillet 1885, accuse une dépense de 332.640 fr. 35, soldée, pour la plus grande partie, à l'aide d'un emprunt de 232.500 francs, contracté à la Caisse des lycées, collèges et écoles.

3° L'école maternelle de la place Parmentier a été construite, comme la justice de paix, sur l'emplacement d'une ancienne mairie, conformément à un arrêté préfectoral du 24 septembre 1896.

Le décompte définitif, arrêté le 20 novembre 1899, accuse, tant pour la justice de paix que pour l'école maternelle, une dépense de 212.430 fr. 90.

Églises catholiques. — Il existe 2 églises catholiques à Neuilly: l'église Saint-Jean-Baptiste, ancienne Église paroissiale, aujourd'hui simple chapelle de secours, et l'église Saint-Pierre.

La première, située à l'angle de l'avenue de Neuilly et de la rue de l'église, a été commencée en 1827 et ouverte au culte en 1831. La façade principale, à laquelle on accède par 9 degrés, présente un grand mur droit que surmonte un fronton triangulaire portant une croix. La corniche est ornée de denticules ; le tympan contient un cadran d'horloge.

A l'intérieur, l'église se compose d'une grande nef en forme de croix latine et de deux bas côtés venant buter contre les bras de la croix. Au-dessus de la croisée s'élève une coupole de forme quadrangulaire, reposant sur 4 grandes arcades plein cintre : celle de l'axe abrite le maître-autel ; les arcades latérales donnent accès dans les chapelles de la Vierge et du Sacré-Cœur.

Au-dessus de la porte principale se trouve le buffet d'orgue que soutiennent des colonnes d'ordre dorique ; la balustrade est coupée par des arcs plein cintre. La sacristie et la salle des mariages sont placées derrière le chœur.

L'église Saint-Jean-Baptiste a été reconstruite aux frais de la commune, ainsi qu'en témoigne une ordonnance royale parue en mai 1827, fixant à 97.300 francs la dépense qui devait en résulter.

La construction de l'église Saint-Pierre, avenue du Roule, a fait l'objet de décrets rendus en Conseil d'État.

Les deux premiers, en date des 15 juin 1887 et 21 mars 1894, ont autorisé la fabrique à contracter, dans ce but, deux emprunts, l'un de 350.000 francs et l'autre de 300.000 francs. Le troisième, en date du 31 mars 1897, a réalisé, après de nombreuses controverses, la translation du titre de cure à la nouvelle église.

L'église Saint-Pierre a été construite, de 1886 à 1897, par M. Dauvergne, dans le style roman-auvergnat, en grande partie à l'aide de cotisations particulières et par les soins du Conseil de fabrique.

Elle présente, devant la porte d'entrée principale, un porche imposant que surmontent une tour polygonale et un clocher. L'intérieur se compose d'une nef et de deux transepts terminés par deux chapelles en cul-de-four. Enfin l'abside comprend elle-même 2 chapelles avec des ambulatoriums et une troisième derrière le maître-autel. Elles possède deux sacristies, l'une à droite, réservée aux mariages, et l'autre, à gauche, pour les autres services. Son ouverture au culte remonte au 15 avril 1897 ; la première pierre avait été posée par le cardinal-archevêque de Paris le 30 octobre 1887. La décoration de Saint-Pierre a été confiée à des artistes de Neuilly : signalons dès maintenant, comme sculptures, un Saint Pierre, un Saint Joseph et un Saint Charles exposés au Salon de 1903 par M. Basly, et, comme peintures, une Sainte Geneviève, de M. Dagnan-Bouveret, et un Sacrifice de Jésus-Christ, de M. Paul Bréham.

Presbytère. — Le presbytère actuel est situé, rue Garnier, dans un immeuble communal occupant un terrain de 850 mètres superficiels acquis de M. Chevalier le 20 février 1845, conformément à un vote du Conseil municipal, en date du 23 janvier précédent, à raison de 15 francs le mètre, soit au prix total de 12.750 francs.

La construction n'a été édifiée que trois ans plus tard à l'aide d'un crédit de 29.500 francs voté par le Conseil municipal de Neuilly, dans sa séance du 1er juillet 1848. L'immeuble doit être d'ailleurs bientôt désaffecté et reconstruit par les soins de la fabrique, moyennant une indemnité de 30.000 francs que lui allouera la ville de Neuilly.

Église évangélique. — Quoique le culte protestant soit établi dans la commune depuis 1866, le temple situé au n° 8 du boulevard d'Inkermann, à l'angle de la rue Perronet, n'a été acquis qu'en 1903 par le Conseil presbytéral des Batignolles qui, jusqu'à cette date, l'avait pris seulement en location.

Aux termes d'un acte notarié, en date du 28 novembre 1901, rendu exécutoire par le décret du 17 février 1903, cette acquisition a été réalisée de Mme Ve Chartier et des consorts Lund, moyennant le prix principal de 80.000 francs.

Il existe, en outre, une église protestante anglaise, *Christ Church*, boulevard Bineau. Mais la construction a été élevée exclusivement à l'aide de souscriptions particulières et ne dépend, par suite, d'aucun établissement public.

Synagogue. — La synagogue, située rue Jacques-Dulud, a été construite en 1877-1878. Toutefois, quoique la communauté israélite de Neuilly ait fait, à deux reprises, les 21 mars 1878 et 23 mai 1892, l'objet de décrets de tutelle, son temple n'est ouvert *régulièrement* que depuis le décret du 20 mai 1903. Le même décret l'a autorisée, en outre, à accepter un legs fait en sa faveur par M. Eugène Aron, aux termes d'un testament en date du 10 avril 1898 et consistant en 3 places au temple, en 7 obligations consistoriales et en une somme de 5.000 francs.

Cimetières. — La ville de Neuilly possède 2 cimetières :

Le cimetière ancien, situé entre les rues Jacques-Dulud et des Graviers, remonte à l'année 1804, date à laquelle le prince Murat fit lui-même l'acquisition du premier terrain, en échange de ceux que lui concéda alors la commune, pour lui permettre de réunir son château de Villiers à celui de Neuilly. Il fut ensuite agrandi à plusieurs reprises au cours du siècle dernier, notamment en 1820, 1832, 1851, 1858, 1869 et 1900. Actuellement, il n'est plus ouvert qu'aux concessions à perpétuité.

Voici quelques renseignements sur les plus récents de ces agrandissements :

Le 5 janvier 1858, la ville a acquis 3.128 mètres de Mme Dulud, à raison de 8 francs le mètre, soit au prix total de 25.000 francs. Plus tard, aux termes de trois contrats passés devant Me Raynal, notaire à Paris, le 14 avril 1869, avec M. Gervais, Mme Ve Genvrin et M. Drague, elle supporta une dépense totale de 104.228 fr. 40 [1], non compris les intérêts à 5 %.

Il convient, enfin, de signaler l'acquisition de 663 mètres, le 2 février 1900, réalisée de Mme Ve Vigneau, aux termes d'un contrat

---

[1]. Cette somme se décompose ainsi :

Acquisition Gervais.	40.000 »
Acquisition Genvrin	30.000 »
Acquisition Drague.	34.228,40
Total.	104.228,40

passé devant Mes Brault, notaire à Neuilly, et Michelez, notaire à Paris, moyennant 45 francs le mètre, soit au prix total de 29.870 fr. 55 (33.471 fr. 36 avec les frais).

Un arrêté préfectoral du 25 avril 1887 a approuvé un décompte de 1.468 fr, 76, relatif à la construction d'un bureau distinct pour le conservateur du cimetière ancien.

Le cimetière se trouvant insuffisant, la ville de Neuilly a été autorisée par un décret d'utilité publique, en date du 4 février 1884, à en établir un nouveau sur un ensemble de terrains situés à Puteaux, au lieu dit les Saurins [1]. Ces terrains, appartenant à 80 propriétaires, ont été acquis en vertu d'un jugement d'expropriation rendu par le tribunal de la Seine, le 24 juillet 1884, et d'un arrêté de cessibilité en date du 30 juin précédent. Leur superficie est de 19.455 mètres. La dépense qui a résulté de l'opération, en comprenant les indemnités aux propriétaires et aux locataires ainsi que les frais, s'est élevée à 80.964 fr. 09. Dans cette somme, l'acquisition des terrains proprement dite entre pour 75.122 fr. 85.

La construction des murs de clôture, l'installation de pavillons d'habitation pour le conservateur et le fossoyeur et l'établissement d'un caveau provisoire, ont été adjugés le 1er juillet 1886. D'après le décompte approuvé le 21 février 1888, la dépense supportée de ce fait par la ville s'est élevée à 84.678 fr. 88, ce qui porte à 165.642 fr. 97 la dépense totale occasionnée par le transfèrement du cimetière.

Voici, maintenant, l'indication des dons et legs grevés de charges concernant le cimetière :

1° *Legs Theurey*. — Par testament en date du 24 février 1834, Mme Ve Theurey, née Marie-Sophie Renard, a fait à la ville de Neuilly, à charge d'entretenir son tombeau et celui de son mari, un legs de 200 francs de rente, réduit actuellement à 180 francs par suite de conversion. (Acceptation autorisée par ordonnance royale du 24 janvier 1840.)

2° *Donation Tiessé*. — Par acte passé devant Me Tallard,

---

[1]. La question du transfert du cimetière à Puteaux avait déjà fait l'objet d'une enquête en 1864. Dans sa séance du 19 novembre 1866, le Conseil municipal, par suite des nombreuses protestations soulevées par ce projet, dut l'abandonner provisoirement pour le reprendre le 6 novembre 1867 et le 15 mai 1868. Toutefois, en raison des difficultés rencontrées, il dut se borner à réaliser dans l'ancien cimetière les agrandissements partiels rappelés plus haut.

notaire à Ancy-le-Franc (Yonne), le 5 août 1886, les époux Tiessé ont fait donation à la ville d'un titre de 50 francs de rentes 3 % sur l'État. Cette donation a été faite à charge par la ville d'entretenir et conserver à perpétuité la sépulture de Mlle Alice Tiessé, leur fille, inhumée au cimetière de Neuilly, en 1840.

La ville a été autorisée à accepter cette donation par arrêté en Conseil de préfecture du 16 octobre 1886. (Acte d'acceptation, devant Me Brault, notaire à Neuilly, du 30 novembre 1886.)

3° *Legs Auzet*. — Aux termes de son testament en date du 5 août 1880, M. Pierre-Barthélemy Auzet a légué à la ville une somme de 5.000 francs, nette de tous droits, pour l'entretien, à perpétuité, de son tombeau dans le cimetière ancien. (Arrêté en Conseil de préfecture du 7 février 1887.)

Conformément à la délibération du Conseil municipal du 22 avril 1887, cette somme a été employée à l'achat de 181 francs de rentes 3 %, inaliénables, sur l'État.

4° *Legs Joly*. — Par testament en date du 14 janvier 1889, Mlle Éléonore-Hortense Joly a légué à la ville une somme de 2.000 francs, nette de tous frais, à charge d'entretenir sa tombe à perpétuité. (Arrêté en Conseil de préfecture du 19 août 1890.)

Conformément à la délibération du Conseil municipal du 19 décembre 1890, ladite somme de 2.000 francs a été employée à l'achat de 62 francs de rentes 3 % sur l'État.

5° *Donation Delporte*.— Par acte passé devant Me Brault, notaire à Neuilly, le 25 avril 1891, Mme Marie-Reine Lambert, veuve de M. Louis-Charles-Eugène Delporte, a fait donation à la ville de 60 francs de rentes 3 % sur l'État, à charge d'entretenir à perpétuité le tombeau des époux Delporte dans le cimetière ancien. (Arrêté en Conseil de préfecture du 3 octobre 1891.)

6° *Legs Lefort*.— La rente annuelle du legs de 5.000 francs, fait à la ville pour l'entretien du tombeau de Mme Ve Lefort, s'élève à 150 francs.

Sur cette rente, il est attribué, chaque année, une somme de 50 francs au gardien du cimetière chargé de surveiller l'entretien dudit tombeau (testament mystique des 26 octobre 1886 et 23 janvier 1888, accepté en vertu d'un arrêté préfectoral du 7 mai 1892). (Voir p. 107 les dons et legs faits à l'hospice municipal.)

7° *Legs Houdiard*. — Par codicille à son testament du 30 juin 1882, Mlle Agathe-Alexandrine Houdiard a légué à la ville une somme de 4.000 francs à charge d'entretenir à perpétuité deux tombes situées dans le cimetière ancien.

La ville a été autorisée à accepter ce legs par arrêté en Conseil dé préfecture du 8 septembre 1892.

Conformément à la délibération du 28 octobre 1892, il a été fait emploi de ladite somme de 4.000 francs à l'achat de 120 francs de rentes 3 % sur l'État.

8° *Legs Thélenne.* — Par testament en date du 11 juin 1895, M. Ernest Thélenne a légué à la ville une rente annuelle de 125 fr., pour l'entretien à perpétuité de sa tombe dans le cimetière ancien. (Arrêté en Conseil de préfecture du 27 janvier 1898.)

9° *Legs Diricq.* — Par testament en date du 14 mai 1897, M. Jules-César Diricq a légué à la ville une somme de 25.000 francs, nette de tous droits, pour l'entretien, à perpétuité, de son tombeau dans le cimetière ancien.

10° *Legs Ve Petrus Martin.* — Aux termes d'un testament en date du 1er avril 1901, Mme Ve Petrus Martin a légué à la ville de Neuilly une rente de 250 francs sur l'État, à charge d'entretien de sépulture. (Acceptation par délibération du 14 février 1902, visée par le Préfet de la Seine le 25 septembre suivant.)

11° *Legs Ve Pénas (Élisa).* — Ce legs, consistant en un capital de 4.000 francs, converti en 123 francs de rente, résulte d'un testament en date du 5 mars 1900 dont les conditions ont été acceptées par le Conseil municipal le 14 février 1902, d'après une délibération visée par le Préfet de la Seine le 13 juin suivant. Ces conditions imposent à la commune l'obligation d'entretenir à perpétuité la chapelle possédée au cimetière ancien par la testatrice.

12° *Legs Francœur.* — Le legs Francœur, dont les dispositions seront rapportées plus loin (v. p. 100), comprend, entre autres clauses, l'affectation d'un revenu annuel de 100 francs à l'entretien du tombeau des époux Francœur.

Les parties de rentes, non employées à l'entretien des tombes, sont appliquées aux dépenses d'entretien des cimetières.

Ajoutons, enfin, que, par délibération en date du 7 décembre 1894, le Conseil municipal a décidé de n'accepter de legs, pour entretien de sépulture, qu'autant que la rente annuelle affectée à cet entretien s'élèverait au moins à 100 francs.

Caveaux provisoires. — Il existe un caveau provisoire dans chacun des 2 cimetières communaux. Celui de l'ancien cimetière, contenant 14 places, a été établi en 1886. D'après le décompte général, approuvé le 29 avril 1887, il en est résulté une dépense de 4.702 francs.

Le caveau provisoire du nouveau cimetière contient 16 cases. Ainsi que nous l'avons dit au paragraphe précédent, ses frais d'établissement ont été compris dans le décompte général relatif à la construction des murs de clôture et du pavillon d'habitation du conservateur.

Tombes militaires. — Le cimetière ancien possède, dans l'axe et à l'extrémité de l'allée des Ifs, un monument en forme de bouclier, reposant sur un parpaing en élévation. Ce monument, qui se trouvait auparavant à gauche de l'allée, a été transféré à l'emplacement actuel et surélevé en exécution d'une délibération du Conseil municipal en date du 19 février 1892. Il contient les corps de 123 soldats, morts pour la défense du pays pendant la guerre de 1870-1871.

Hospice communal. — L'asile municipal de vieillards, autrefois situé au n° 95 de l'avenue du Roule, a été transféré à l'emplacement actuel, n° 1, rue Soyer, le 24 novembre 1889, date de l'inauguration du nouvel édifice.

Pour réaliser ce déplacement, le Conseil municipal de Neuilly, dans ses séances des 23 juin et 12 septembre 1884, a voté l'acquisition d'un terrain de 2.399 m. 84, dépendant de la succession Janselme, et compris entre les rues du Château, des Chasseurs, Soyer et Basse-Longchamp. Cette acquisition, réalisée moyennant le prix principal de 40.209 francs (48.645 fr. 14 avec les frais et les intérêts), en vertu d'une adjudication du tribunal civil de 1re instance de la Seine, siégeant en audience publique de la Chambre des criées, les 21 juin et 21 août 1884, a été approuvée par un arrêté de régularisation pris en Conseil de préfecture le 24 janvier 1885.

Les plans, devis et cahiers des charges relatifs aux travaux, ont été approuvés par délibérations du Conseil municipal en date des 5 août et 13 septembre 1887, 11 décembre 1888, 14 juin et 8 novembre 1889 et 7 février 1890.

D'après le décompte général, voté par délibération du 5 juin 1891, les frais de construction de l'immeuble se sont élevés à 184.105 fr. 43. En comprenant les travaux hors décompte, les frais d'inauguration, de transcription et de purge des hypothèques, la dépense totale a été de 235,404 fr. 17.

Pour faire face à cette dépense, la ville a fait emploi des ressources suivantes :

1° Legs Marseigne 1	979,42
2° Legs Tauscher 1	3.000 »
(Délibération du 23 juin 1884.)	
3° Remboursement de sommes indûment touchées	15.362,50
(Délibération du 23 juin 1884.)	
4° Remboursement, par les héritiers Janselme, des frais de purge des hypothèques	131,25
5° Vente de l'ancienne école de filles, située n° 42, avenue du Roule	151.823,79
(Délibérations des 12 septembre et 5 décembre 1884.)	
6° Don de Mme V° Antoine et des époux Thierry (héritiers Dulud) 1	100.000 »
(Délibération du 2 mars 1888.)	
Total	271.276,96

La comparaison de ce chiffre, avec celui des dépenses, fait ressortir un excédent de recettes de 35.892 fr. 79.

Ainsi que cela résulte du tableau précédent, la plus grande partie des ressources affectées à l'édification du nouvel asile provient de la donation faite par les héritiers de M. Hector Dulud et du produit de la vente d'une école de filles située avenue du Roule et construite par la commune postérieurement à celle de la rue des Poissonniers. Dans sa séance du 2 mars 1888, le Conseil municipal a accepté la donation de 100.000 francs faite par Mme veuve Antoine et les époux Thierry, en qualité d'héritiers de M. Hector Dulud, et décidé que, pour honorer d'une manière plus durable la mémoire du bienfaiteur, cette donation serait exclusivement réservée à l'édification du nouvel asile de vieillards.

Par délibérations en date des 19 octobre et 11 décembre 1888, le Conseil municipal de Neuilly a décidé qu'il y avait lieu de déclarer d'utilité publique le nouvel hospice et de lui faire abandon du terrain et de l'immeuble qui lui étaient affectés. Ces deux décisions ont été approuvées par un décret en date du 16 septembre 1889.

1. En ce qui concerne les legs Marseigne, Tauscher et Dulud, voir au titre de la Bienfaisance, p. 105 et 106.

Orphelinat municipal. — L'orphelinat municipal est situé rue des Poissonniers, n° 9, au-dessus des classes de l'école maternelle ; il comprend un réfectoire, un dortoir, une infirmerie, un ouvroir, une lingerie, une cuisine, une cour de récréation, des appartements pour la directrice et pour la sous-directrice ; enfin une chambre pour la surveillante. Fondé en 1865, cet établissement, quoique situé dans les dépendances des écoles communales, fut considéré jusqu'en 1873 comme exclusivement privé ; il occupait d'ailleurs, indépendamment et à côté de l'école des filles proprement dite (aujourd'hui école maternelle depuis l'agrandissement de 1898), un immeuble situé au n°11 de la rue des Poissonniers et désigné sous le nom de maison de charité, parce qu'il devait servir, à l'origine, de maison de retraite à 2 ou 3 sœurs chargées de porter des secours aux indigents et aux malades [1]. Cet immeuble, acquis en 1828 par la duchesse d'Orléans, plus tard reine Marie-Amélie, avait été donné par la comtesse de Neuilly, après l'exil de Louis-Philippe, aux sœurs de Saint-Vincent-de-Paul, à charge pour elles de l'affecter toujours à une œuvre de bienfaisance (acte de donation passé devant M° Dentend, notaire à Paris, le 31 décembre 1852).

Plus tard, lorsque les sœurs furent chargées de la direction de l'école de filles, le Conseil municipal se préoccupa de rapprocher les deux établissements (délibération du 1er août 1857) et acquit, à cet effet, le terrain Sallandrouze dans les conditions rapportées plus haut (V. Écoles, p. 65).

Enfin, sous la pression de difficultés financières, les sœurs sollicitèrent l'intervention de la ville et, d'accord avec elles, le Conseil municipal, par délibération en date du 21 mars 1873, décida de prendre définitivement sous le patronage de la commune l'orphelinat qui serait désormais municipal (approbation préfectorale du 10 octobre suivant). L'établissement comprenant alors 26 hospitalisées et la supérieure ayant déclaré pouvoir entretenir chaque orpheline à raison de 300 francs par an, la Commission administrative du Bureau de bienfaisance s'engagea à voter annuellement une subvention de 4.000 francs (délibération du 5 mars 1873), et le Conseil municipal, dans sa séance du 21 mars suivant, mentionnée plus haut, prit un engagement identique. Deux traités

---

[1]. A plusieurs reprises, la commune leur avait alloué des subventions et, par délibération du 20 août 1857, le Conseil municipal avait ouvert un crédit de 3.720 francs pour faire face aux frais de réparation de la maison de charité.

successivement passés avec la supérieure de l'ordre furent approuvés ensuite par arrêtés préfectoraux des 15 octobre 1873 et 17 juin 1878. Enfin, ce dernier traité fut lui-même résilié par délibération du Conseil municipal en date du 16 janvier 1880, approuvée le 27 mars suivant et l'établissement fut laïcisé partiellement, les sœurs de Saint-Vincent-de-Paul ne gardant que l'ancienne maison de la reine, et les locaux situés au-dessus de l'école de filles (actuellement école maternelle) étant affectés à l'orphelinat municipal. L'ancienne maison de charité, au n° 11 de la rue des Poissonniers, constitue aujourd'hui un orphelinat congréganiste sous la direction des sœurs de Saint-Vincent-de-Paul.

Fondation Galignani. — L'hospice de vieillards Galignani frères, situé boulevard Bineau, est administré par l'Assistance publique de Paris à l'aide des fonds provenant du legs fait en sa faveur par M. William Galignani, ancien propriétaire du journal *The Galignani Messenger* et de la librairie anglaise située à Paris, rue de Rivoli, n° 224. Ce legs, résultant d'un testament olographe en date du 4 septembre 1879, approuvé par décret du 18 février 1884, consistait en divers immeubles à Paris, en un terrain de 7.147 m. 94, sis à Neuilly et en une rente de 70.000 francs 5 % sur l'État et comportait les charges suivantes : l'Administration de l'Assistance publique, bénéficiaire, devait construire, sur le terrain de Neuilly, une maison de retraite destinée à recevoir 100 personnes des deux sexes, âgées de 60 ans révolus, de bonne moralité et reconnues dénuées de moyens d'existence suffisants. La construction devait être établie de manière à pourvoir chaque hospitalisé d'une chambre particulière et d'un cabinet y attenant et devait comporter, en outre, une chapelle et une salle de lecture avec bibliothèque. Les repas seraient pris en commun pour chaque sexe. Le testament règle ensuite les conditions d'admission, dont l'étude trouvera place au titre de la Bienfaisance (voir p. 110).

Les travaux de construction ont été autorisés successivement par divers arrêtés préfectoraux en date des 14 septembre 1885, 20 mai 1887, 16 janvier, 6, 28 mars et 23 avril 1888, dans la limite d'une dépense de 701.300 fr. 29; des arrêtés en date des 16 mai et 6 octobre 1887, 28 mars, 27 avril, 1ᵉʳ juin et 8 octobre 1888, ont autorisé, en outre, divers travaux supplémentaires dans la limite d'une dépense de 103.207 fr. 97, rabais déduits; ce qui portait à 804.508 fr. 26 la dépense totale prévue.

La dépense réelle supportée par la fondation s'est élevée, d'après le décompte approuvé par arrêté préfectoral du 20 juillet 1892, à 926.150 fr. 11.

L'édifice, inauguré le 22 juillet 1889, a été construit sur les plans de MM. Delaage et Véra, architectes, d'après les dispositions suivantes : il est constitué par 2 bâtiments principaux à 3 étages, perpendiculaires au boulevard Bineau, reliés, au fond, par un 3e bâtiment à un étage. Ce dernier renferme, au rez-de-chaussée, les services généraux (lingerie, réfectoire, cuisine, bains, pharmacie, chapelle, salon et bibliothèque). Au premier étage, se trouvent, outre le logement de la communauté, l'infirmerie et quelques chambres de pensionnaires. Les autres chambres ont été aménagées dans les deux bâtiments principaux. De larges couloirs permettent aux pensionnaires de se rendre sans sortir dans les différentes parties de la maison. Dans les sous-sols sont installés l'atelier, la salle d'épluchage, la cave, et cinq calorifères, chauffant les couloirs et les services généraux. Chaque chambre possède, en outre, une cheminée dans laquelle on brûle du bois. Les pensionnaires ont la jouissance, en commun, d'un salon avec véranda et de la bibliothèque. Il existe, en outre, pour les hommes, un fumoir et une salle où est disposé un billard, don de M. Jeancourt-Galignani, allié du fondateur et l'un de ses héritiers.

Dans le salon se trouve le portrait de M. William Galignani; dans la bibliothèque, celui de son frère, Antoine Galignani, et, dans la véranda, leurs bustes en marbre blanc, sculptés par M. Thomas.

Fondation Belœuil. — Par testament du 15 janvier 1897, approuvé par décret du 5 août 1899, Mlle Belœuil (Aline-Augustine) a institué l'Administration de l'Assistance publique sa légataire universelle, à charge pour elle d'acquitter un certain nombre de legs particuliers.

Parmi les biens légués à titre universel, se trouve une maison située à Neuilly, rue Borghèse, n° 27, que la testatrice a réservée à l'hospitalisation de 50 indigentes infirmes du XVIIe arrondissement ou de Neuilly. Les pensionnaires doivent être en dortoirs. Déduction faite des charges, l'actif mobilier de la succession s'est élevé à 820.039 fr. 23 et l'actif immobilier à 684.434 fr. 60. Dans ce dernier chiffre l'immeuble de Neuilly figure pour 170.037 fr. 60. Les travaux d'appropriation et d'agrandissement de cet immeuble se sont poursuivis de 1902 à 1904.

D'après le devis, approuvé par arrêté préfectoral du 21 novembre 1902, ils entraîneront, rabais déduits, une dépense approximative de 140.829 fr. 71. La fondation Belœuil n'est ouverte que depuis le mois de février 1904.

Il n'existe, à Neuilly, aucun immeuble communal affecté aux services suivants : *hôpital, théâtre* [1], *morgue, dispensaire, fourneaux économiques, crèche.*

L'ancienne crèche, située dans la propriété George, rue Basse-Longchamp, n° 9, acquise, le 28 septembre 1881, moyennant le prix principal de 33.000 francs, par acte passé devant Mᵉ Dujardin, notaire à Neuilly, a été revendue, le 30 octobre 1890, à raison de 29.700 francs, conformément à deux délibérations du Conseil municipal, en date des 21 mars et 8 août 1890, approuvées par arrêté pris au Conseil de préfecture le 28 août suivant.

Remise de pompes. — La remise de pompes de Neuilly est installée dans un bâtiment annexe de l'école de garçons de l'avenue du Roule.

Le Conseil municipal, par délibération du 14 février 1873, approuvée le 13 mars suivant, a voté 658 fr. 48 pour la construction de ce bâtiment.

Marchés. — La ville de Neuilly possède 3 marchés aux comestibles.

Le plus important est situé dans le quartier de Sablonville, à l'intersection de la rue du Marché et de l'avenue de Neuilly ; aux termes d'un traité en date du 19 mai 1827, le terrain sur lequel il se tient a été cédé à la commune par M. Jean-Joseph Rongevin, architecte, aux conditions suivantes : La ville concéderait au vendeur ou à ses ayants droit, pendant 80 ans, le privilège de percevoir à son profit et à ses frais tous les droits de location de place, d'étalage et de stationnement, la concession étant censée commencer le jour de la notification, à M. Rongevin, de l'ordonnance royale d'approbation et la jouissance du tout devant revenir à la commune à l'expiration de la concession. Cette ordonnance, intervenue le 19 mars 1829, n'ayant été notifiée à M. Bizot de la Loge, cessionnaire de M. Rongevin, que le 6 février 1839, la concession ne

---

1. Il existe un petit théâtre au Jardin d'Acclimatation. Mais il ne dépend, ni de l'État, ni du département, ni de la ville de Paris, ni de celle de Neuilly.

doit prendre fin que le 5 février 1919 (avis du Comité consultatif de la Préfecture du 26 juin 1876).

Suivant acte passé devant Mᵉ Esnée, notaire à Paris, les 30 avril et 1ᵉʳ mai 1851, M. Éclancher a été subrogé aux droits de M. Bizot de la Loge. Les héritiers de M. Éclancher, par lettre en date du 14 novembre 1876, ont déclaré acquiescer à l'avis du Comité consultatif.

Le Conseil municipal, dans sa séance du 28 décembre 1827, a déclaré accepter le traité Rongevin aux conditions suivantes : Après les 30 premières années de jouissance, M. Rongevin devait faire l'abandon, à la ville, du dixième du produit net du marché si, à cette époque, ce produit s'élevait à 2.500 francs par an. Cette somme se trouvant dépassée dès les 30 premières années de la concession, le dixième des revenus, du 6 février 1869 au 31 décembre 1877, a été versé à la ville par les cessionnaires. Depuis, divers traités ont remplacé cette redevance proportionnelle par une redevance fixe (V. l'analyse du traité actuellement en vigueur au titre des Services divers, p. 168).

Il existe, en outre, 2 marchés aux comestibles, le premier avenue de Neuilly, entre la rue de l'Hôtel-de-Ville et la rue du Château, et le second, avenue du Roule, entre l'hôtel de ville et le boulevard du Château. Ces deux marchés, étant établis sur la voie publique, n'ont nécessité aucune acquisition domaniale.

Les trois marchés communaux sont sous abris volants : la ville a seulement fait construire, au marché de Sablonville, un pavillon pour le remisage du matériel. Les travaux de construction, autorisés par arrêté préfectoral du 19 janvier 1891, ont entraîné une dépense de 12.672 fr. 59 d'après le décompte approuvé le 27 avril 1892.

Bureaux de poste. — Il existe, à Neuilly, 2 bureaux de poste : un bureau d'État, avenue de Neuilly, n° 113, et un bureau mixte, dit bureau Saint-James, n° 3, rue du Général-Henrion-Bertier. Le premier est installé dans un local loué par l'État. Le second étant municipal pour le service du télégraphe et du téléphone, la ville de Neuilly subvient seule, en ce qui le concerne, aux frais de location et d'entretien.

D'après un bail conclu pour, 3, 6, 9 ou 12 années, le 11 octobre 1895 (approbation préfectorale du 11 décembre suivant), le prix du loyer annuel s'élève à 1.250 francs.

Bureaux d'octroi. — La ville de Neuilly possède 7 bureaux

d'octroi aux endroits suivants : 1° porte de Villiers, 2° porte des Ternes, 3° porte de Neuilly (porte Maillot), 4° au pont de Neuilly, 5° au pont Bineau ou de la Jatte, 6° place de Villiers, à l'extrémité du boulevard du Château, 7° boulevard de Seine, près du pont de Puteaux.

Deux de ces bureaux, ceux de la porte Maillot et du pont Bineau, sont en briques ; les autres sont en planches. Tous, sauf celui de la porte des Ternes, qui est établi sur un territoire communal acquis à cet effet, sont situés sur les différentes voies publiques, nationales ou départementales.

Le bureau de la place de Villiers est mixte avec Levallois-Perret, et celui du boulevard de la Seine, avec l'octroi de Puteaux.

Par délibération du 12 février 1904, le Conseil municipal de Neuilly a voté le transfert du bureau du pont Bineau à la sortie du pont de Courbevoie, jeté sur le grand bras de la Seine, et la création d'un nouveau bureau, boulevard Victor-Hugo, à l'angle du boulevard Bourdon.

Commissariat. — Le commissariat, ainsi qu'il a été dit plus haut, est établi dans l'hôtel de ville.

Justice de paix. — La justice de paix est située, comme l'école maternelle qui l'avoisine, sur l'emplacement d'une ancienne mairie de Neuilly, place Parmentier. Les terrains, au moment de son établissement, étaient donc déjà propriété communale.

Les travaux de construction ont été exécutés en même temps que ceux de l'école maternelle et ont donné lieu à un même décompte. Ce décompte, approuvé le 20 novembre 1899, s'est élevé, comme il a été dit plus haut, à 212.430 fr. 90.

Propriétés communales. — La ville de Neuilly a vendu actuellement les divers immeubles qu'elle possédait à titre privé.

Squares et statues. — Le bois de Boulogne constituant, pour les habitants de Neuilly, un lieu de promenade incomparable, la municipalité n'a fait établir dans l'agglomération que deux petits squares, derrière l'hôtel de ville et derrière l'église Saint-Pierre.

Le premier dépend, comme l'hôtel de ville et les écoles de l'avenue du Roule, des anciens terrains Balsan, acquis en 1879 dans les conditions rapportées plus haut. Il est orné d'une statue en pied de Parmentier, dont les premières expériences sur la culture des pommes de terre ont été faites à Neuilly dans la plaine de Sablonville.

La statue de Perronet, le constructeur du pont de Neuilly, par M. Adrien Gaudez, inaugurée le 27 juin 1897, est élevée de près de 8 mètres sur la place d'Inkermann. Perronet y est représenté debout, dans l'attitude du commandement, en costume de cour, l'épée au côté.

Il convient de signaler également trois œuvres presque achevées qui s'élèveront bientôt, respectivement, au rond-point Maillot, au rond-point de la porte des Ternes et dans le petit square de l'église Saint-Pierre.

La première est la statue en marbre d'Alfred de Musset, par le sculpteur Pierre Granet. La seconde est le monument de M. Bartholdi à la mémoire des aéronautes et employés des postes qui se sont distingués pendant le siège de Paris en 1871. Enfin la dernière est une statue en marbre de Jeanne d'Arc par le sculpteur Péchiné. Les deux premières proviennent de souscriptions particulières. La dernière a été acquise jusqu'à concurrence de 4/5 par le département et pour le reste par la commune. Le monument de Bartholdi, dont la maquette se trouve actuellement dans le cabinet du maire, est constitué par un groupe symbolisant la Ville de Paris en proie à la famine, près de l'Empire expirant ; au-dessus de ce groupe, guidé par l'espérance, s'élève un ballon autour duquel volent des pigeons voyageurs.

Bois de Boulogne. — Le bois de Boulogne, propriété de la Ville de Paris, occupe, sur le territoire de Neuilly, une superficie de 267 hectares.

Dans ce territoire sont compris le Jardin d'Acclimatation, une grande partie du lac supérieur, le bassin de patinage, la mare de Saint-James, la mare et le pavillon d'Armenonville, le pavillon Chinois et une grande partie du champ d'entraînement acquis par la Ville, de la Société des sports, à la suite d'un échange autorisé par décret du 8 juin 1855 et réalisé par un acte des 8 et 10 novembre suivants [1]. Le bassin de patinage est actuellement concédé moyennant une redevance annuelle de 60.000 francs. L'emplacement du Jardin d'Acclimatation, aux termes d'un bail de 40 années, consenti à partir du 1er janvier 1859, et prorogé pour une durée égale à partir du 1er janvier 1899, est concédé à la Société exploitante moyennant une redevance annuelle de 1.000 francs (délibération du

---

1. V. Sur cette opération l'ouvrage très documenté de feu M. Barras sur le Bois de Boulogne p, 43.

Conseil municipal de Paris, approuvée par arrêté préfectoral du 2 décembre 1882). Le pavillon d'Armenonville doit être loué 30.000 francs par an, du 1er janvier 1900 au 1er janvier 1914, (délibération du 30 décembre 1893, modifiée par celle du 28 décembre 1899). La concession du droit de pêche et de patinage à la mare d'Armenonville résulte d'un arrêté du 8 décembre 1892 qui fixe à 400 francs la redevance annuelle. Enfin, aux termes d'un bail valable du 1er janvier 1900 au 31 décembre 1911, le loyer annuel du pavillon Chinois est fixé à 25.000 francs (délibération du 27 mars 1899).

L'étude générale du bois de Boulogne trouvera place dans la monographie de Boulogne.

§ II. — DÉMOGRAPHIE

A. — POPULATION

Depuis 1801, les différents dénombrements effectués à Neuilly ont donné les résultats suivants :

Année	Population
1801 [1]	1.560
1817	2.562
1831	5.599
1836	7.654
1841	9.493
1846	13.063
1851	15.897
1856	23.584
1861	13.216
1866	17.545
1872	16.277
1876	20.781
1881	25.235
1886	26.596
1891	20.444
1896	32.730
1901	37.493

Ainsi qu'on peut le voir d'après ce tableau, l'accroissement de la population a suivi à Neuilly une progression assez régulière, sauf dans l'intervalle des années 1851-1861 où la courbe statistique s'élève brusquement pour retomber ensuite, et pendant les années 1886-1896, où, après un léger rebroussement, elle se relève encore notablement. Les diminutions constatées aux recensements de 1861 et 1872 s'expliquent, la première par l'annexion du quartier des Ternes à la Ville de Paris, et la seconde par la distraction du quartier de Villiers au profit de la commune de Levallois,

Le chiffre de 37.493, constaté au recensement de 1901, se décompose comme suit :

<pre>
Population municipale agglomérée. 35.297
    —   comptée à part. 2.196
</pre>

La population de fait, recensée comme présente, s'élevait, le 29 mars 1896, à 32.012 habitants, et, le 24 mars 1901, à 36.437, ce qui accuse, dans cette population, entre les deux recensements, une augmentation de 4.425 habitants.

Le travail détaillé, effectué par le Ministère du commerce sur le dénombrement de 1901, ne comportant pas le classement des résultats par commune, les renseignements qui suivent seront empruntés, sauf indication contraire, au recensement de 1896.

La population, recensée comme présente le 29 mars 1896, se décompose de la manière suivante :

	ENFANTS ou célibataires	MARIÉS	VEUFS	DIVORCÉS	TOTAL
Hommes	6.886	6.043	557	56	13.542
Femmes	9.440	6.209	2.715	106	18.470
	16.326	12.252	3.272	162	32.012

Au point de vue du lieu d'origine, elle se classe comme suit :
24.057 habitants venus des divers points de la France ;
4.189 habitants nés à Neuilly ;
3.776 Alsaciens et étrangers.
Le classement par nationalité ressort du tableau ci-après :

		HOMMES	FEMMES	TOTAUX
Français	De naissance	12.311	16.233	28.544
	Naturalisés	310	496	806
Étrangers	Anglais, Écossais, Irlandais	180	509	689
	États-Unis	26	95	121
	Autres Américains	31	46	77
	Allemands	51	260	311
	Autrichiens	12	13	25
	Hongrois	7	11	18
	Belges	154	258	412
	Hollandais	36	37	73
	Luxembourgeois	35	59	94
	Italiens	103	82	185
	Espagnols	26	42	68
	Portugais	6	3	9
	Suisses	167	197	364
	Russes	34	75	109
	Suédois	19	16	35
	Norvégiens	7	3	10
	Danois	5	14	19
	Grec	1	»	1
	Roumains	6	11	17
	Turcs	4	7	11
	Asiatiques	3	1	4
	Autres nationalités	8	»	8
	Nationalité inconnue	»	2	2
		13.542	18.470	32.012

Les départements de France qui fournissent à la commune son plus fort contingent sont :

```
Seine..........................  12.139
Seine-et-Oise..................   1.020
Nord...........................     515
Seine-et-Marne.................     484
Seine-Inférieure...............     469
Aisne..........................     421
Nièvre.........................     404
Loiret.........................     380
Yonne..........................     380
Aveyron........................     360
Corrèze........................     346
Oise...........................     336
Sarthe.........................     331
Pas-de-Calais..................     300
Cher...........................     297
Côtes-du-Nord..................     290
Eure-et-Loir...................     290
```

Manche.	275
Somme	270
Saône-et-Loire.	264
Creuse.	251
Mayenne.	243
Meurthe-et-Moselle.	243
Orne.	243
Indre.	242
Eure.	241
Côte-d'Or.	238
Calvados.	235
Haute-Saône.	229
Loir-et-Cher	229
Rhône.	216
Marne.	210
Ille-et-Vilaine	200

En résumé, la population de Neuilly se classait, en 1896, d'après le lieu de naissance, de la manière suivante :

Français . . 28.544 dont . . 4.073 nés dans la commune.
Étrangers. . 3.468 — . . 116 —
Soit un total de . 32.012 dont . . 4.189 nés dans la commune.

Au cours de l'année 1903, l'état civil a enregistré :

424 naissances ;
538 décès ;
289 mariages ;
14 divorces.

B. — HABITATIONS

Nombre de maisons en 1896 . . . . 2.165
— — 1901 . . . . 2.187

Le premier chiffre se répartit de la manière suivante :

Habitations composées d'un rez-de-chaussée		181
—	d'un étage.	505
—	de deux étages.	875
—	de trois étages.	208
—	de quatre étages.	156
—	de cinq étages.	148
—	de six étages.	90
—	de sept étages.	2
	Total.	2.165

1.062 ateliers, magasins ou boutiques dont 351 dans des locaux servant d'habitation.

C. — DIVERS

Électeurs inscrits en 1903. — 8.045.

Recrutement. — 221 conscrits ont tiré au sort la même année.

Chevaux [1]. — 1.584 chevaux appartenant à 303 propriétaires :

Chevaux entiers....	184	dont	23 au-dessous de 6 ans
Chevaux hongres...	711	—	63 —
Juments........	678	—	54 —
Mulets et mules....	11	—	9 —
Totaux	1.584	dont	149 au-dessous de 6 ans.

Voitures [2]. — 60 voitures, réquisitionnables, appartenant à 43 propriétaires :

Voitures à 2 roues et	1 cheval	....	21
— à 2 —	2 chevaux.	....	»
— à 4 —	1 cheval	....	25
— à 4 —	2 chevaux.	....	14

§ III. — FINANCES

A. — CONTRIBUTIONS

Principal des contributions directes (chiffres prévus en 1904) :

Contribution foncière	156.599	»
— personnelle et mobilière......	302.944	»
— des portes et fenêtres........	118.326	»
— des patentes	165.583,32	
Total	743.452,32	

Perception des contributions directes. — Neuilly est le siège d'une perception des contributions directes, dont le ressort est limité à la commune. Le percepteur se tient à la disposition des contribuables dans ses bureaux à la mairie, tous les jours, de 9 heures à 3 heures, le samedi excepté.

---

1. D'après le recensement de 1904.
2. D'après le dernier état de réquisition dressé en 1899.

B. — OCTROI

Le mode d'administration de l'octroi adopté à Neuilly est la régie directe. L'octroi est donc placé sous la surveillance immédiate du maire et sous la surveillance générale de la régie des contributions indirectes.

Les déclarations et la recette des droits s'effectuent dans les 7 bureaux municipaux énumérés plus haut, au titre du Domaine, et dans les bureaux de régie.

Ces bureaux sont ouverts, pendant les mois de janvier, février, novembre et décembre, depuis 7 heures du matin jusqu'à 6 heures du soir ; pendant les mois de mars, avril, septembre et octobre, depuis 6 heures du matin jusqu'à 7 heures du soir ; et pendant les mois de mai, juin, juillet et août, depuis 5 heures du matin jusqu'à 8 heures du soir.

D'après le règlement de l'octroi, les propriétaires et commerçants sont, en justifiant de leur qualité, admis à recevoir chez eux et dans leurs magasins, à titre d'entrepôt et sans acquittement préalable des droits, les marchandises soumises à l'octroi. Les admissions à la qualité d'entrepositaire sont prononcées par le maire. Toutes les contestations qui s'élèvent relativement à l'admission au bénéfice de l'entrepôt sont portées devant le maire qui décide, sauf recours au préfet.

Les objets admis à l'entrepôt sont désignés dans le tableau ci-après, ainsi que les quantités au-dessous desquelles la faculté de l'entrepôt ne peut être accordée et le certificat de sortie délivré.

DÉSIGNATION DES OBJETS ADMIS A L'ENTREPÔT	MINIMA A L'ENTRÉE	MINIMA A LA SORTIE
Bières chez les entrepositaires autres que chez les brasseurs	15 hectol.	38 litres
Viandes et graisses comestibles	300 kilogr.	10 kilogr.
Volaille et gibier, de chaque	50 —	10 —
Fromages secs	300 —	10 —
Bois à brûler de chaque espèce	100 stères	1 stère
Fagots et margotins	5.000	50
Charbon de bois et coke, de chaque	300 hectol.	2 hectol.
Charbon de terre	10.000 kilogr.	300 kilogr.
Cire et bougies	500 —	10 —
Chandelles	500 —	10 —
Foin	3.000 bottes	25 bottes
Paille	3.000 —	50 —
Avoine	7.500 kilogr.	75 kilogr.
Son et recoupes	3.000 —	25 —
Bois de charpente et de menuiserie, de chaque espèce	60 stères	50 centièmes
Chaux et mortiers	50 hectol.	3 hectol.
Ciments	5.000 kilogr.	100 kilogr.
Plâtre	100 hectol.	5 hectol.
Moellons, pavés, meulières	100 m. cub.	2 m. cub.
Pierres de taille	50 —	50 centièmes
Dalles et carreaux de pierre	100 m. sup.	2 m. sup.
Marbres et granit	10 m. cub.	50 centièmes
Ardoises, briques, tuiles et carreaux, de chaque	20.000	300
Poteries de toute espèce	10.000 kilogr.	300 kilogr.
Fer et fonte	10.000 —	50 —
Zinc et plomb	5.000 —	50 —
Vernis et essences	1.000 —	20 —

Les taxes principales ont produit, en 1902, 673.250 fr. 99 et les taxes spéciales, 87.012 fr. 89.

Le personnel de l'octroi, à Neuilly, en 1904, comprend un préposé en chef à 4.100 francs, un receveur central à 2.466 francs, 5 receveurs (1 à 2.400 fr., 1 à 2.250 fr., 2 à 2.200 fr. et 1 à 1.900 fr.), 1 brigadier à 2.600 francs, un sous-brigadier à 2.200 francs, 2 surveillants à 1.800 francs, 1 surveillant à 1.700 francs, 2 surveillants à 1.600 francs et 6 surveillants à 1.500 francs, enfin 3 commis auxiliaires recevant ensemble 2.340 francs.

Une somme de 56.670 francs est inscrite au budget de 1904, tant pour leur traitement que pour les frais de matériel et indemnités de diverses sortes relatives au service de l'octroi.

C. — FINANCES COMMUNALES

Recettes ordinaires d'après le compte de 1902.	1.301.670,26
— extraordinaires —	647.222,01
Total général des recettes effectuées . .	1.948.892,27 [1]
Dépenses ordinaires d'après le compte de 1902.	1.135.748,55 [2]
— extraordinaires —	141.556,65 [2]
Total général des dépenses	1.277.305,20 [3]

Les dépenses ordinaires se répartissent ainsi entre les différents services :

1° Administration et police [4]	292.387,13
2° Voirie urbaine	518.629,08
— vicinale	39.868,18
3° Bienfaisance [5]	67.533,62
4° Enseignement [6]	142.538,28
5° Dépenses diverses [7]	74.792,26
Total	1.135.748,55

1. Ces recettes représentent les ressources normales de la commune.
2. Non compris les restes à payer devant figurer au compte administratif de l'année suivante.
3. Ce total représente les dépenses normales de la commune.
4. Les dépenses d'administration et de police comprennent les §§ 1, 2, 4, 5, 6, 9, 10, 14 et 15 du compte administratif. Elles se répartissent ainsi :

§ 1 Administration communale	92.965,28
§ 2 Justice de paix	3.154,54
§ 4 Contributions et recette municipale	12.133,32
§ 5 Octroi	54.528,07
§ 6 Police	73.586,09
§ 9 Pompiers	8.130,43
§ 10 Rentes et pensions	18.208,50
§ 14 Pompes funèbres et cimetières	26.796,69
§ 15 Postes, télégraphe et téléphone	2.884,21
	292.387,13

5. Les dépenses de bienfaisance comprennent les §§ 11 et 12, savoir :

§ 11 Assistance publique	53.693,10
§ 12 Orphelinat	13.840,52
	67.533,62

6. Sous la rubrique enseignement, nous comprenons les §§ 3 et 13 :

§ 3 Bibliothèque communale	4.215,72
§ 13 Enseignement primaire	138.322,28
	142.538,00

7. Dans les dépenses diverses, nous comprenons le § 16 du compte, les dépenses supplémentaires et les restes des exercices précédents :

Dépenses diverses	54.038,43
— supplémentaires	2.670 »
Restes des exercices antérieurs	18.083,83
	74.792,26

Emprunts. — Deux emprunts sont actuellement en cours de remboursement :

1° Le premier, s'élevant à 1.740.000 francs, a été réalisé jusqu'à concurrence de 740.000 francs à la Caisse des dépôts et consignations et, pour le reste (1.000.000), à la Compagnie d'assurances générales sur la vie, en vertu d'une autorisation législative en date du 7 juin 1881. La somme de 740.000 francs, empruntée à la Caisse des dépôts et consignations, se divisait elle-même, au point de vue de l'amortissement, en deux fractions, l'une de 340.000 francs remboursable du 5 octobre 1882 au 5 octobre 1896, et l'autre de 400.000 francs, remboursable du 5 avril 1883 au 5 avril 1890, le service des intérêts et des frais de commission pendant la période complète d'amortissement s'élevant, pour la première, à 74.380 fr. 64 et, pour la seconde, à 71.360 fr. 28. Le remboursement de cette partie de l'emprunt est aujourd'hui complètement effectué. L'emprunt de 1.000.000 contracté à la Compagnie d'assurances générales sur la vie reste donc seul, actuellement, en cours de remboursement. La période d'amortissement s'étend, en ce qui le concerne, du 30 juin 1882 au 30 décembre 1910. La ville de Neuilly avait, au début de 1904, remboursé 642.200 fr. 025 sur le capital et 596.871 fr. 507 sur le service des intérêts. 410.349 fr. 527 restent encore à rembourser (357.799 fr. 975 sur le capital et 52.549 fr. 552 sur les intérêts), le montant du service des intérêts pour la période complète d'amortissement s'élevant à 649.421 fr. 059.

L'ensemble de l'emprunt était gagé par une imposition extraordinaire de 0 fr. 20 prorogée par la loi du 7 juin 1881 jusqu'en 1910 et réduite en 1903, à 0 fr. 079. Les sommes dont il s'agit ont reçu l'affectation suivante :

Construction de l'hôtel de ville. . . .	981.133,68
Égouts.	487.030,23
Trottoirs et éclairage	69.572,41
Cimetière.	165.567,97
Groupe scolaire.	24.000 »
Conversion en fonds libres.	12.695,71
Total égal	1.740.000 »

2° Le deuxième emprunt, s'élevant à 235.000 francs et autorisé par une loi du 11 juillet 1882, a été réalisé à la Caisse des lycées et collèges, en vue de la construction du groupe scolaire de l'avenue du Roule. Le montant du service des intérêts et des frais de commission pendant la période complète d'amortissement (5 avril 1884 au 5 octobre 1913) est de 46.500 francs. La ville a encore à rembourser 77.500 francs sur le capital et 15.500 francs sur les intérêts. Le gage de l'emprunt est fourni par une imposition extraordinaire de 0 fr. 025, pendant 30 ans à dater de 1883. Cette imposition a été réduite, en 1903, à 1 centime 3/10.

Valeur du centime en 1904. — 7.434 fr. 52.

Nombre de centimes. — 13 centimes 3/10 ordinaires pour dépenses facultatives ; 5 centimes spéciaux pour les chemins vicinaux ; 9 centimes 2/10 extraordinaires affectés au remboursement des emprnnts.

Charges par habitant[1]. — 28 fr. 32. Neuilly occupait en 1902 le 5ᵉ rang au point de vue des charges par habitant.

Secours. — Par décision préfectorale du 9 juin 1903, une subvention de 50.000 francs a été allouée à la ville de Neuilly en vue de la viabilité du boulevard Circulaire de l'île de la Grande-Jatte.

Receveur municipal. — La recette municipale de Neuilly a été créée par délibération du Conseil municipal en date du 2 juillet 1890, approuvée par décret du 20 novembre suivant.

La caisse est ouverte, à la mairie, tous les jours non fériés, de 9 heures du matin à 4 heures du soir, le samedi excepté.

Un arrêté préfectoral en date du 6 mars 1903 a fixé à 9.382 francs le traitement du receveur municipal, chiffre qui est augmenté de 1/20 pour gestion de la Caisse des retraites des employés et ouvriers communaux. En outre ce, comptable reçoit annuellement 972 francs comme trésorier de l'hospice de vieillards et 1.446 francs comme trésorier du Bureau de bienfaisance.

---

1. D'après l'état dressé en 1903 pour 1902.

II. — SERVICES PUBLICS

§ I. — BIENFAISANCE

Bureau de bienfaisance. — La Commission administrative du Bureau de bienfaisance, conformément à la loi du 5 août 1879, se compose de 6 administrateurs. Elle nomme tous les ans, parmi ses membres, un ordonnateur chargé spécialement de la signature des mandats. Aux termes du règlement adopté le 2 juillet 1881, elle peut nommer, en outre, pour la seconder dans les visites aux indigents et dans les distributions de secours, des commissaires adjoints et des dames de charité, dont le nombre n'est pas limité. Ces derniers d'ailleurs n'assistent aux séances qu'autant qu'ils y sont convoqués et n'ont alors que voix consultative.

La Commission administrative se réunit, tous les premiers vendredis de chaque mois, à 9 heures du matin, à la mairie, et extraordinairement chaque fois que le président ou le vice-président le juge nécessaire.

La ville, au point de vue de la répartition des secours, est divisée en 6 sections dont chacune est confiée à un administrateur distinct: toute demande d'admission aux secours est inscrite sur un registre spécial et transmise ensuite au membre de la section dans laquelle demeure le pétitionnaire. A la première réunion suivante, chaque membre fait un rapport sur les demandes qu'il a reçues et la Commission prononce ensuite l'admission ou le rejet et, en cas d'admission, décide si les secours seront annuels ou temporaires. Nul ne peut être admis aux secours s'il ne justifie de sa résidence dans la ville depuis une année révolue (loi du

14 vendémiaire an II) et de l'envoi de ses enfants à l'école ou s'il refuse de les faire vacciner. Les indigents étrangers à la France ne peuvent être admis aux secours qu'en justifiant de 10 années de résidence en France.

Les radiations sont prononcées par la Commission dans ses réunions mensuelles, sur le rapport de ses membres. Ceux-ci visitent d'ailleurs fréquemment les indigents de leur section et s'assurent que les motifs qui les ont fait admettre subsistent toujours.

Une enquête générale est faite chaque année au mois d'avril.

Chaque indigent admis reçoit une carte portant ses nom, prénoms, son âge, sa demeure, le nombre des personnes secourues et la section à laquelle il appartient. Cette carte est de couleur rose pour les secours annuels et jaune pour les secours temporaires.

La liste des secours annuels ne comprend que les vieillards âgés de 65 ans au moins, les aveugles, les paralytiques, les cancéreux et les infirmes. La liste des secours temporaires comprend les blessés, les malades, les femmes eu couches ou nourrices, les enfants abandonnés ou orphelins, les ménages surchargés d'enfants en bas âge, c'est-à-dire ayant au moins 3 enfants au-dessous de 15 ans, les veuves ou femmes abandonnées ayant des enfants au-dessous de 15 ans ou seulement un enfant atteint d'une infirmité grave.

D'après le règlement du 2 juillet 1881, la Commission, sans déterminer absolument la quotité des secours accordés, a adopté la base d'appréciation suivante, en ce qui concerne la première catégorie :

1º Un homme et une femme ne pouvant plus travailler reçoivent 6 bons de pain ; 2º un vieillard homme ou femme seul, 4 bons de pain ; 3º un ménage dont l'un des époux travaille, 4 bons ; 4º un ménage surchargé d'enfants, 8 bons.

Dans la pratique, le Bureau de bienfaisance accorde actuellement, tous les 15 jours (le 1er et le 16 de chaque mois) :

1º de 5 à 8 bons de pain d'un kilo aux familles surchargées d'enfants dont aucun ne travaille, 5 bons à un ménage sans enfant dont l'un travaille et 4 bons aux personnes seules ; 2º 1 bon de 0 fr. 60 de viande (2 au maximum) ; 3º 1 bon de charbon de 0 fr. 60 (et par les froids les plus rigoureux, 2 bons). En été, de mai à octobre, les bons de chauffage ne sont laissés qu'aux titulaires de de secours annuels.

Il existe, aussi, des secours de loyer et de chaussures. Les premiers se répartissent en 2 catégories : les titulaires de secours annuels touchent de droit, à chaque trimestre, 10 francs ou 15 francs au maximum. Les autres font une demande trimestrielle. Les distributions de chaussures ont lieu tous les 6 à 8 mois. Un vestiaire destiné à recevoir tous les vieux effets susceptibles d'être utilisés par les indigents est organisé, en outre, à l'orphelinat municipal de la rue des Poissonniers. Enfin, le Bureau distribue aux indigentes de la toile dont elles font elles-mêmes des draps de lit et des chemises. Les layettes sont confectionnées par les pensionnaires de l'orphelinat et données toutes faites aux femmes qui obtiennent un bon d'accouchement.

Au point de vue des secours médicaux, la ville de Neuilly est divisée en 2 circonscriptions dont chacune est confiée à un médecin. Les consultations gratuites ont lieu à la mairie les lundis, mardis, jeudis et samedis, de 5 à 6 heures. Un médecin oculiste se tient, en outre, à la mairie, tous les vendredis, de 5 à 6 heures. Aucun traitement ne lui est alloué. Les deux autres médecins reçoivent chacun 1.200 francs. Ils font également des visites à domicile.

Cinq sages-femmes sont inscrites au Bureau de bienfaisance pour les accouchements. Chacune d'elles reçoit, depuis le 1er octobre 1903, 15 francs par opération. Aucun secours pécuniaire n'est accordé aux indigentes en dehors de la sage-femme et des soins médicaux en cas d'accouchement. Exceptionnellement, le Bureau de bienfaisance accorde les soins de la sage-femme à des personnes non inscrites sur la liste d'assistance.

L'état des secours accordés en 1902 résulte du tableau suivant :

NATIONALITÉ	NOMBRE DES INDIVIDUS DE MOINS DE 60 ANS								NOMBRE DE VIEILLARDS DE 60 ANS ET AU-DESSUS			TOTAL GÉNÉRAL des secourus
	VALIDES				INFIRMES							
	Hommes	Femmes	Enfants au-dessous de 15 ans	TOTAL	Hommes	Femmes	Enfants au-dessous de 15 ans	TOTAL	Hommes	Femmes	TOTAL	
Français.....	93	187	465	745	24	95	7	126	48	204	252	1.123
Étrangers....	3	4	20	27	1	1	»	2	1	2	3	32
Totaux...	96	191	485	772	25	96	7	128	49	206	255	1.155

Les secours, par catégorie, se répartissent comme suit :

Secours annuels	5.035
— temporaires	5.740
— accidentels	3.695
Total des secours	14.470

En 1901, il a été distribué 11.890 bons de viande à 0 fr. 60 et 52.970 kilogrammes de pain ; en 1902, 12.442 bons de viande, dont 82 de viande hachée, et 63.000 kilogrammes de pain.

Le pain est fourni par tous les boulangers de Neuilly, au prix de la taxe officieuse dressée par la Préfecture de la Seine. La moyenne du prix par kilogramme a été, pour toute l'année, de 0 fr. 325.

La fourniture du linge et des vêtements a été soumissionnée, pour les années 1903-1905, par un commerçant de Neuilly, moyennant un rabais de 15 francs sur le bordereau de prix proposé.

Les médicaments sont fournis par tous les pharmaciens de Neuilly indistinctement, avec une remise de 30 % sur le prix du tarif.

La situation financière du Bureau de bienfaisance résulte du compte administratif suivant, relatif à l'exercice 1902 :

Recettes

1° RECETTES ORDINAIRES

Rentes sur l'État	11.202 »
Legs Pierret et Francœur	300 »
Subvention de la commune pour secours en argent à distribuer par le maire	500 »
Legs Godard-Desmarets	79 »
Intérêts des fonds placés au Trésor	383,44
Concession de terrains dans les cimetières	11.467,34
Produit du droit des pauvres sur les bals, concerts, fêtes, etc.	11.909,30
Subvention de la commune (fête nationale)	600 »
Subvention du département —	704 »
Dons, quêtes, souscriptions	22.815,80
Levée des troncs	243,75
Fondation Laîné-Dupille	500 »
Total des recettes ordinaires	60.704,63

2° RECETTES EXTRAORDINAIRES

Legs de M. le général Henrion-Bertier	1.000 »
Total général des recettes	61.704,63

Dépenses

1° DÉPENSES ORDINAIRES

Médicaments, bandages et bains	7.678,45
Entretien de sépulture	.15 »
Remises des receveurs	1.446 »
Pain et denrées alimentaires	26.098,95
Vêtements	1.594,42
Chauffage	5.500 »
Frais de bureau, timbres de la comptabilité	550,20
Traitements des médecins, du secrétaire et honoraires des sages-femmes	5.436 »
Secours en argent et loyers	16.391 »
Entretien des orphelines	6.732,89
Emploi de la fondation Laîné-Dupille	500 »
Total des dépenses ordinaires	71.942,91

2° DÉPENSES EXTRAORDINAIRES

Honoraires de l'avoué (legs Lincke)	153 »	
Honoraires de l'avocat (legs Bonnefoy)	500 »	653 »
Total des dépenses extraordinaires	653 »	
Total général des dépenses		72.595,91

La comparaison du chiffre des recettes et de celui des dépenses, en 1902, fait ressortir, pour l'exercice, un déficit de 10.891 fr. 28. En tenant compte des fonds reportés de l'exercice précédent (23.520 fr. 92), l'actif, au 31 décembre 1902, s'élevait donc à 12.629 fr. 64.

Dons et legs au Bureau de bienfaisance. — Le chiffre des rentes du Bureau de bienfaisance est actuellement de 11.763 francs [1]. Ce chiffre provient, pour une grande partie, des dons et legs faits en sa faveur et, pour le reste, de la capitalisation des fonds libres. Les dons et legs sont les suivants :

1° *Legs Beaujois.* — 3.000 francs de capital, convertis en 135 francs de rente (testament du 25 février 1863, accepté par le Bureau de bienfaisance le 20 mai suivant).

2° *Legs Savine (François-Étienne).* — 1.000 francs de capital, convertis en 46 francs de rente (testament du 1er août 1861).

---

[1]. La différence entre ce chiffre et celui de 11.202 francs, accusé par le compte administratif, provient des diverses opérations réalisées au cours de 1903.

3° *Legs Temmermaëns (Marguerite).* — 1.000 francs de capital, convertis en 43 francs de rente (testament du 29 novembre 1863).

4° *Legs Larmoyer (Charles-Joseph-Claude).* — 20.000 francs de capital, convertis en 751 francs de rente, attribués au Bureau de bienfaisance, après contestation avec l'hospice des vieillards, par le Comité consultatif de la Ville de Paris, dans sa séance du 31 juillet 1876 (testament du 11 juin 1875).

5° *Legs Cohn (Jules).* — 1.000 francs de capital, convertis en 36 francs de rente (testament du 5 juin 1875 et décret du 11 février 1888).

6° *Legs Strauss (Marcus).* — 500 francs de capital, convertis en 17 francs de rente (testament du 10 avril 1883 et décret du 5 mai 1888).

7° *Legs Compoint (Jacques-Pierre).* — 500 francs de capital, convertis en 15 francs de rente (testament du 9 décembre 1886, accepté par le Bureau de bienfaisance le 3 octobre 1890).

8° *Legs Planel (Louis-Théophile).* — 500 francs de capital, convertis en 15 francs de rente (testament du 1er septembre 1886 et arrêté préfectoral du 19 février 1891).

9° *Legs Finance (Charles-Louis).* — 25.000 francs de capital, employés, avec 21.000 francs de fonds libres, à l'achat de 1.390 fr. de rente (testament du 18 mars 1892 et décret du 26 mai 1893).

10° *Legs Soupir (Édouard).* — 600 francs de capital, convertis en 17 francs de rente (testament du 5 novembre 1875, modifié par ceux des 24 août 1882, 11 janvier 1885, 11 décembre 1886 et 16 août 1890, et décret du 10 janvier 1894).

11° *Legs Maillard (Jules-André).* — 500 francs de capital, convertis, avec le produit du legs suivant, en 74 francs de rente (testament et codicille des 23 mai 1883 et 11 mars 1884; décret du 20 janvier 1893).

12° *Legs Simon (Samuel-Haymann).* — 2.000 francs, capitalisés avec les 500 francs provenant du legs Maillard (testament du 15 mars 1888 et décret du 22 mars 1894).

13° *Legs Vᵉ Chaussegros.* — 3.000 francs de capital, convertis en 131 francs de rente (testament du 9 octobre 1864 et arrêté préfectoral du 24 août 1865).

Ce legs a été fait au Bureau de bienfaisance à charge d'entretenir, au Père-Lachaise, la sépulture des époux Chaussegros. La dépense annuelle qui en résulte s'élève à 15 francs.

14° *Legs Garnier (Joseph-François)*. — 10.000 francs de capital, convertis en 418 francs de rente (testament du 21 août 1865 et décret du 18 avril 1868).

15° *Legs Creton (Eugène-Thomas)*. — 5.000 francs de capital, convertis en 279 francs de rente (testament du 8 avril 1871 et arrêté préfectoral du 31 mai 1872).

16° *Legs Grosjean (Jacques-Maurice)*. — 600 francs de rente 3% (testament du 6 décembre 1871 et arrêté préfectoral du 9 novembre 1872).

17° *Legs Desailly (Pierre-Augustin)*. — 70 actions, de 500 francs chacune, de la Société la Propriété foncière et un titre de 465 francs de rente sur l'État (testament du 2 janvier 1873 et arrêté préfectoral du 9 juin 1875).

18° *Legs Carlier (Alexandre-Balthazar)*. — 500 francs de capital convertis, avec la somme provenant du don Cayrou, en 136 francs de rente (testament du 4 octobre 1882 et arrêté préfectoral du 18 août 1883).

19° *Don Cayrou*.— 3.000 francs, capitalisés avec les 500 francs provenant du legs Carlier (don manuel en date du 13 juin 1883, accepté par le Bureau de bienfaisance le 14 juin suivant; approbation préfectorale du 17 septembre 1883).

20° *Don Ve Garassu*. — 5.000 francs de capital, convertis en 191 francs de rente (don manuel fait par M. Lantiez au nom de Mme Ve Garassu; acceptation autorisée par arrêté préfectoral du 24 septembre 1884).

21° *Legs Ve Routier*. — 200 francs de capital, convertis en 7 francs de rente (testament du 14 février 1883 et arrêté préfectoral du 18 mai 1885.)

22° *Legs Ve Bonnefoy (Catherine)*. — 5.000 francs de capital (8.202 fr. 86 avec les intérêts), convertis en 244 francs de rente (testament du 11 février 1873 et décret du 9 avril 1892). Par suite d'un procès avec les héritiers et l'hospice de Montélimar, colégataire pour 10.000 francs, un retard de 9 ans a été apporté à la délivrance de ce legs. La bonification, touchée par le Bureau de bienfaisance, représente le montant des intérêts pendant cette période :

il convient, d'ailleurs, d'en défalquer 1.874 fr. 77 pour les frais de justice et honoraires d'avoué.

23° *Donation Laîné-Dupille*. — 500 francs de rente, dont les arrérages doivent être remis annuellement à une femme indigente (actes des 31 janvier et 6 octobre 1893, approuvés par arrêté préfectoral du 17 juillet 1893).

Aux termes de la donation, la crédi-rentière doit être choisie par le Bureau de bienfaisance, parmi les femmes honorables sans ressources, habitant Neuilly depuis 10 ans au moins et âgées de 65 ans au plus. Autant que possible, elle ne doit pas avoir d'enfants en état de la soutenir.

24° *Legs Allaire (Gabriel-Émile)*. — 10.000 francs de capital, convertis en 296 francs de rente (testament du 29 avril 1883 et décret du 15 septembre 1895).

25° *Legs V⁰ Chabert (Marie-Angélique)*. — 2.000 francs de capital, convertis en 58 francs de rente (testament du 5 août 1890 et décret du 24 mars 1897).

26° *Legs Beauprey (Alexandre-Nicolas)*. — 1.000 francs de capital, convertis en 30 francs de rente (testament du 10 juin 1896 arrêté préfectoral du 13 octobre 1898).

27° *Legs Mlle Belœuil (Aline)*. — 10.000 francs de capital, convertis en 298 francs de rente (testament et codicille des 15 et 19 janvier 1897 et décret du 5 août 1899).

28° *Legs Cheilley (Pierre-Philippe-Auguste)*. — 1.000 francs de capital, qui vont être convertis incessamment en 30 francs de rente (testament du 15 décembre 1898).

Indépendamment des dons et legs qui viennent d'être mentionnés, le Bureau de bienfaisance a bénéficié d'un assez grand nombre de libéralités, qui ont été versées dans les fonds libres ou distribuées immédiatement aux pauvres.

Parmi les plus importantes, nous citerons les legs : *Jacques Coutelle*, 2.000 francs (testament du 1ᵉʳ novembre 1863 ; arrêté préfectoral du 25 juin 1867) ; *Gagnon*, 5.000 francs de capital (testament du 15 janvier 1855 et arrêté préfectoral du 17 juin 1859) ; *Vallette*, 2.500 francs de capital (testament du 15 janvier 1857) ; *Deleau*, 4.000 francs (testament du 27 avril 1863 et décret du 29 avril 1868), et prince *Manouk Bey*, 2.000 francs (testament du 17 novembre 1888). Les autres varient entre 100 et 500 francs.

Dans ces dernières années, 3 libéralités assez importantes ont été réparties entre les pauvres de Neuilly, à la mort des bienfaiteurs, conformément à leur volonté, savoir : les legs de Mme Ve Hodecent (testament du 2 décembre 1889 et décret du 1er février 1896) et du général Henrion-Bertier (testament du 1er mars 1900); enfin, le don fait en 1902, au nom de M. Marquès-Rodrigues, par son exécuteur testamentaire. Le legs du général Henrion-Bertier, ancien maire de Neuilly, s'est élevé à 1.000 francs. Chacune des 2 autres libéralités a été de 2.000 francs.

Enfin, citons pour mémoire le legs de Mlle *la comtesse de Willot* et de Mme Ve *Lincke* qui, quoique attribués au Bureau de bienfaisance, ont été affectés, en réalité, à l'orphelinat municipal. Nous en reproduirons les dispositions au paragraphe sur l'orphelinat (v. p. 110). Il en est de même de la portion du *legs Destroyes*, affectée à l'orphelinat (voir en ce qui concerne ce dernier legs, p. 107).

Dons et legs faits à la commune : 1° *Legs Garnier.* — Aux termes de son testament, mentionné ci-dessus, en date du 21 août 1865, M. Garnier, ancien maire de Neuilly, indépendamment des 10.000 francs laissés au Bureau de bienfaisance, a légué à la ville de Neuilly : d'une part, la somme nécessaire pour la fondation de 2 livrets de caisse d'épargne de 50 francs chacun (un pour les garçons et l'autre pour les filles), soit une rente de 100 francs ; et, d'autre part, à charge d'emploi en achat de rentes 3 % inaliénables sur l'État français, un capital de 60.000 francs, ayant produit 2.508 francs de rente. Les sommes attribuées à la ville de Levallois pour sa part dans le legs Garnier, par le compte de liquidation approuvé par décret du 3 janvier 1887, se sont élevées respectivement à 12 francs et 306 francs, ce qui réduit à 88 francs et à 2.202 francs la part de la ville de Neuilly.

2° *Legs Pierret (prix de mérite).* — Par testament en date du 24 septembre 1881 (autorisation préfectorale du 26 avril 1894), M. Pierret (Victor-Athanase) a légué à la ville une rente de 1.400 francs 3 % sur l'État français, à répartir annuellement de la façon suivante : 1.200 francs pour un prix devant être décerné, lors de la fête communale, à la demoiselle reconnue la plus méritante, ayant 18 ans au moins, et 200 francs devant être répartis annuellement par le Bureau de bienfaisance entre les 20 pauvres les plus âgés de la commune. Sur la première somme, 200 francs sont remis immédiatement à la titulaire du prix, qui peut en disposer à son gré, et 1.000 francs sont employés à l'achat de rentes nominatives 3 %, inaliénables pendant 20 ans. La deuxième somme est encaissée par la ville et reversée au Bureau de bienfaisance, chargé d'en faire l'emploi suivant : 100 francs sont destinés à un banquet offert annuellement, au moment de la fête communale, aux 20 pauvres les plus âgés, sans distinction de sexe, et les 100 francs restants sont répartis également, entre ces mêmes vieillards, à l'issue du banquet.

Le même testament comprend un legs de 100 francs à la Caisse des écoles, dont il sera parlé plus loin (voir p. 124).

3° *Legs Francœur*. — Par testament en date du 12 février 1883, reçu le même jour par M⁰ Brault, notaire à Neuilly, Mme Ve Francœur, née Clotilde-Félicité Simonet, a fait à la ville, qui a été autorisée à l'accepter par décret du 18 mai 1885, un legs de 1.000 francs de rentes 3 % sur l'État, à répartir annuellement de la manière suivante :

Pour l'entretien du tombeau des époux Francœur, 100 francs ;

Pour 12 livrets de caisse d'épargne aux élèves des écoles (6 pour les garçons et 6 pour les filles), 300 francs ;

Pour l'hospice des vieillards, 400 francs ;

Pour l'hospice des incurables de l'avenue du Roule (œuvre de Notre-Dame des Sept-Douleurs), 100 francs ;

Pour le Bureau de bienfaisance, 100 francs.

Ces différentes sommes sont encaissées par la ville, qui les répartit elle-même entre les ayants droit.

4° *Legs Beffroy (secours de loyer)*. — Par testament en date du 1er septembre 1859, déposé chez Me Pascal, notaire à Paris, M. Beffroy (Hyacinthe-Désiré) a institué la ville de Neuilly sa légataire universelle, à charge pour elle de se conformer aux clauses suivantes : Une transaction, intervenue entre la commune et les héritiers naturels et consignée en un acte reçu par Me Pascal, le 29 juillet 1861, a réduit ce legs à la moitié des biens qui en faisaient l'objet et limité les obligations de la ville à l'entretien du tombeau des époux Beffroy et à sa reconstruction en cas de déplacement du cimetière d'une part, et à la distribution de secours de loyer en faveur de personnes honnêtes et nécessiteuses. Suivant un arrêté préfectoral du 18 avril 1862, la ville a été autorisée à accepter ce legs avec les réductions et modifications indiquées dans la transaction.

La part du legs Beffroy, revenant à la ville, se compose de 4 parties :

La première partie comprend le capital fixé par le compte de liquidation dressé par M° Pascal, le 30 mars 1863, et s'élevant, en principal et intérêts, déduction faite de toutes charges, à 17.220 fr. 40. Sur cette somme, encaissée le même jour par la ville, 12.000 francs ont été employés à l'achat de 526 francs de rentes 3 % et, le reste, à des distributions de secours de loyer.

Les trois autres parties sont relatives à la nue propriété de 3 capitaux, touchés par la ville après le décès des usufruitiers, et s'élevant, le premier à 20.000 francs et les deux autres à 2.000 francs chacun. La première somme a été touchée par la ville en novembre 1874, augmentée de 3.494 fr. 46 d'intérêts et convertie en 1.094 francs de rente 3 % sur l'État. La seconde, touchée en décembre 1887, augmentée de 87 fr. 94 d'intérêts, a été employée à l'achat de 75 francs de rente 3 %. Enfin, la troisième, réalisée en décembre 1900, avec 12 fr. 32 d'intérêts, a été employée à l'achat de 59 francs de rentes.

Au moment de l'érection de Levallois en commune distincte, la ville de Neuilly lui a remis, pour la part lui revenant du legs Beffroy, 2 titres de rente s'élevant ensemble à 197 francs, ce qui réduit à 1.557 francs la somme encaissée annuellement par la commune. Cette somme est affectée, selon les intentions du testateur, à des distributions de secours de loyer.

5° *Legs Grosjean*. — Par codicille à son testament du 6 février 1871, mentionné plus haut, M. Grosjean (Jacques-Maurice) a légué à la ville 400 francs de rente 3 %, devant être employés à la délivrance de 10 livrets de caisse d'épargne aux enfants des écoles communales (5 livrets pour les filles et 5 pour les garçons). La ville a été autorisée à accepter ce legs par arrêté préfectoral du 8 novembre 1872 et par décret du 6 mai 1874.

6° *Donation Godchaux-Oulry*. — Suivant acte passé le 7 mars 1883 devant M° Brault, notaire à Neuilly, M. et Mme Godchaux-Oulry ont fait donation à la ville de Neuilly d'un titre de 100 francs de rente 3 % sur l'État, pour la délivrance de 10 livrets de caisse d'épargne de 10 francs chacun, à attribuer, sous le nom de prix Godchaux-Oulry, aux élèves les plus méritants des écoles communales laïques, dans la proportion de 7 livrets aux écoles de garçons et 3 aux écoles de filles.

Au cas où les écoles laïques seraient converties en écoles congréganistes, les arrérages de la rente seraient réversibles sur l'hospice des vieillards [1] (autorisation préfectorale du 20 juin 1883).

7° *Donation Breton.* — Suivant acte passé le 5 mai 1885 devant M⁰ Brault, M. Breton (Pierre-Auguste) a fait don à la ville de Neuilly de 2 obligations de la Ville de Paris (emprunt de 1865), produisant ensemble un intérêt annuel de 40 francs, à charge pour la ville de remettre annuellement 2 livrets de caisse d'épargne, de 15 francs chacun, à 2 élèves méritants et nécessiteux des écoles municipales laïques (1 pour les garçons et 1 pour les filles). L'acceptation de cette donation a été autorisée par arrêté pris en Conseil de préfecture le 22 août 1885. Le reliquat qui ressort chaque année sur le montant des arrérages, après prélèvement de la somme de 30 francs affectée aux livrets, reste acquis à la ville et fait masse avec les fonds libres communaux.

8° *Legs Verien.* — Aux termes d'un testament olographe en date du 8 juin 1896, Mme Ve Verien, née Julie-Angélique Calmbacher, a institué la ville de Neuilly sa légataire universelle, sans condition. D'après l'inventaire, dressé après le décès de la testatrice, l'actif de sa fortune s'élève à 272.554 fr. 85 et le passif à 8.456 fr. 60. Pour éviter toute contestation, les époux Picard, héritiers naturels de la défunte, ont déclaré renoncer à leurs droits moyennant l'abandon, par la ville, du cinquième de l'actif de la succession. Ce projet de transaction a été approuvé par arrêté préfectoral du 27 décembre 1902.

Par délibération en date du 24 avril 1903, le Conseil municipal de Neuilly a décidé, en principe, d'affecter ce legs à la création d'un orphelinat de garçons.

9° Enfin, il convient de mentionner les deux legs faits à la crèche communale par *Mlle Belœuil* (testaments précités en date des 15 et 19 janvier 1897) et par *Mme Rouvray* (testament du 10 janvier 1892).

Ces deux legs, s'élevant respectivement à 10.000 francs et à 2.000 francs, ont produit, l'un 293 francs de rente et le second, 60 francs de rente. Leur acceptation a été autorisée, pour le legs Belœuil, par le décret du 5 août 1899, déjà mentionné, et pour le

---

1. Voir, p. 106, les dispositions du legs Godchaux-Oulry relatives à l'hospice de vieillards.

legs Rouvray, par un arrêté préfectoral en date du 24 septembre 1901. La ville de Neuilly, ne possédant plus de crèche communale, verse les arrérages de ces rentes à la crèche Sainte-Amélie, de la rue des Poissonniers, dirigée par les sœurs de Saint-Vincent-de-Paul, et dans laquelle elle s'est réservé la disposition de 20 lits, sans distinction de culte et de naissance, moyennant une subvention annuelle de 2.000 francs.

Hospice de vieillards. — *a. Administration.* — La Commission administrative de l'hospice a sous sa direction : 1 receveur, nommé par le Préfet, sur la proposition de la Commission ; 1 économe ou agent comptable ; 1 secrétaire ; 1 employé aux écritures ; 1 médecin ; 1 pharmacien ; 1 directrice ; 1 cuisinière ; 1 femme et 1 homme de service ; enfin, 1 chauffeur, employé temporaire, chargé du service des calorifères pendant l'hiver.

D'après le règlement, approuvé par M. le Préfet de la Seine le 12 juillet 1901, les conditions d'admission, dans la limite des lits disponibles (25 pour les femmes et 16 pour les hommes [1]), sont fixées comme suit :

Le candidat doit établir :

1º Qu'il est Français ;

2º Qu'il a l'âge fixé par le règlement (65 ans pour les femmes et 70 ans pour les hommes) ;

3º Qu'il est dans l'impossibilité physique de pourvoir à ses besoins par le travail ;

4º Qu'il est indigent, c'est-à-dire qu'il ne jouit d'aucune rente, pension ou revenu quelconque ;

5º S'il est né à Neuilly, qu'il y a eu sa résidence pendant les 5 années, et, dans le cas contraire, pendant les 10 années qui ont précédé sa demande ;

6º Qu'il ne peut être secouru utilement à domicile ;

7º Qu'il n'est atteint d'aucune maladie incurable ou nécessitant des soins spéciaux.

Quand le postulant est marié, son conjoint, s'il vit encore, doit intervenir à la demande et déclarer qu'il consent à l'hospitalisation.

A moins d'impossibilité reconnue par la Commission, toute personne admise doit apporter, en entrant, un trousseau dont la composition est déterminée par le règlement.

Les repas se font en commun, au réfectoire, le petit déjeuner à

---

1. Non compris 8 lits à l'infirmerie, 4 pour chaque sexe.

7 heures, le déjeuner à 11 heures et le dîner à 5 heures. Le premier repas se compose de soupe pour les hommes. Les femmes ont le choix entre la soupe et le café au lait.

Le second repas se compose toujours de viande et de légumes ; enfin, le dîner comprend, le dimanche et le jeudi, le potage gras et le bœuf, et, les autres jours, la soupe, les légumes et le fromage. A l'occasion des fêtes, la directrice, avec l'assentiment de l'administrateur de service, peut composer des menus exceptionnels.

Chaque pensionnaire a droit au pain à discrétion et à 5o centilitres de vin par jour.

Il est accordé à chaque pensionnaire une allocation de o fr. o5 par jour comme argent de poche.

Les vieillards admis à l'hospice peuvent sortir le dimanche de 9 heures du matin à 8 heures du soir en été ou 7 heures en hiver, et le jeudi, de midi à 5 heures.

Sous peine de privation de sortie pendant 15 jours, tout travail en dehors de l'établissement est interdit. L'introduction des liqueurs spiritueuses est également défendue.

b. Situation financière. — La situation financière de l'hospice résulte du compte administratif suivant, relatif à l'exercice 1902 :

RECETTES

1. Rentes sur l'État.	1.000 »
2. Intérêts de fonds placés au Trésor	362,55
3. Produit des concessions de terrain dans les cimetières.	11.467,34
4. Produit du droit sur les bals, spectacles, concerts, fêtes, etc	11.909,30
5. Dons, souscriptions et quêtes.	5 »
6. Produit des retenues opérées sur le montant des travaux communaux	2.248,62
7. Donation Petrus Martin	779,99 [1]
8. Legs Marseigne	153,60
9. Legs Francœur	400 »
10. Legs Simon	670 »
11. Legs divers	1.207 »
12. Excédent des recettes de l'exercice précédent, non compris les fonds réservés	20.691,81
13. Legs Simon, partie à capitaliser	175,83
Total des recettes	51.071,04

1. Y compris une bonification de 219 fr. 99, provenant de la conversion en 3 % des rentes 3 1/2 %.

DÉPENSES

1. Traitement de la directrice et du personnel secondaire.	3.835 »
2. Traitement du médecin.	600 »
3. Traitement du receveur-trésorier.	972 »
4. Traitement du secrétaire et de l'employé aux écritures.	1.000 »
5. Traitement de l'économe.	600 »
6. Solde journalière des vieillards.	930,80
7. Frais de bureau, timbres, registres et impressions.	82,70
8. Pain.	1.275,17
9. Viande.	5.096,75
10. Vin.	2.403,97
11. Denrées alimentaires.	2.452,07
12. Médicaments et bandages.	309,34
13. Linge et habillement.	43,60
14. Blanchissage et nettoyage.	1.171,60
15. Menues dépenses.	295,05
16. Entretien du bâtiment et du jardin.	716,38
17. Assurance contre l'incendie.	38,10
18. Chauffage.	1.484,26
19. Éclairage.	709,65
20. Entretien et achat du mobilier.	356,73
21. Dépenses imprévues.	121 »
22. Dépenses appartenant aux exercices antérieurs :	
1° Entretien du bâtiment et du jardin en 1901.	745.45
2° Legs Destroyes (droits de mutation et honoraires d'avocat, contingent de l'hospice).	150 »
3° Frais et honoraires dus à l'avoué.	70,20
23. Dépenses supplémentaires de l'exercice courant. Etablissement d'une plaque indicative en marbre au fronton du bâtiment.	892,07
Total des dépenses.	26.351,89

c. Dons et Legs. — Ainsi que cela résulte du compte administratif qui vient d'être publié, l'hospice de vieillards, ayant la personnalité civile, a pu recevoir, en son nom propre, un certain nombre de libéralités :

1° *Legs Dulud.* — Nous avons vu, au titre du Domaine, que les 100.000 francs provenant du legs Dulud avaient été affectés entièrement à la reconstruction de l'hospice. En réalité, le droit de la ville se fondait sur une clause d'un codicille olographe en date du 12 avril 1880, qui semblait impliquer, de la part du testateur, l'intention d'instituer comme légataire universelle sa ville natale, c'est-à-dire Neuilly. Dans cette clause, M. Dulud spécifiait que sa fortune, après réalisation de toutes les conditions particulières du testament, servirait à fonder une grande maison d'instruction et d'éducation pour les jeunes filles, *principalement pour celles de sa ville natale*. La commune, arguant de cette disposition, voulut tout d'abord revendiquer le titre de légataire universelle. Mais le Comité consultatif de la Ville de Paris exprima l'avis, dans sa séance du 18 mai 1886, que, n'étant pas désignée expressément, elle ferait difficilement reconnaître ses droits par la justice. En conséquence, elle renonça à les faire valoir et accepta de Mme Ve Antoine et des époux Thierry, héritiers naturels du défunt, à titre de transaction, la somme de 100.000 francs, qui reçut l'emploi indiqué plus haut.

2° *Legs Marseigne.* — Par testament en date du 6 février 1882 (acceptation autorisée par arrêté préfectoral du 12 mai 1883), M. Marseigne (Louis-Jules-Auguste) a institué, comme légataire universel, l'hospice municipal. Tout impôt déduit, il en résulte actuellement pour cet établissement un revenu annuel de 153 fr. 60, représenté par 8 obligations de la Ville de Paris (1865).

3° *Legs Mathieu Tauscher.* — Ce legs, résultant d'un testament olographe du 10 septembre 1881, dont l'acceptation a été autorisée par décret du 16 septembre 1889 [1], consiste en un capital de 15.000 francs. Il est représenté actuellement par 486 francs de rente.

4° *Legs Troyaux.* — Par testament en date du 14 novembre 1878, Mlle Albertine Troyaux a légué à l'hospice un capital de 12.000 francs pour fondation d'un lit (acceptation autorisée par décret du 25 juin 1890). Ce legs est actuellement représenté par une rente de 374 francs 3 %.

5° *Legs Godchaux-Oulry.* — M. Godchaux-Oulry, qui, de son vivant, avait fait à la commune une donation dont les dispositions ont été rapportées plus haut (V. p. 101), a légué à l'hospice, par testament en date du 9 mars 1888, la nue propriété de 1.000 francs dont les revenus doivent être dépensés en douceurs au profit des vieillards. Ce legs, dont l'acceptation a été autorisée par décret en date du 23 mai 1892, produit 30 francs de rente 3 %.

6° *Donation Ve Petrus Martin* [2]. — Aux termes d'un acte authentique en date du 20 juillet 1877 (arrêté préfectoral du 18 janvier 1878), Mme Ve Petrus Martin a fait don à l'hospice, en

---

[1]. Le même décret a autorisé la création de l'hospice (V. p. 73).
[2]. V. pour les legs de Mme Ve Petrus Martin, p. 71.

vue de la fondation de 2 lits, d'un titre de rente de 800 francs 5 % sur l'État. A la suite de 2 conversions successives, ce titre produit aujourd'hui 480 francs de rente.

7° *Legs V⁰ Fayet (Dorothée).* — Ce legs, résultant d'un testament en date du 14 octobre 1886, consiste en un capital de 5.000 francs converti en une rente de 167 francs 3 % (acceptation autorisée par décret du 13 mars 1893).

8° *Legs Lefort.* — Aux termes de son testament mystique déjà mentionné [1], en date des 26 octobre 1886 et 23 janvier 1888, M. Lefort a légué à l'hospice un capital de 5.000 francs, converti actuellement en une rente de 150 francs 3 % (arrêté préfectoral du 7 mai 1892).

9° *Legs Simon* [2]. — Par décret en date du 22 décembre 1894, la Commission administrative de l'hospice a été autorisée à accepter, aux clauses d'un testament en date du 15 mars 1888, le legs fait à cet établissement par M. Simon (Samuel-Haymann) et consistant en une somme suffisante pour la fondation d'un lit. Cette somme a été évaluée par la Commission administrative de manière à produire une rente annuelle de 654 francs. Le décret d'autorisation ayant imposé à l'hospice l'obligation de capitaliser tous les ans le 1/10 de ces arrérages, la rente produite actuellement (février 1904) par le legs Simon s'élève, du fait des capitalisations d'intérêts, à 690 francs.

10° *Legs Destroyes.* — Aux termes d'un testament en date du 25 novembre 1894, Mme V° Destroyes, née Marie-Madeleine-Rosalie Roland, a affecté le capital d'une rente de 800 francs sur l'État à une œuvre de charité ayant pour objet de recueillir des enfants en bas âge ou des vieillards [3]. Considérant que la libéralité s'adresse aux enfants en bas âge et aux vieillards de Neuilly où la testatrice avait son domicile et sa résidence au moment de la confection de son testament et de son décès, et qu'il convenait par suite de la répartir également entre les deux œuvres désignées, M. le Préfet de la Seine, par arrêté en date du 18 avril 1899, a autorisé le maire de Neuilly, comme président de la Commission administrative de l'hospice, à accepter la moitié de cette libéralité

1. V. p. 70.
2. V. l'autre legs de M. Simon, p. 96.
3. Ce capital était grevé d'usufruit en faveur de Mlle Viguier, domestique de la défunte. Par suite du décès de l'usufruitière, survenu le 1er juillet 1902, l'usufruit est aujourd'hui réuni à la nue propriété.

pour cet établissement, et, comme représentant des pauvres, à recueillir l'autre moitié pour l'orphelinat.

Un jugement de la 1re chambre du Tribunal civil de la Seine, en date du 2 février 1901, a confirmé cet arrêté en ordonnant la délivrance du legs s'élevant à 800 francs de rente 3 %. Les 2 titres remis par le curateur de la succession en exécution de ce jugement représentant 800 francs de rente 3 1/2 %, furent d'abord refusés par le maire, puis acceptés en considération de la loi du 7 juillet et du décret du 9 juillet 1902, qui, en décidant la conversion d'office des titres 3 1/2 %, ne permettaient plus de recouvrer la rente léguée par la testatrice dans son intégralité. Cette dernière acceptation a été autorisée par délibérations de la Commission administrative de l'hospice en date du 9 mai 1903 et du Conseil municipal en date du 29 mai suivant (approbation préfectorale du 23 juillet 1903).

Par suite de cette acceptation, la rente annuelle revenant à chacun des deux établissements est de 343 francs (686 francs pour les deux).

Orphelinat municipal. — L'orphelinat municipal, administré par la commune, avec le concours du Bureau de bienfaisance, est placé sous l'autorité immédiate d'une directrice, chargée de faire, à la fin de chaque trimestre, un rapport sur la conduite, les aptitudes et les progrès des jeunes filles confiées à ses soins. Les dépenses de l'établissement figurent au budget communal.

Les admissions sont prononcées sans distinction de cultes, par le Conseil municipal, sur demande adressée au maire, après enquête de la Commission administrative du Bureau de bienfaisance, au profit d'orphelines âgées de 4 ans au moins et de 10 ans au plus. Avant l'âge de 6 ans, les enfants fréquentent l'école maternelle ; de 6 à 13 ans, elles doivent suivre les cours de l'école communale et après 13 ans les cours d'adultes. Il n'est pas fait de cours dans l'orphelinat.

Les orphelines ne peuvent quitter l'établissement avant 18 ans, sous peine de voir leurs parents, tuteurs ou bienfaiteurs, mis en demeure de rembourser à la commune ce qu'elles lui ont coûté.

Toutefois, de 14 à 18 ans, et, pour des raisons exceptionnelles laissées à l'appréciation de l'administration, elles peuvent demander leur sortie sans s'exposer à aucune réclamation pécuniaire.

Un jour de sortie leur est accordé par mois (le premier dimanche du mois), et leurs parents, tuteurs ou bienfaiteurs sont admis à les visiter tous les dimanches, de 1 heure à 3 heures. Elles ne peuvent découcher sous aucun prétexte.

L'exclusion est prononcée par le Conseil municipal, sur un rapport de la directrice.

En cas de maladie grave, les enfants doivent être transférées dans un hôpital.

Les repas, au nombre de 4 par jour, comprennent : un petit déjeuner à 7 heures du matin (soupe et morceau de pain) ; un déjeuner à midi se composant de soupe, d'une portion de viande et de légumes ; un goûter à 4 heures (morceau de pain avec des fruits de saison ou un autre équivalent, tel que confitures, beurre, figues sèches et croquettes de chocolat) ; enfin un dîner à 6 heures du soir composé de la même façon que le déjeuner.

Les orphelines ont un uniforme et un trousseau fournis par l'administration municipale, conformément au règlement. Le produit de leur travail à l'ouvroir est versé dans la caisse municipale et réparti entre elles à la fin de l'année, par les soins de la municipalité qui leur fait délivrer des livrets de caisse d'épargne. A leur sortie de l'établissement, à 18 ans, elles reçoivent, en outre, de l'administration, un trousseau d'une valeur de 200 francs comprenant une douzaine de chemises, une douzaine de paires de bas, 2 paires de chaussons, une paire de pantoufles, 12 mouchoirs, 3 robes, 4 jupons, 4 bonnets, 2 camisoles d'indienne, 2 camisoles de coton et 1 vêtement de confection.

Le règlement actuellement en vigueur a été adopté par le Conseil municipal, le 30 juillet 1897, et approuvé par M. le Préfet de la Seine, le 30 septembre 1897.

La dépense supportée par la Ville pour l'orphelinat, en 1902, s'est élevée à 13.840 fr. 52, savoir :

Personnel	3.220 »
Pain	1.067,27
Viande	2.166,28
Vin	555,78
Denrées alimentaires	2.097,88
Médicaments	119,46
Linge et habillement	1.800 »
Entretien du bâtiment	652,49
Entretien et achat du mobilier	203,31
Chauffage et éclairage	800 »
Blanchissage et nettoyage	1.052,30
Menues dépenses	105,75
Total	13.840,52

Le Bureau de bienfaisance a contribué à cette dépense pour 6.732 fr. 89.

L'orphelinat municipal comprend actuellement 23 jeunes filles.

Ainsi qu'il a été dit plus haut, trois legs ont été attribués au Bureau de bienfaisance, avec affectation spéciale à l'orphelinat.

Le premier, émanant de Mme Ve Destroyes, a déjà fait, au paragraphe précédent, l'objet d'une étude à laquelle nous nous contenterons de nous référer (V. p. 107).

Le second est un legs grevé d'usufruit, fait au Bureau de bienfaisance par Mlle la comtesse de Willot, et consistant en la nue propriété d'un capital de 5.000 francs, dont il ne touchera la rente qu'après le décès de l'usufruitière. L'acceptation de ce legs a été autorisée par un décret en date du 29 avril 1878.

Enfin, par testament du 8 novembre 1883, Mme Ve Lincke a légué aux orphelins de la paroisse où elle décéderait tout ce qu'elle possédait au jour de son décès.

Le Bureau de bienfaisance, autorisé à accepter ce legs par arrêté préfectoral du 10 juin 1898, a recueilli de ce fait une somme de 2.077 fr. 70 qui a été employée aux dépenses de l'orphelinat.

Hospice Galignani frères. — La maison de retraite Galignani contient 100 lits réservés à des vieillards des deux sexes, âgés de 60 ans révolus, de nationalité française, mariés, veufs ou célibataires et pouvant justifier qu'ils ne sont atteints d'aucune maladie ou infirmité présentant des inconvénients pour la vie commune. Sur les 100 lits que comprend la maison, 50 sont réservés à des personnes payant une pension annuelle de 500 francs. Les 50 autres sont gratuits.

a. Admissions gratuites. — Aux termes du testament rapporté plus haut (V. Domaine), les 50 lits gratuits doivent être attribués exclusivement à des personnes rentrant, au point de vue de la situation sociale, dans une des 3 catégories suivantes :

1° Anciens libraires ou imprimeurs français, leurs veuves ou leurs filles, 10 lits ;

2° Savants français, leurs pères ou leurs mères, leurs veuves ou leurs filles, 20 lits ;

3° Hommes de lettres ou artistes français, leurs pères ou leurs mères, 20 lits.

Les demandes d'admission gratuite doivent être accompagnées d'un bulletin de naissance, d'un certificat de bonnes vie et mœurs et d'un extrait du casier judiciaire. Elles sont adressées, pour la première catégorie, au président du Cercle de l'imprimerie et de la librairie, dont le siège est situé boulevard Saint-Germain, n° 117 ; pour la seconde catégorie, au président de la Société de secours des Amis des sciences ayant, son siège, n° 79, boulevard Saint-Germain, à la librairie Hachette ; pour la troisième catégorie, au secrétaire perpétuel, soit de l'Académie française, soit de l'Académie des beaux-arts selon la profession des postulants. Les demandes, agréées par les Sociétés ou Compagnies intéressées, sont ensuite renvoyées au Directeur de l'Administration générale de l'Assistance publique qui les examine en dernier ressort. Dans le cas d'un changement de situation d'un pensionnaire gratuit, la pension est immédiatement exigible, sous peine d'exclusion.

Les personnes admises à titre gratuit n'ont pas de mobilier à fournir ; elles sont chauffées, éclairées et blanchies. Elles doivent seulement avoir une tenue convenable. A cet effet, un crédit maximum de 120 francs par an est ouvert à chacune d'elles dans un magasin de confections désigné par l'Administration.

b. Admissions payantes. — Les demandes d'admission payante doivent être adressées directement au Directeur de l'Assistance publique, accompagnées des pièces indiquées plus haut. Ce dernier décide ensuite en dernier ressort, moitié dans l'ordre des inscriptions, moitié au choix, en tenant compte de l'âge et des infirmités, de préférence en faveur des personnes se trouvant dans les conditions professionnelles exigées pour les entrées gratuites. Sur 3 vacances, la première est accordée au plus ancien octogénaire inscrit, la seconde, à l'expectant le plus anciennement inscrit, et la troisième, au choix. La pension se paye par semestre et d'avance et doit être gagée par un titre de rente ou de créance sur l'État, les départements, les communes ou administrations publiques ou par des obligations garanties par l'État, déposés entre les mains du receveur de l'Assistance publique. Les candidats doivent, en outre, pour obtenir leur inscription, justifier qu'ils peuvent subvenir à leurs frais d'entretien, de chauffage et d'éclairage, évalués à environ 200 francs par an.

Les pensionnaires admis moyennant payement doivent fournir un mobilier, désigné au règlement, qui reste acquis à la fondation en cas de décès ; toutefois l'Administration leur procure, moyennant le versement annuel de 50 francs, un mobilier semblable à celui des pensionnaires gratuits.

c. *Service intérieur*. — Tous les services sont placés sous la surveillance du directeur de l'établissement, qui doit s'assurer de la propreté des chambres dont l'accès ne peut lui être refusé. Les animaux sont interdits.

Les pensionnaires peuvent sortir tous les jours, à partir de 6 heures du matin, du 1ᵉʳ avril au 31 octobre, à partir de 7 heures, du 1ᵉʳ novembre au 31 mars [1]; ils doivent être rentrés à 10 heures du soir, sauf autorisation du directeur. Ils ne doivent pas découcher sans avoir prévenu ce fonctionnaire et sans lui avoir indiqué le nom et l'adresse d'une personne susceptible de donner de leurs nouvelles. Les demandes de congé sont transmises au Directeur de l'Administration générale, qui statue en dernier ressort; le maximum des congés dans une année est, pour une même personne, de 3 mois.

Les repas doivent être pris au réfectoire aux heures fixées par le règlement (8 heures et 11 heures 1/2 du matin et 6 heures du soir). Les discussions y sont interdites. Les pensionnaires ont la jouissance en commun du salon et de la bibliothèque. Le salon est ouvert tous les jours de 1 heure à 10 heures du soir et la bibliothèque de 1 heure à 9 heures. Chaque pensionnaire peut emporter 2 volumes qui ne doivent pas être gardés plus d'un mois. Le bibliothécaire tient registre des prêts consentis. La salle de bains est mise à la disposition des hommes, les lundis, mercredis et vendredis, et à la disposition des femmes, les mardis, jeudis et samedis.

Le personnel administratif se compose d'un directeur-comptable logé dans l'établissement, assisté d'un rédacteur et d'un commis stagiaire.

Le personnel secondaire comprend 18 personnes (6 religieuses de Saint-Vincent-de-Paul, 4 serviteurs de 1ʳᵉ classe, 6 infirmiers ou infirmières et gens de service, enfin, un concierge et sa femme).

Le service de santé est confié à un médecin titulaire assisté d'un adjoint.

La pharmacie est placée sous la direction d'une religieuse qui ne délivre que les médicaments simples, les autres étant fournis par un pharmacien de Neuilly.

Les personnes admises gratuitement laissent à l'Administration,

---

[1]. Cette mesure n'est pas applicable aux pensionnaires qui, par suite de leurs infirmités, sont reconnus incapables de sortir seuls.

après leur décès, tous leurs biens meubles. En ce qui concerne les payants, l'Administration n'a droit qu'aux meubles et aux effets personnels, non compris les bijoux. Toutefois les pensionnaires admis gratuitement, qui meubleraient leur chambre d'un mobilier leur appartenant, conservent la faculté d'en disposer en faveur de de leurs héritiers, sous la condition de verser une somme annuelle de 50 francs payable par semestre.

L'état des recettes et des dépenses effectuées par la fondation en 1902 ressort du compte administratif suivant :

RECETTES

Rentes sur l'État	24.486 »
Loyers	83.763,78
Ventes diverses	1.233,99
Successions hospitalières	3.553,30
Recettes diverses	1.059,50
Pensions et trousseaux	25.167,48
Total	139.264,05

DÉPENSES

Personnel administratif	4.386,20
Impressions, frais de bureau	771,85
Frais de bibliothèque	200,40
Charges spéciales des revenus	30.058,68
Personnel médical	1.201,36
Personnel secondaire	7.006,19
Réparations de bâtiments	3.467,50
Frais de nourriture	46.511,86
Service de la pharmacie	2.686,86
Chauffage et éclairage	16.020,42
Blanchissage	2.511,08
Coucher, linge, habillement, mobilier	9.455,06
Appareils, instruments de chirurgie et objets de pansement	208,52
Frais de transport	282 »
Eaux, salubrité, dépenses diverses	5.498,71
Remboursement des frais correspondant aux livraisons des magasins généraux	1.387,31
Part contributive dans les dépenses d'administration, des pensions de retraite et de repos	4.924,72
Total	136.608,72

Fondation Belœuil. — Conformément aux dispositions du testament de Mlle Belœuil, rapportées plus haut (V. p. 76), l'hospice Belœuil comprend 50 lits réservés à des femmes indigentes domiciliées, autant que possible, dans le quartier des Ternes ou à Neuilly, et âgées de 70 ans au moins ou atteintes d'une infirmité incurable, mais compatible avec la vie sociale.

Toutefois, en raison du nombre relativement faible de personnes réunissant les conditions nécessaires dans la circonscription désignée, l'Administration de l'Assistance publique se réserve le droit d'accueillir les demandes présentées par les indigentes ayant au moins 3 ans de domicile de secours à Paris ou même, *exceptionnellement,* dans les différentes communes du département de la Seine.

Toutes les admissions sont gratuites et laissées à la disposition exclusive du Directeur de l'Assistance publique. Contrairement à l'usage général des grands hospices où l'inscription au Bureau de bienfaisance est obligatoire, un certificat d'indigence est une condition suffisante d'admission. Au-dessous de 70 ans, un certificat médical est exigé. Dans tous les cas, la nationalité française est de rigueur. Sur les 50 lits de la fondation, 10 seulement sont réservés aux personnes ayant leur domicile de secours à Neuilly.

Les administrées de la fondation Belœuil sont logées en dortoirs. Elles sont entretenues et habillées selon les règles appliquées dans les hospices gratuits de l'Assistance publique.

Les repas ont lieu dans un réfectoire commun, le premier déjeuner à 8 heures, le second à 11 heures et le dîner à 5 h. 1/2.

Les soins de propreté et de ménage doivent être terminés à 10 heures.

Les hospitalisées ont la jouissance en commun du salon, de la bibliothèque et du jardin (le salon et la bibliothèque sont ouverts tous les jours, de 11 h. 1/2 du matin à 10 heures du soir). Enfin elles peuvent sortir tous les jours, de midi à 5 heures, et reçoivent les visites de leurs parents ou amis de 1 heures à 4 heures.

Service médical de nuit. — Un service médical de nuit est établi à Neuilly depuis le 1er janvier 1883.

La demande d'un médecin ou d'une sage-femme est faite au commissariat de police dont les bureaux sont ouverts pour ce service, de 10 heures du soir à 7 heures du matin, du 1er octobre au 31 mars, et, de 11 heures du soir à 6 heures du matin, du 1er avril au 30 septembre.

Les honoraires des médecins et sages-femmes sont fixés à 10 francs par visite. Ils sont payés par la ville qui en poursuit le recouvrement contre toutes les personnes reconnues solvables. La dépense supportée de ce fait, en 1902, s'est élevée à 400 francs ; sur cette somme, 60 francs ont été recouvrés.

Traitement des malades dans les hôpitaux de Paris. — Conformément à la délibération du Conseil général de la Seine, en date du 28 novembre 1900, les dépenses de traitement des malades soignés dans les hôpitaux de Paris ont été évaluées, jusqu'à la fin de 1902, à 3 fr. 34 par jour et par malade, la répartition s'effectuant de la manière suivante : 1 fr. 10 à la charge des communes ; 1 fr. 10 à la charge du département ; 1 fr. 14 à la charge de l'Assistance publique.

Les communes, aux termes de cette délibération, ont gardé le droit de contracter des abonnements dont le montant est déterminé par le nombre de leurs malades, pendant les 3 dernières années, ou de payer leur quote-part, suivant le nombre exact des journées de traitement des malades ayant leur domicile de secours sur leur territoire.

Mais, en raison de la progression des dépenses, le chiffre de 3 fr. 34 s'est trouvé inférieur au prix de revient réel. En conséquence, le Conseil général, dans sa séance du 10 décembre 1902, a dû le porter à 3 fr. 41. Ces nouvelles dispositions qui sont appliquées depuis le 1er janvier 1903, ont nécessité, entre le département, les communes et l'Assistance publique, la répartition suivante :

A la charge du département.	1 fr. 364
— des communes	1 fr. 364
— de l'Assistance publique	0 fr. 682

La part de l'Assistance publique se trouve donc, de ce fait, sensiblement réduite.

La dépense supportée par la commune, en 1902, s'est élevée à 17.096 fr. 20.

Les malades de Neuilly sont spécialement dirigés sur l'hôpital Beaujon.

Les transports sont effectués par les ambulances urbaines de la Ville de Paris, à raison de 6 francs par transport.

Assistance à domicile. — Le Conseil général, par délibérations des 18 décembre 1895 et 26 avril 1896, a décidé : 1° qu'une allocation serait attribuée aux communes qui consacreraient des ressources à l'assistance à domicile des vieillards indigents, infirmes et incurables ; 2° que le montant de cette allocation serait égal au tiers des dépenses faites dans ce but par la commune.

Les conditions d'admission sont les suivantes : une infirmité incurable ou 70 ans d'âge d'une part et 10 ans de résidence dans le département.

La création d'un service d'assistance à domicile à Neuilly, dans les conditions déterminées par le Conseil général, n'a été décidée en principe, par le Conseil municipal, que le 20 octobre 1903. Cette décision a été confirmée le 18 décembre suivant par une nouvelle délibération, dans laquelle le Conseil vote un crédit de 2.400 francs, dont le montant doit être versé, sous forme de subvention au Bureau de bienfaisance chargé de désigner les titulaires de pensions, d'accord avec une Commission municipale. Cette délibération a été approuvée par le Préfet de la Seine le 29 janvier 1904.

Indépendamment du service de l'assistance à domicile proprement dit, le Bureau de bienfaisance distribue, tous les trimestres, des secours de loyer de 10 francs et exceptionnellement de 15 francs, à 105 vieillards ou infirmes titulaires et à un nombre à peu près égal d'indigents à titre accidentel. La dépense qui en résulte par trimestre s'élève à 2.500 francs environ et ne doit pas être confondue avec celle qui est soldée à l'aide des arrérages du legs Beffroy. Les bénéficiaires de ce legs, actuellement au nombre de 26, reçoivent des secours trimestriels de 25 francs, 20 francs et 15 francs.

Aliénés. — 94 malades ayant leur domicile de secours à Neuilly ont été soignés, au cours de 1902, dans divers asiles du département. Ils ont occasionné une dépense totale de 50.707 fr. 65. Sur cette somme, 5.360 fr. 80 ont été remboursés par les familles.

D'autre part, la commune contribuant à la dépense pour 45 % a dû verser 20.406 fr. 08, le surplus, soit 24.940 fr. 77, restant à la charge du département.

Enfants assistés et moralement abandonnés. — Les enfants maltraités ou moralement abandonnés sont assimilés, pour la dépense, depuis le 1er janvier 1890, aux enfants assistés, en vertu d'une délibération du Conseil général du 16 décembre 1889. Cette délibération a été prise dans le but de faire bénéficier le département des dispositions de l'article 25 de la loi du 24 juillet 1889. Aux termes de cet article, en effet, la subvention de l'État, dans les départements où le Conseil général se sera engagé à assimiler les enfants maltraités ou moralement abandonnés aux enfants assistés, doit être portée au cinquième des dépenses tant extérieures qu'intérieures des deux services. Dans ces conditions, les charges qui en résultent se confondent et les communes, pour qui cette dépense est obligatoire, n'ont à fournir qu'un seul contingent.

La somme recouvrée de ce chef sur la ville de Neuilly, pour sa part des dépenses, en 1902, a été de 25.019 fr. 41.

Protection des enfants du premier âge. — En 1902, les déclarations faites par les parents, conformément à l'article 7 de la loi du 23 décembre 1874, se résument ainsi :

	AU SEIN	AU BIBERON	TOTAL
Nombre d'enfants de Neuilly mis en nourrice dans le département de la Seine.	3	29	32
Nombre d'enfants de Neuilly mis en nourrice hors du département de la Seine.	19	132	151
	22	161	183

26 déclarations d'élevage, dont 1 concernant un enfant né hors du département de la Seine, ont été faites par des nourrices de la localité, en exécution de l'article 9 de la même loi.

Secours aux familles nécessiteuses des soldats de la réserve et de la territoriale. — Ces secours sont alloués par une Commission spéciale, nommée à cet effet. Ils ont été fixés, par les délibérations des 17 mai 1878 et 2 mars 1888, à 1 franc pour la femme ou, en cas de célibat, pour la mère, et à 0 fr. 50 par enfant et par jour. Toutefois, ces chiffres ne constituent qu'une base d'appréciation pour la Commission, qui garde toujours le droit de les réduire quand le commissaire enquêteur estime que l'indigence d'une famille n'est pas suffisamment démontrée.

La ville a secouru, dans ces conditions, 97 familles en 1902 et 93 en 1903. Il en est résulté, pendant la première année, une dépense de 3.768 francs et, pendant la seconde, une dépense de 3.321 francs. En atténuation de ces dépenses, le département de la Seine a accordé à la ville, en 1902 et en 1903, une subvention de 840 francs.

Secours divers alloués par la commune (bons de pain, rapatriement, etc.). — Indépendamment des secours alloués par le Bureau de bienfaisance, la ville de Neuilly inscrit à son budget tous les ans une certaine somme pour distribution de bons de pain, par les soins du commissaire de police, aux passagers indigents et pour secours de rapatriement et frais d'hôtel, aux indigents de la ville qui ont quitté leur logement pour cause d'expulsion ou de désinfection. Le même crédit comprend une somme de 500 fr., pour secours urgents à distribuer par le Bureau de bienfaisance et les frais de transport dans les hôpitaux de Paris. La dépense constatée au compte de 1902, pour ces divers objets, s'est élevée à 1.607 fr. 56.

Propagation de la vaccine. — Pour les enfants des écoles communales, des séances de vaccination ont lieu, chaque année, par les soins de l'Institut de vaccine animale, situé rue Ballu, n° 6, à Paris.

Des vaccinations gratuites sont, en outre, pratiquées par les médecins du Bureau de bienfaisance (3 séances en mars et 3 en septembre), dans la salle de consultations gratuites de la mairie, au rez-de-chaussée. Pour encourager les vaccinations, le Conseil municipal accorde, sur leur demande, une prime de 2 francs aux parents des enfants vaccinés. En 1902, 99 primes ont été accordées dans ces conditions, représentant une dépense de 198 francs. En outre, une indemnité de 50 francs a été allouée aux médecins chargés du service.

Le nombre des vaccinations et revaccinations gratuites effectuées à Neuilly, en 1902 (non compris les enfants des écoles), résulte du tableau suivant :

	Sexe masculin	Sexe féminin	TOTAL
Vaccinations.	135	126	261
Revaccinations.	175	209	384
	310	335	645

Bureau municipal de placement gratuit. — Un bureau de placement gratuit est établi à la mairie. Le concierge est chargé de recevoir et de transmettre les offres et demandes d'emploi.

Société de secours mutuels. — La Société de secours mutuels de Neuilly, dite l'Avenir, autorisée par arrêté du 15 mai 1876, a son siège social à la mairie. Elle se compose de membres participants, de membres honoraires et de membres fondateurs des deux sexes.

Les premiers doivent être valides et avoir 16 ans au moins et 45 ans au plus, être présentés par 2 sociétaires et admis par le Conseil d'administration, signer leur adhésion aux statuts, payer par avance une cotisation mensuelle de 2 francs pour les hommes et de 1 fr. 25 pour les femmes et, dans le mois de l'admission définitive, un droit d'entrée fixé comme suit :

De 16 à 21 ans : 3 fr. pour les hommes et 2 fr. pour les femmes.
De 21 à 30 ans : 6 — — 4 —
De 30 à 35 ans : 8 — — 5 —
De 35 à 40 ans : 12 — — 10 —
De 40 à 45 ans : 20 — — 15 —

Les membres honoraires doivent être acceptés par le Conseil et verser une cotisation annuelle, dont le minimum est de 20 francs.

Sont membres honoraires perpétuels, ceux qui versent une somme fixe d'au moins 200 francs. Les personnes, dont les cotisations sont inférieures à ces chiffres, sont réputées membres donateurs. Elles ne peuvent faire partie du Conseil.

Peuvent être admis, en outre, les enfants âgés de 5 ans, dont le père et la mère font partie de la Société ; les enfants d'un ménage dont l'un des deux membres est sociétaire, l'autre n'ayant pu être reçu en raison de son âge ou de ses infirmités ; les orphelins de père ou de mère dont les membres de la Société prennent soin. Dans ces différents cas, tous les enfants d'une même famille doivent faire partie de la Société. Il n'est perçu pour eux aucun droit d'entrée et la cotisation mensuelle, payable avec celle des parents, est fixée à 0 fr. 50 par enfant et par mois.

Sont exclus de droit, les membres en retard de 3 cotisations, quand ils ne peuvent justifier devant le Conseil que ce retard est indépendant de leur volonté. Les sociétaires qui se trouvent dans l'impossibilité d'acquitter leur cotisation peuvent réclamer un congé. Ce congé est accordé pour 3 mois et peut être renouvelé 3 fois.

Dans différents cas, des amendes sont infligées aux sociétaires. Ces amendes sont fixées : pour manquement à l'assemblée générale, à 2 francs, quand il s'agit d'un membre du Conseil, et à 1 franc quand il s'agit d'un membre participant ; pour retard dans le payement de la cotisation mensuelle, à 0 fr. 50.

Les obligations de la Société, envers ses membres, sont réglées de la manière suivante :

A chaque décès d'un sociétaire, tous les membres participants doivent payer, au profit de la Société, une somme de 0 fr. 50, et une somme de 200 francs est allouée à la famille pour frais de funérailles, si les ressources le permettent.

En cas de maladie, les soins du médecin et les médicaments sont accordés aux sociétaires, sauf les exceptions prévues aux statuts. Une indemnité en argent leur est, en outre, allouée à partir du 5e jour de leur maladie. Elle est fixée, pour les hommes, à 1 fr. 50 par jour, pendant les 2 premiers mois, et à 2 francs pendant les 4 mois suivants, et, pour les femmes, à 1 franc par jour pendant les 6 premiers mois. Les soins médicaux et pharmaceutiques continuent à être accordés pendant les 6 mois suivants. Quand la maladie se prolonge, le Conseil décide dans quelle mesure il y a lieu de continuer les soins du médecin, les médicaments et l'indemnité. Une indemnité de 15 francs est allouée, en cas d'accouchement, à toute femme mariée dont l'admission à la Société remonte à une année au moins.

Tout membre que l'âge, les maladies ou les infirmités ont rendu incapable de travail, et qui est hors d'état de participer aux charges et avantages de la Société, peut recevoir des secours temporaires, réglés par le Conseil, selon les ressources disponibles.

Enfin, il est pris un livret de la Caisse des retraites pour la vieillesse au nom de chacun des membres participants, sans distinction d'âge ni de sexe.

La somme de 740 francs, nécessaire pour opérer le premier versement de 5 francs par tête, est prélevée sur les fonds disponibles. L'assemblée générale annuelle du mois de juin fixe ensuite la quantité des versements ultérieurs, en ayant égard aux ressources sociales. Les versements sont effectués, avec réserve du capital, au profit de la Société, considérée comme donatrice.

Tout ancien sociétaire peut obtenir la remise de son livret ou de son titre de pension en remboursant à la Société les sommes qu'elle a versées pour lui. Les versements individuels que les sociétaires font à la Caisse des retraites, dans le but d'augmenter le chiffre de leur pension, sont effectués par l'entremise de la Société, qui peut recevoir à ce titre des cotisations mensuelles ou périodiques, dont le minimum est de 0 fr. 50. Ces versements ont lieu à capital aliéné ou réservé, au choix des intéressés.

Au 31 décembre 1902, l'effectif des membres participants se composait de 120 hommes, 157 femmes et 33 enfants, et celui des membres honoraires de 31 hommes et de 6 femmes (soit, au total, 347 membres).

La situation financière de la Société résulte du compte administratif suivant, relatif à l'exercice 1902 :

RECETTES

Dons.	800	»
Cotisations { Hommes	2.740	»
Femmes.	2.325	»
Enfants.	184,50	
Honoraires	670	»
Amendes.	284,50	
Droits funéraires.	793	50
Droits d'entrée.	60	»
Recettes diverses.	241,90	
Intérêts des fonds placés.	151	»
Total	8.250,40	

DÉPENSES

Honoraires des médecins.	1.148	»
Notes des pharmaciens	2.646,80	
Indemnités de { Hommes.	879,50	
maladie { Femmes	899	»
Frais funéraires.	1.000	»
Dépenses et payements divers.	489,90	
Total	7.063,20	

RÉCAPITULATION

Recettes de l'année 1902.	8.250,40
Dépenses.	7.063,20
Excédent des recettes	1.187,20
Numéraire au 1er janvier 1902.	881,12
En caisse au 31 décembre 1902	2.068,32

ACTIF DE LA SOCIÉTÉ

Balance-caisse.	2.068,32	
151 francs 3 °/₀.	5.008,16	
Fonds placés à la Caisse des retraites.	2.191	»
	9.267	48
Actif au 31 décembre 1901	8.110,48	
Actif au 31 décembre 1902.	9.267,48	
Augmentation	1.517	»

Mutualité scolaire. — La Société scolaire de mutualité et de prévoyance de Neuilly a été fondée sous le nom d'École prévoyante et approuvée par arrêté ministériel du 2 mars 1900. Elle est formée entre les élèves et anciens élèves des écoles primaires publiques de la commune, chaque école formant une section. Le siège de l'Association est situé avenue du Roule, n° 125. Elle a pour but principal de venir en aide aux sociétaires malades, au moyen d'une indemnité journalière payée à leurs parents pendant le temps de la maladie ou aux sociétaires eux-mêmes s'ils sont âgés de plus de 16 ans.

Les membres participants ne sont admis qu'après un stage de 3 mois par le Conseil d'administration. Toutefois ceux qui viennent d'associations similaires sont dispensés du stage. Les membres honoraires sont reçus par le même Conseil, sans condition d'âge ni de domicile. Un retard de 2 mois dans le payement de la cotisation fait perdre tout droit aux avantages de la Société.

La cotisation mensuelle pendant l'année scolaire (10 mois) est fixée à 0 fr. 50, dont la moitié (soit 0 fr. 25) est affectée à la Caisse de secours mutuels, et, l'autre moitié, à la constitution d'un livret personnel de retraite à capital réservé.

Le minimum de la cotisation des membres honoraires est de 5 francs par an. Un versement minimum, effectué en une fois, donne droit au titre de membre honoraire perpétuel. Toutefois, le titre de membre honoraire peut encore être décerné à toute personne qui verse au moins 50 francs.

Après le stage de 3 mois et l'admission définitive, une indemnité de 0 fr. 50 par jour, pendant le premier mois, et de 0 fr. 25 pendant les deux mois suivants, est payée au sociétaire malade ou à ses parents. Quand la maladie se prolonge au delà de 3 mois, le Conseil décide si une indemnité peut être encore accordée et il en fixe la quotité selon les ressources de la Société.

Les membres participants, après leur sortie de classe et jusqu'à 18 ans, forment une section spéciale dite des adultes, pour laquelle l'indemnité de maladie est portée à 1 franc par jour pendant le premier mois, et à 0 fr. 50 pendant les deux mois suivants, moyennant une augmentation de la cotisation mensuelle égale à 0 fr. 25.

La situation financière de la Société résulte du compte administratif suivant, relatif à l'exercice 1902 :

En caisse au 31 décembre 1901.		1.212,75
Sur cette somme, il a été prélevé :		
1° La somme de 600 francs placée à la Caisse des dépôts et consignations .	600 »	
2° La somme de 480 francs répartie sur 160 livrets	480 »	1.080 »
Ensemble.	1.080 »	
Excédent		132,75
Recettes pendant l'année 1902 :		
1° Versement d'un membre honoraire perpétuel	100 »	
2° Cotisations des membres honoraires	45 »	
3° Cotisations des membres participants	1.544,25	1.797,50
4° Versements supplémentaires	108,25	
Ensemble	1.797,50	
Total		1.930,25
Dépenses pendant l'anneé 1902 :		
1° Versements à la Caisse des retraites	864 »	
2° Indemnités de maladie.	315 50	1.195,50
3° Frais d'administration	16 »	
Ensemble.	1.195,50	
Reste en caisse . . .		734,75

Caisse des écoles. — *a*. La Caisse des écoles de Neuilly a pour but, comme celles des autres communes, d'encourager et de faciliter la fréquentation des écoles communales, et de favoriser le développement de l'instruction primaire par des secours accordés aux élèves les plus pauvres ou à leurs familles, par des récompenses décernées aux élèves les plus méritants, et par tous autres moyens d'assistance et d'émulation que l'expérience indiquera.

Les secours consistent en vêtements, linge, chaussures, aliments et fournitures de classe, telles que livres, papier, instruments d'études pour les élèves appartenant à des familles peu aisées.

Les récompenses consistent en volumes donnés comme prix et en livrets de caisse d'épargne aux élèves les plus assidus.

Il peut aussi être accordé des livres et publications aux bibliothèques scolaires établies à l'usage des élèves au siège de chaque école, ainsi que des récompenses et subventions pour aider au développement des idées de prévoyance et de mutualité, soit à l'École même, soit dans les patronages laïques.

Le versement d'une somme de cent francs au minimum, une fois payée, ou d'une somme de vingt francs pendant cinq années consécutives, confère à perpétuité le titre de fondateur de la Caisse des écoles.

Le payement d'une cotisation annuelle de cinq francs au moins donne le titre de souscripteur.

Les fondateurs et souscripteurs de la Caisse des écoles ont droit à une entrée gratuite dans les conférences, fêtes et concerts organisés au profit de l'œuvre.

Tous legs ou donations en espèces, supérieurs à 100 francs, sont placés en rentes sur l'État, sauf condition contraire stipulée par le testateur ou donateur.

Ces rentes ne peuvent être aliénées.

La Caisse des écoles est administrée par un Comité composé de douze membres :

1° Le maire, président de droit ;

2° Cinq membres désignés par le Conseil municipal et choisis dans son sein ;

La présence de ces membres de droit est légitimée par la subvention obtenue annuellement du Conseil municipal en faveur de la Caisse des écoles ;

3° Six membres élus par l'assemblée générale.

Les fonctions des membres élus durent trois ans. Les membres sont renouvelés par tiers tous les ans et indéfiniment rééligibles.

Le sort désigne les membres sortants pour les deux premières années.

Les dames sociétaires prennent part à l'élection, sont elles-mêmes éligibles et peuvent faire partie du Comité.

En cas de partage des voix, la voix du président est prépondérante dans les délibérations du Comité et des assemblées générales.

b. Dons et legs. — Indépendamment des libéralités faites à la commune, et grevées de charges en faveur des enfants des écoles (V. p. 99 à 102), il convient de signaler les legs suivants faits directement à la Caisse des écoles. Ces legs sont au nombre de 6, savoir :

1° *Legs Ve Moras :* capital de 500 francs, converti en 15 francs de rente 3 % (testament du 6 janvier 1888 et arrêté préfectoral du 24 janvier 1891).

2° *Legs Pierret :* rente perpétuelle de 100 francs 3 % sur l'État, destinée à l'achat de 4 livrets de caisse d'épargne en faveur des élèves les plus méritants des écoles publiques (testament du 24 septembre 1881 et arrêté préfectoral du 26 avril 1894) [1].

3° *Legs Simon* (Samuel Haymann) : titre au porteur de 100 francs de rentes 3 % sur l'État, avec affectation des arrérages à l'achat de livrets de caisse d'épargne pour les enfants des écoles laïques communales de garçons et de filles, et capital de 1.000 francs converti en un titre nominatif de 29 francs de rente 3 % (testament du 15 mars 1888 et décret du 22 décembre 1894) [2].

4° *Legs Maillard* : 500 francs de capital, convertis en 14 francs de rente 3 % (testament et codicille des 23 mai 1883 et 11 mars 1884 et décret du 20 janvier 1893) [3].

5° *Legs Allaire* : 2.000 francs de capital, convertis en 58 francs de rente 3 % (testament et codicille des 29 avril 1881 et 10 juillet 1883 et décret du 15 septembre 1895) ;

6° *Legs Valentin* (Alexandre-François) : 8.000 francs de capital, convertis en 209 francs de rente 3 % avec affectation des arrérages à l'achat de livrets de caisse d'épargne, en faveur des élèves les plus nécessiteux et les plus assidus des écoles communales (testament des 20-21 août 1878 et décret du 24 novembre 1894).

c. Situation financière. — La situation financière de la Caisse des écoles résulte du compte administratif suivant relatif à l'exercice 1902 :

RECETTES

Dons et cotisations	1.253,90
Produit de rentes	525 »
Subvention communale	2.400 »
Subvention départementale	1.000 »
Produit de quêtes	20 »
Produit de troncs	41,40
Intérêts de fonds placés au Trésor	56,01
Produit de fêtes	2.763,50
Vente de portions alimentaires dans les écoles	1.357,50
Dons pour livrets de caisse d'épargne	1.088 »
	10.505,31
Excédent en caisse au 1er janvier 1902	4.375,37
TOTAL	14.880,68

1. V. les autres dispositions du legs Pierret (p. 99).
2. V. les legs faits au Bureau de bienfaisance et à l'hospice (p. 96 et 107).
3. V. le legs fait au Bureau de bienfaisance (p. 96).

DÉPENSES

Secours aux enfants, habillements.	4.299 »
Secours aux enfants, aliments	3.154,28
Emploi des sommes versées pour livrets de caisse d'épargne.	1.488 »
Impressions, frais de bureau, etc	360 »
Total	9.301,28

BALANCE

Recettes	14.880,68
Dépenses	9.301,28
En caisse au 31 décembre 1902	5.579,40

§ II. — ENSEIGNEMENT

Écoles de garçons. — Il existe, à Neuilly, 2 écoles de garçons :

1° La première, située n° 125, avenue du Roule, comprend 9 classes primaires élémentaires et 2 classes de cours complémentaires, qui ont été fréquentées, pendant l'année scolaire 1902-1903, par 462 enfants, dont 436 âgés de 6 à 13 ans au 1er janvier et 26, de plus de 13 ans.

Le nombre des élèves présents à l'école, le 2 décembre 1902, s'élevait à 381 et à 368 le 2 juin suivant.

Cette école est dirigée par 1 directeur déchargé de classe, assisté de 11 adjoints, dont 1 stagiaire.

70 élèves ont fréquenté une autre école dans le cours de l'année scolaire.

2° La deuxième, située rue des Huissiers, n° 20, comprend 8 classes primaires élémentaires qui ont reçu, en 1902-1903, une population scolaire de 373 élèves, dont 350 âgés de 6 à 13 ans et 23 de plus de 13 ans.

Le nombre des élèves présents, le 2 décembre 1902, s'élevait à 317 et à 278 le 2 juin suivant.

Cette école est dirigée par un directeur déchargé de classe, assisté de 8 adjoints, tous titulaires.

36 élèves ont fréquenté une autre école dans le cours de l'année scolaire.

La loi du 19 juillet 1889, sur l'instruction primaire, ayant eu pour effet de modifier la situation faite aux instituteurs de Neuilly par la délibération du 9 février 1883, le Conseil municipal, dans sa séance du 2 juillet 1890, a établi le principe des indemnités facultatives, en remplacement des augmentations périodiques de traitement qu'il avait auparavant fixées. La dépense, supportée de ce fait par la commune en 1902, s'est élevée à 8.433 fr. 33, tant pour les écoles de filles que pour celles de garçons.

Écoles de filles. — Il existe 2 écoles de filles :

1° La première, située avenue du Roule, comprend 6 classes primaires élémentaires et 2 cours complémentaires, qui ont reçu, en 1902-1903, une population scolaire de 341 élèves, dont 302 âgées de 6 à 13 ans et 39 de plus de 13 ans.

Le nombre des élèves présentes, le 2 décembre 1902, s'élevait à 306 et à 296 le 2 juin suivant.

Cette école est dirigée par 1 directrice déchargée de classe, assistée de 8 adjointes, toutes titulaires.

31 élèves ont fréquenté une autre école dans le cours de l'annnée scolaire.

2° La deuxième, située rue des Poissonniers, comprend 7 classes primaires élémentaires, fréquentées, en 1902-1903, par 326 élèves, dont 317 âgées de 6 à 13 ans et 9 de plus de 13 ans.

Le nombre des élèves présentes, le 2 décembre 1902, s'élevait à 280 et à 268 le 2 juin suivant.

Cette école est dirigée par 1 directrice déchargée de classe, assistée de 7 adjointes, dont 1 stagiaire.

22 élèves ont fréquenté une autre école dans le cours de l'année scolaire.

Les remarques présentées au paragraphe précédent, au sujet des indemnités facultatives, s'appliquent, ainsi qu'il a été dit, aux institutrices comme aux instituteurs.

Écoles maternelles. — 1° L'école maternelle, située avenue du Roule, n° 92, comprend 1 classe enfantine et 2 classes maternelles, qui ont été fréquentées, en 1902-1903, par 347 enfants (124 garçons et 103 filles au-dessous de 6 ans au 1er janvier).

Elle est dirigée par 1 directrice assistée de 2 adjointes titulaires.

2° L'école maternelle, située rue des Poissonniers, n° 9, comprend, comme la précédente, 1 classe enfantine et 2 classes maternelles, qui ont été fréquentées, en 1902-1903, par 319 enfants (127 garçons et 67 filles au-dessous de 6 ans ; 75 garçons et 50 filles de plus de 6 ans).

Elle est dirigée par 1 directrice, assistée de 2 adjointes titulaires.

3º L'école maternelle, située place Parmentier, comprend 1 classe enfantine et 3 classes maternelles, qui ont été fréquentées, en 1902-1903, par 230 enfants (87 garçons et 84 filles au-dessous de 6 ans, 36 garçons et 23 filles de plus de 6 ans).

Elle est dirigée par 1 directrice assistée de 3 adjointes, dont 2 stagiaires.

Enseignements spéciaux et cours municipaux. — La commune rétribue, sur son budget, 2 professeurs de dessin (1 pour les garçons et 1 pour les filles), le premier, à raison de 900 francs pour 6 heures de travail par semaine, et le second, à raison de 600 francs pour 4 heures, et donne une allocation de 300 francs à l'un des professeurs du cours complémentaire chargé d'enseigner l'anglais et l'allemand.

Il existe également un professeur de gymnastique pour les garçons.

Enfin, la ville alloue 600 francs par an (au total, 1.800 francs) à 2 professeurs de dessin et à 1 professeur de diction pour les cours dits municipaux professés le soir à l'école de garçons de l'avenue du Roule.

Admissions dans les écoles primaires supérieures et professionnelles de la Ville de Paris. — 29 élèves venant des écoles communales de Neuilly sont actuellement répartis, à la suite de concours, dans les différentes écoles primaires et professionnelles de la Ville de Paris ; 17 élèves suivent les cours de première année ; les 12 autres continuent leurs études.

On sait que les frais d'études de première année sont seuls à la charge exclusive des communes, à raison de 200 francs par élève. Les autres sont remboursés en grande partie, sous le nom de frais d'externat, selon les ressources disponibles des fonds d'octroi de banlieue.

Classes de garde. — Ces classes ne sont pas établies officiellement dans la commune.

Classes de vacances. — Des classes de vacances fonctionnent depuis 1893, dans les écoles publiques de garçons et de filles, du

15 août au 15 septembre. Elles sont fréquentées, dans chacune d'elles, par une moyenne de 65 à 90 enfants.

Le compte administratif de 1902 accuse une dépense totale de 1.200 francs, montant des indemnités allouées par la ville à l'ensemble des instituteurs et institutrices chargés de ces classes, chacun d'eux recevant une indemnité de 5 francs par journée de classe. Par suite de la suppression d'une classe dans trois des écoles de la ville, la dépense, en 1903, ne s'est élevée qu'à 750 francs.

Cantines scolaires. — La Caisse des écoles a fait établir, dans chacune des écoles publiques de garçons et de filles, une cantine qui fonctionne pendant la saison d'hiver.

Les portions, composées de bouillon, de viande de bœuf ou de mouton et de légumes, sont vendues, en principe, à raison de 0 fr. 10, et délivrées gratuitement aux enfants des familles nécessiteuses. Pour l'admission aux portions gratuites, l'inscription au Bureau de bienfaisance n'est pas obligatoire.

Pendant l'année scolaire 1902-1903, la Caisse des écoles a délivré, dans ces conditions, 20.958 portions, dont 15.696 payantes et 5.262 gratuites.

La dépense totale qui en est résultée s'est élevée à 3.154 fr. 28. Le prix moyen de la portion est de 0 fr. 12.

Il existe, en outre, trois cantines pour les écoles maternelles (une dans chaque école), mais ces cantines sont exclusivement privées et fonctionnent sous le patronage d'un Comité, dit des Salles d'asile.

Les concierges des écoles sont chargés du service des cantines.

Bibliothèques scolaires. — Il existe une bibliothèque scolaire dans chaque école de garçons et de filles.

Les bibliothèques des écoles de l'avenue du Roule possèdent, celle des garçons, 326 volumes, et celle des filles, 694. La première a consenti, en 1903, 1.700 prêts à 120 lecteurs, et la seconde, 345 prêts à 345 lectrices.

A l'école de garçons de la rue des Huissiers, la bibliothèque scolaire comprend 658 volumes, et à l'école de filles de la rue des Poissonniers, 421. La première a consenti, en 1903, 288 prêts à 60 lecteurs, et la seconde, 86 prêts à 86 lectrices.

Bibliothèque pédagogique. — Chacune des 4 écoles communales possède, en outre, une bibliothèque pédagogique. Celle de l'école des garçons de l'avenue du Roule comprend 276 volumes (75 prêts, en 1903, à 10 lecteurs), celle de l'école de filles du même groupe comprend 83 volumes (20 prêts, en 1903, à 9 lectrices). Enfin, celle de la rue des Huissiers en possède 77 (20 prêts, en 1903, à 8 lecteurs), et celle de l'école de filles de la rue des Poissonniers, 138 (21 prêts à 7 lectrices).

Ces diverses bibliothèques reçoivent du département, la première, une subvention annuelle de 50 francs, la seconde, une subvention de 20 francs, et les deux dernières, une subvention de 25 francs chacune.

Elles ont été créées respectivement en 1882, 1877, 1883 et 1880.

Bibliothèque municipale. — La salle de lecture de la bibliothèque municipale est ouverte les lundis et mercredis, de 5 heures à 7 heures du soir, du 1er octobre au 31 mai ; les mardis, jeudis et vendredis, de 8 heures à 10 heures du soir, et les dimanches, de 9 heures à 11 heures du matin, sauf les jours fériés et, durant un mois, dans le cours des grandes vacances.

La bibliothèque consent, en outre, des prêts à domicile : 1° de livres, 2° de musique. Ces prêts sont subordonnés aux conditions suivantes : le lecteur doit être âgé de 16 ans au moins, justifier de son domicile dans la commune, être présenté par un membre du Conseil municipal ou par un lecteur déjà inscrit et majeur.

Toute personne autorisée à recevoir des livres en prêt est munie d'un livret, à son nom, sur lequel sont inscrits le numéro et le titre des volumes prêtés, l'indication de leur état, la date du prêt et la date de rentrée. Ce livret ne peut servir qu'au titulaire.

Pour les prêts de livres, la bibliothèque est ouverte les mardis, jeudis et vendredis, de 8 heures à 10 heures du soir, et les dimanches, de 9 heures à 11 heures du matin (jours fériés et mois de vacances exceptés).

Il n'est prêté que 2 volumes à la fois et aucun d'eux ne peut être conservé plus de 30 jours.

Tout emprunteur qui a perdu ou détérioré un livre doit en rembourser la valeur sous peine de poursuites. Les prêts de musique sont soumis aux mêmes conditions, avec cette réserve qu'il ne peut être prêté plus d'une partition à la fois.

La statistique des prêts effectués en 1903, par catégorie d'ouvrages, résulte du tableau suivant :

PRÊTS	Sciences et enseignement	Musique	Histoire	Géographie et voyages	Littérature poésie théâtre	Romans	Dictionnaires	Agriculture et industrie	Bibliothèque enfantine	TOTAL
Sur place	267	»	137	82	7	»	273	»	»	766
A domicile	2.732	845	2.864	1.822	4.116	12.319	»	237	1.561	26.496
	2.999	845	3.001	1.904	4.123	12.319	273	237	1.561	27.262

La bibliothèque municipale possède actuellement 7.347 ouvrages formant 10.787 volumes. Elle a été fondée en 1876.

Association philotechnique. — L'Association philotechnique de Neuilly, fondée en 1874, institue, tous les ans, à partir du premier lundi de novembre, pendant la saison d'hiver, des cours gratuits du soir pour les deux sexes, et des cours d'adultes en vue de la préparation au certificat d'études primaires. Ces derniers sont divisés en cours pour hommes professés à l'école communale de la rue des Huissiers, et en cours pour femmes professés à l'école de la rue des Poissonniers. Ils ont fait recevoir dans la dernière année scolaire 12 jeunes filles et 4 jeunes gens.

Pendant la même année, plus de 500 personnes se sont fait inscrire aux cours du soir de l'avenue du Roule et 334 les ont suivis régulièrement jusqu'à la clôture. Le cours de dessin industriel a compté 26 inscriptions, le cours d'anglais pour femmes a réuni 60 jeunes filles, et le cours d'anglais pour hommes, 53 jeunes gens. Les 2 cours d'allemand ont été fréquentés par 66 élèves. Le cours de comptabilité, divisé en cours supérieur et en cours élémentaire, a réuni 55 auditeurs assidus ; les 3 cours de sténographie, dont 2 supérieurs (le premier pour jeunes gens et le second pour jeunes filles), ont attiré 85 élèves. Enfin, 32 élèves ont fréquenté le cours de coupe et d'assemblage ; 17 élèves, le cours de peinture pour jeunes filles, et 17, le cours de modelage et de décoration. L'association a, en outre, établi des cours de dactylographie, d'espagnol, d'algèbre élémentaire et d'arithmétique, de chant et de peinture appliquée à la décoration. Les cours municipaux, dont il a été parlé plus haut, sont placés sous le patronage de l'Association philotechnique.

§ III. — VOIRIE

La longueur des voies de communication qui sillonnent le territoire de la commune est de :

Routes nationales.	2.238,77
Routes départementales.	1.778,85
Chemins de grande communication.	4.388,50
Chemins vicinaux ordinaires.	2.723 »
Chemins ruraux	»
Voirie urbaine	33.479 »
Voies particulières	2.074 »
Voies urbaines administrées par la Ville de Paris [1].	3.298 »

Route nationale. — La ville de Neuilly n'est traversée que par une route nationale, la route *n° 13, de Paris à Cherbourg*, qui dessert en outre, dans le département de la Seine, les communes de Courbevoie, Puteaux et Nanterre. Elle présente, dans la traversée de Neuilly, une longueur de 2.238 m. 77, se répartissant en 2 sections. La première, longue de 2.041 m. 50, prend le nom d'avenue de Neuilly et présente une largeur totale de 70 mètres repartie comme suit :

Trottoirs (2 à 4 mètres), en bordure des constructions.	8 m.
Chaussées latérales empierrées (2 à 5 mètres).	10 m.
Chaussée centrale pavée	11 m.
Contre-allées (2 à 20 m. 50)	41 m.
Total égal.	70 m.

La deuxième section, formée par le pont de Neuilly, est longue de 197 m. 27 et large de 14 m. 90 (2 m. 40 pour chacun des 2 trottoirs et 10 m. 10 pour la chaussée).

Sur chacune des contre-allées de l'avenue de Neuilly, est établi un accotement large de 3 mètres pour les lignes de Paris-Étoile-Saint-Germain, Étoile-Courbevoie et Madeleine-Courbevoie. Sur le pont de Neuilly, ces lignes sont établies au milieu de la chaussée.

La dépense annuelle, nécessitée par l'entretien de la route nationale n° 13, dans la traversée de Neuilly, est évaluée à 8.000 francs.

Route départementale. — La route départementale *n° 7, de*

---

[1]. Boulevards Maillot, Richard-Wallace et des Sablons.

Paris à Bezons, traverse la commune, sur une longueur de 1.778 m. 85, au sortir de Levallois et dessert, en outre, dans le département de la Seine, Courbevoie et Colombes. Elle ne forme dans la traversée de Neuilly qu'une seule section, sous le nom de boulevard Bineau. Sa largeur est de 30 mètres (10 mètres pour chacun des trottoirs et 10 mètres pour la chaussée qui est pavée), sauf à la traversée des ponts Bineau et de Courbevoie, où elle est réduite à 20 mètres (5 mètres pour chaque trottoir et 10 mètres pour la chaussée).

Les lignes de Madeleine-Pont Bineau (Courbevoie), Porte Maillot à Maisons-Laffitte et Porte Maillot-Colombes, sont établies sur la chaussée.

La dépense d'entretien peut être évaluée à 6.000 francs par an.

Chemins de grande communication. — 1° Le chemin de grande communication n° *1, de Paris à Saint-Denis*, dessert, dans le département de la Seine, les communes de Boulogne, Neuilly, Levallois-Perret, Clichy, Saint-Ouen et Saint-Denis. Il forme, à Neuilly, 2 sections, dénommées boulevard de la Seine et boulevard Bourdon, d'une longueur totale de 3.046 mètres.

La première (1.332 mètres de longueur) présente une largeur de 20 mètres (4 mètres pour chaque trottoir et 12 mètres pour la chaussée), et la seconde (1.714 mètres), une largeur de 16 mètres (3 pour chaque trottoir et 10 pour la chaussée). Dans les deux sections, la chaussée est empierrée.

La dépense d'entretien peut être évaluée à 14.000 francs.

Cette voie n'est sillonnée par aucune ligne de tramways.

2° Le chemin de grande communication n° *16, de Neuilly à Saint-Ouen*, dessert, dans le département, les communes de Neuilly, Levallois-Perret, Clichy et Saint-Ouen. A Neuilly, où il présente un développement total de 1.342 m. 50, il forme 3 sections dénommées, la première, rue de Sablonville et les deux autres, route de la Révolte.

La première, de l'avenue de Neuilly à la porte des Ternes, présente une longueur de 664 mètres et une largeur totale de 13 mètres (2 m. 90 pour chaque trottoir et 7 m. 20 pour la chaussée qui est pavée). Elle constitue un embranchement.

La seconde, de la porte Maillot à la porte des Ternes, présente une largeur totale de 31 mètres (7 m. 50 et 7 m. 80 pour les

2 trottoirs, 5 m. 70 pour l'accotement des tramways et 10 mètres pour la chaussée).

Dans la troisième section, entre la porte des Ternes et la porte de Villiers, la largeur de chacun des deux trottoirs n'est plus que de 6 mètres, ce qui réduit à 26 mètres la largeur totale de la voie.

Les deux dernières sections, dont la longueur totale est de 678 m. 50, sont sillonnées par les lignes de tramways de Madeleine-Pont de Neuilly et Neuilly-Saint-Denis.

La seconde comprend, en outre, les lignes de Neuilly à Maisons-Laffitte et à Colombes, et la troisième, celle de Madeleine-Neuilly (rue du Château).

Chemins vicinaux ordinaires. — Le tableau suivant donne la situation du réseau vicinal ordinaire de Neuilly.

NUMÉROS	DÉSIGNATION	LONGUEUR	ORIGINE	FIN	Largeur moyenne		CHAUSSÉE		OBSERVATIONS
					TOTALE	CHAUSSÉE	NATURE	ÉTAT	
		m.			m.	m.			
1	RUE DE LONG-CHAMP....	1.223	Route nationale n° 13, av. de Neuilly	Boulevard Richard-Wallace	12	7	Empierrement, moins 150 m. de pav.	Bon	Trottoirs bitumés, pavés et sablés.
2	RUE ET BOULEVARD DU CHATEAU....	1.500	Route nationale n° 13, av. de Neuilly	Place de Villiers	16 et 30	10 et 12	Pavage sur 108 m. et empierrement sur le reste	Id.	Id.
	TOTAL...	2.723							

Entretien. — Les dépenses relatives à l'entretien de ces chemins, en 1902, se sont élevées à 27.105 fr. 18. Le département a alloué une subvention de 600 francs.

Aucun travail neuf n'a été effectué ou projeté, dans le cours de la même année, par le service des ponts et chaussées.

Chemins ruraux. — Néant.

Voirie urbaine. — Les rues de la commune sont au nombre de 64 ; leur longueur totale est de 33.479 mètres.

Il existe, en outre, 15 voies particulières, présentant un développement total de 2.074 mètres.

Voirie urbaine

Travaux faits dans l'année 1902 et dépenses correspondantes

Établissement de 33 réservoirs de chasse dans les égouts communaux	19.198 fr. 90
Construction d'un tronçon d'égout rue d'Armenonville	3.479 fr. 08
Prolongement de l'égout de la rue de Madrid	2.353 fr. 37
Construction d'égout rue Deleau et boulevard Maillot	7.740 fr. 37
Amélioration de l'éclairage avenue du Roule et place du Château	373 fr. 42
Établissement d'une bande bitumée sur un trottoir de l'avenue du Roule	2.860 fr. 98
Amélioration de l'éclairage rue des Poissonniers	634 fr. 13

Projets en cours d'exécution (1903 et années suivantes) et dépenses prévues

Etablissement des anciens appareils d'éclairage rue de Sablonville et pose de nouveaux candélabres	6.700 fr. »
Réfection des trottoirs de la rue des Huissiers et amélioration de l'éclairage	13.800 fr. »
Etablissement de 21 nouveaux réservoirs de chasse aux points hauts des égouts communaux	21.000 fr. »
Enlèvement de 3 bandes d'asphalte place de l'Hôtel-de-Ville	4.000 fr. »
Construction d'un tronçon d'égout boulevard Maillot	19.000 fr. »
Amélioration de l'éclairage des rues du Pont, de l'Eglise, de l'Hôtel-de-Ville, Louis-Philippe, d'Orléans et du Marché	7.000 fr. »
Construction de tronçons d'égout rues de Lesseps, Boutard, du Marché, Ancelle, Saint-James, Delaisement, Saint-Pierre et boulevard Victor-Hugo	71.800 fr. »
Etablissement de bandes bitumées boulevard d'Inkermann	24.000 fr. »
Etablissement de 40 nouvelles bouches d'incendie	17.000 fr. »
Viabilité des boulevards circulaires de l'île de la Grande-Jatte	148.000 fr. »
Prolongement de la rue Saint-Paul jusqu'à la rue de Villiers, acquisition et viabilité	48.000 fr. »

Projets en préparation

Dalles en bitume des trottoirs de la rue de Chézy.
Etablissement de bandes bitumées sur les boulevards du Parc

Prestations. — Les ressources ordinaires de la commune appliquées à l'entretien de chemins vicinaux étant suffisantes, l'impôt des prestations n'est pas appliqué à Neuilly.

Entretien des rues et des chemins vicinaux. — L'entretien des rues et des chemins vicinaux est assuré par deux entrepreneurs distincts.

Conformément à un cahier des charges approuvé par M. le Préfet de la Seine, le 4 décembre 1903, l'entretien des voies communales et la location des attelages avec ou sans conducteur pour l'arrosage au tonneau ou la traction des balayeuses mécaniques ont été adjugés le 22 décembre suivant, du 1er janvier 1904 au 31 décembre 1908, avec un rabais de 15 fr. 40 % sur le bordereau de prix.

L'entretien des chemins vicinaux a été adjugé le 23 mars 1903 pour 5 ans, du 1er janvier 1903 au 31 décembre 1907, avec un rabais de 18 % sur le bordereau de prix.

Balayage et enlèvement des boues. — Depuis le 1er janvier 1887, une taxe de balayage spéciale est perçue sur les habitants de Neuilly. Une délibération du Conseil municipal, en date du 31 octobre 1902, approuvée par décret du 4 mai 1903, a fixé cette taxe à 0 fr. 12 par mètre carré, de 1903 à 1906. La perception de la taxe de balayage, en 1902, a produit une recette de 62.036 fr. 10 sur lesquels 231 fr. 96 restent encore à recouvrer. Conformément à un cahier des charges, approuvé par arrêté préfectoral en date du 12 décembre 1901, le service de l'enlèvement des boues a été adjugé du 1er janvier 1902 au 31 décembre 1907, moyennant un forfait annuel de 41.450 francs.

L'enlèvement journalier doit être opéré en deux services réguliers, le premier, celui du matin, s'appliquant aux produits du balayage de la voie publique effectué avant le passage des tombereaux et plus spécialement aux ordures ménagères ; le second, celui de l'après-midi, s'appliquant seulement aux produits du balayage des rues et boulevards, ainsi qu'aux poussières, boues et feuilles tombées.

Les enlèvements supplémentaires, non compris dans le forfait, sont effectués à la première réquisition de l'Administration, aux conditions suivantes :

Les enlèvements de terres, gravois et décombres sont payés à l'entrepreneur 2 fr. 40 le mètre cube, quand ils sont effectués le jour de la réquisition, et 2 francs quand ils sont effectués le lendemain. L'enlèvement des sables d'égout est payé 3 ou 2 francs le mètre cube dans les mêmes cas.

Enfin l'entreprise peut comprendre, en outre, mais exceptionnellement, la location d'attelages avec conducteurs employés en régie.

Dans ce cas, les prix de journée sont fixés comme suit :

Tombereau ou guimbarde à un cheval, y compris le charretier	12 francs
Tombereau ou guimbarde à deux chevaux.	18 —
Cheval harnaché et son conducteur . . .	11 —
Cheval harnaché sans conducteur	6 —

La demi-journée est payée la moitié des prix ci-dessus et chaque heure en plus à raison d'un dixième des mêmes prix.

Droits de voirie. — La ville de Neuilly perçoit des droits de voirie d'après un tarif reproduit ci-après aux Annexes et approuvé par arrêté préfectoral en date du 28 février 1896.

La perception de ces droits a produit, en 1902, 32.379 fr. 01 sur lesquels 289 fr. 87 restent encore à recouvrer.

Droits d'étalage et de stationnement. — Il n'existe à Neuilly d'autres droits d'étalage et de stationnement que les droits de place des marchés reproduits ci-après (V. p. 168).

Seine. — La Seine ayant fait l'objet d'une étude détaillée dans la monographie de Choisy-le-Roi, nous nous contenterons de nous référer à cette plaquette, en ce qui concerne les renseignements généraux (V. Choisy-le-Roi, p. 88). Les renseignements qui suivent sont exclusivement relatifs au port de Neuilly.

Ce port est situé sur la rive droite du bras de Neuilly, à l'amont et à proximité du port du même nom.

Construit parallèlement à l'axe du chemin de grande communication n° 1, il mesure 70 mètres de longueur et présente un terre-plein, avec pente de 0 m. 05 par mètre, divisé en deux zones, l'une pavée et large de 6 mètres, l'autre, empierrée et large de 8 m. 07, le tout formant une largeur de 14 m. 07. Ce terre-plein se raccorde avec le chemin de grande communication n° 1 par une rampe pavée de 80 mètres de longueur, inclinée de 0 m. 05 par mètre.

A l'extrémité amont du port se trouve une rampe pavée de 36 mètres de longueur, pouvant servir au tirage des bois et aménagée comme abreuvoir.

Le terre-plein, limité par le mur de soutènement de la rampe d'accès au pont de Neuilly, est soutenu, du côté du fleuve, par un perré incliné à 45°, en maçonnerie de meulière, fondé à la cote 23,48, et s'appuyant sur un vannage en charpente, formé de pieux et palplanches moisés en tête. La crête du perré, arasée à la cote

25,70, se compose d'un hérisson en pierre de taille, de 0 m. 40 de largeur sur 0 m. 30 de haut.

Une lisse en charpente règne sur toute la longueur du port.

Deux escaliers en pierre de taille ont été aménagés dans le perré. L'amarrage des bateaux est assuré par des organeaux et des pieux d'amarre.

Les travaux d'établissement du port de Neuilly, approuvés par décision ministérielle du 27 mars 1896, ont été mis en adjudication en vertu d'une nouvelle décision ministérielle du 5 janvier 1897 (adjudication approuvée par arrêté préfectoral du 15 avril suivant).

La dépense, s'élevant à 69.000 francs, a été partagée par tiers entre l'État, le département et la commune de Neuilly.

D'autre part, la statistique du mouvement des marchandises dans le port de Neuilly, pendant l'année 1903, résulte du tableau suivant :

Déchargements :
Combustibles minéraux : Houille . . . . 1.713 tonnes
Matériaux (Meulière, pavés . . . 2.256 —
de construction (Macadam . . . . . . 2.303 —
Bois à brûler . . . . 400 —
            Total . . . . 6.672 tonnes

Chargements :
Néant.

Déchargements opérés en dehors du port public (1903) :
Pierre de taille . . . . 634 tonnes
Houille . . . . 4.604 —
Bois à brûler . . . . 440 —
            Total . . . . 5.678 tonnes

Ponts. — On doit signaler, sur la Seine, 4 ponts dont l'un, dit de Neuilly, est célèbre par son histoire (voir Notice historique).

1° Le pont de Puteaux est situé à peu près à égale distance des ponts de Suresnes et de Neuilly, séparés par un intervalle de plus de 2 kilomètres. Il s'étend de la mairie de Puteaux à la porte du Bois de Boulogne, dite porte de Seine, située sur Neuilly.

Cette partie du fleuve étant divisée par l'île de Puteaux, ce pont se subdivise lui-même en deux ponts, reliés par un remblai qui traverse l'île.

Chacun d'eux, constitué par des arcs en acier, comporte 2 arches ayant 42 et 50 mètres sur le grand bras et 46 et 37 mètres sur le petit bras. Leur largeur est de 8 m. 50, dont 5 m. 80 pour la chaussée et 1 m. 35 pour chacun des trottoirs.

Les culées et les piles ont été construites sur pilotis, le massif de fondation étant en béton.

La commune de Puteaux a participé pour 400.000 francs à la dépense, et M. de Rothschild, propriétaire de l'île, a donné le terrain sur lequel est établi le chemin, ainsi qu'une somme de 20.000 francs.

2° Le pont de Neuilly, dont l'origine remonte à Henri IV, a été entièrement reconstruit, au XVIII° siècle, par le célèbre ingénieur Perronet.

Le projet, ébauché dès 1766, comportait 5 arches, chacune de 120 pieds d'ouverture (38 m. 90). Les travaux, adjugés le 29 mars 1768, commencèrent le 28 avril suivant ; le décintrement eut lieu le 22 septembre 1772 et l'ouvrage fut complètement terminé en 1780.

Les arches, alors, mesuraient ensemble 194 m. 90 d'ouverture (100 toises), longueur égale à celle des deux bras de rivière.

La courbure du cintre primitif des voûtes était composée de 11 centres, et les têtes, tracées en portions d'arcs de 48 m. 72 de rayon (150 pieds), se raccordaient avec le cintre primitif à l'aide de voussures, de courbure identique à celle des voûtes.

La largeur du pont était de 14 m. 62, d'une tête à l'autre (45 pieds), dont 8 m. 50 pour la chaussée. A chaque extrémité, dans les parties situées au-dessus des culées et des arches de halage, qui ont chacune 4 m. 55 d'ouverture en plein cintre, cette largeur était seulement portée à 31 m. 83.

Les matériaux ont été extraits de la carrière de Saillancourt, située à 9 lieues de Neuilly.

Les dépenses du pont proprement dit se sont élevées à 2.394.000 livres (2.365.333 francs) ; l'acquisition des terrains et la construction des chemins, situés aux abords, ont donné lieu, en outre, à une dépense de 1.172.400 livres (1.157.926 francs).

Le pont de Neuilly, préservé pendant la guerre, eut sensiblement à souffrir du second siège de Paris ; ses parapets et ses murs en aile furent, alors, principalement endommagés par le bombardement, dirigé de la porte Maillot sur Courbevoie.

Toutefois, l'œuvre de Perronet conserva ses dimensions primitives jusqu'en 1893. A cette époque, l'accroissement de la circulation rendit son élargissement nécessaire, et les bahuts en pierre de taille, de 54 centimètres de largeur, qui le limitaient de chaque côté, furent remplacés par des garde-corps en fonte, scellés dans la maçonnerie et placés plus près de l'extrémité des corniches. Cette disposition nouvelle, en portant la largeur du pont à 14 m. 90, a permis de tracer une chaussée ayant 10 mètres au lieu de 8 m. 50.

La dépense, résultant de cette transformation, a été supportée moitié par l'État, moitié par le département.

3° Le pont de Courbevoie ou pont Bineau, construit en 1869, a été partiellement détruit en 1870 et restauré en 1873.

Cet ouvrage, établi sur le grand bras de la Seine, donne passage à la route départementale n° 7, dénommée à Neuilly boulevard Bineau.

Son ouverture effective, entre les culées extrêmes, est de 130 mètres, répartis entre 3 travées de 43 m. 33 chacune.

Les autres dimensions sont les suivantes :

Largeur entre les garde-corps, 20 mètres, dont, pour la chaussée pavée, 10 mètres, et pour chaque trottoir, 5 mètres.

Hauteur, entre l'étiage et le dessous des arcs, au milieu de leur longueur, 10 mètres.

La chaussée et les trottoirs sont établis en palier de l'extrémité d'une culée à l'autre. Les piles sont fondues, ainsi que les culées, sur un massif de béton, coulé dans une enceinte de pieux et palplanches défendue par des enrochements.

Le système, employé dans la superstructure métallique, consiste dans l'assemblage du fer et de la fonte, distribués de telle sorte que chaque métal puisse offrir les meilleures conditions de résistance. A cet effet, les parties voisines de la clef et la clef elle-même, soumises aux plus grands efforts d'extension et de flexion, ont été formées d'une seule poutre en tôle avec cornières, présentant les plus grandes garanties contre toute chance de rupture. Au contraire, les points où les calculs ont démontré que les efforts de compression justifiaient l'emploi de la fonte, ce métal a été utilisé jusqu'aux retombées de l'arc, dont la courbure est exactement une demi-ellipse. D'autre part, entre les deux culées, il existe 3 grands arcs consécutifs ne formant qu'une seule pièce par l'intermédiaire des rivets et boulons qui, en attachant les 3 fermes l'une à l'autre, permettent au système de charpente de supporter tous les efforts résultant de l'ouverture et de la flèche de l'arc [1].

Enfin, la largeur du pont étant de 20 mètres, la charge totale a été répartie sur 6 fermes semblables, dont les 4 intermédiaires, ayant, entre leurs axes longitudinaux, un espace de 3 m. 333, supportent la chaussée.

Les deux fermes extrêmes sous trottoirs, formant arcs de rive, et supportant les garde-corps, sont à 4 m. 60 de distance de la ferme intérieure la plus voisine. Ces 6 fermes sont reliées dans le sens transversal par une série d'entretoises supportant, au milieu de leur longueur, une longrine intermédiaire, parallèle aux longrines de tête et s'étendant, comme elles, sur toute la longueur de l'ouvrage.

4° Le pont, dit de la Jatte, établi sur le petit bras qui sépare Neuilly de l'île de la Grande-Jatte, avait été construit en fer par l'administration des domaines. L'arche unique qui le composait a été complètement détruite en 1870.

Le pont actuel, reconstruit en 1877, se compose d'une arche métallique, de forme elliptique, de 30 mètres d'ouverture et de 3 m. 90 de flèche, reposant sur deux culées en maçonnerie. Les maçonneries des culées, établies sur une aire de béton de ciment de Portland de 1 m. 20 d'épaisseur moyenne, ont été exécutées en matériaux provenant des carrières de Château-Landon et de Souppes.

La chaussée, dont la largeur libre entre garde-corps est de 20 mètres, repose sur l'ossature métallique par l'intermédiaire de voûtes en briques posées de champ et hourdées en mortier de ciment de Portland.

Le nombre des fermes métalliques est de 6, dont 4 correspondent à la chaussée centrale, les 2 autres formant les arcs de rive. Leur composition comporte l'emploi simultané de la fonte et du fer, d'après un système de construction identique à celui du pont de Courbevoie précédemment décrit.

---

1. Cette disposition mérite d'être signalée : c'est elle, en effet, qui a empêché la complète destruction du pont lors de la guerre de 1870. Le génie militaire, ayant fait sauter une pile, la travée de rive et la travée centrale, s'appuyant toutes deux sur cette pile, sont seules tombées. Il est certain que les 3 travées seraient tombées si le pont avait été composé d'arcs isolés, exerçant leur poussée sur les piles et les culées.

Les 6 fermes composant la travée métallique sont reliées dans le sens transversal par une série d'entretoises en treillis de fer.

Égouts. — Les principales artères de la commune sont :

A L'égout départemental de l'avenue du Roule, de la rue et du boulevard du Château ;

B. L'égout du boulevard Bineau (route départementale n° 7) ;

C. L'égout départemental de l'île de la Jatte ;

D. L'égout communal de la rue de Villiers ;

E. L'égout communal de la rue Soyer ;

F. L'égout départemental de la rue du Pont ;

G. L'égout communal de la rue Garnier ;

H. L'égout communal de la rue Casimir-Pinel ;

I. L'égout communal de la rue du Bois-de-Boulogne ;

J. L'égout communal de la rue du Centre ;

K. L'égout communal de la rue de la Ferme ;

L. L'égout départemental du boulevard Richard-Wallace.

M. Le branchement du chemin de grande communication n° 1.

A. L'égout de l'avenue du Roule et des rue et boulevard du Château (point haut à la porte Maillot), emprunte, sur Neuilly, la route de la Révolte (chemin de grande communication n° 16) l'avenue du Roule, l'avenue Sainte-Foy, la rue et le boulevard du Château, et, sur Levallois, la rue Gide, pour se déverser dans le collecteur parisien de la rue de Courcelles (longueur sur Neuilly 3.274 mètres environ).

Ses principaux affluents sont :

1° L'égout départemental de la rue de Sablonville (chemin de grande communication n° 16), dont le point haut est avenue de Neuilly (longueur 560 mètres), et qui est grossi lui-même de l'égout communal de la rue du Midi (longueur 224 mètres) ;

2° L'égout communal de la rue Montrosier (point haut à la justice de paix, longueur 237 m. 35) ;

3° L'égout départemental de la rue de Chartres [1] (point

---

1. Cet égout reçoit lui-même comme affluents :

a. L'égout communal de la rue Montrosier entre l'avenue de Neuilly et la rue de Chartres (place Parmentier) (longueur 138 m. 85) ;

b. L'égout communal de la rue de l'Ouest (point haut rue de Sablonville, longueur 143 m. 90) ;

c. L'égout communal de la rue d'Armenonville (point haut vers la rue Montrosier, longueur 130 mètres).

haut rond-point de la Porte-Maillot, longueur 477 m. 50) ;

4° L'égout communal de la rue du Marché (point haut place du Marché, longueur 236 m. 40);

5° L'égout communal de la rue d'Orléans (point haut avenue de Neuilly, longueur 250 mètres);

6° L'égout communal de la rue Louis-Philippe (point haut avenue de Neuilly, longueur 234 m. 60);

7° L'égout communal de la rue Pierre (longueur 130 m. 30);

8° L'égout communal de la rue Devès (longueur 142 mètres);

9° L'égout communal de la rue des Écoles (point haut avenue d'Argenson, longueur 105 mètres);

10° L'égout départemental de la rue de l'Hôtel-de-Ville (point haut avenue de Neuilly, longueur 210 mètres);

11° L'égout communal de la rue de l'Hôtel-de-Ville (point haut avenue d'Argenson, longueur 150 mètres);

12° L'égout communal de l'avenue Sainte-Foy, entre le boulevard de la Saussaye et le boulevard du Château (longueur 150 mètres);

13° Les égouts nationaux de l'avenue de Neuilly (route nationale n° 13) et de la rue du Château (longueur 5.267 m. 50).

L'égout de l'avenue de Neuilly se divise en 4 tronçons situés de chaque côté de cette avenue et dont les sommets se trouvent respectivement à la porte Maillot et près du pont de Neuilly.

Il reçoit comme affluents à gauche :

a. Une partie de l'égout communal du boulevard Maillot et de la rue Montrosier (longueur 196 m. 40);

b. L'égout communal de la rue du Marché (point haut boulevard Maillot, longueur 173 m. 30), grossi lui-même de la fraction d'égout de la rue Charles-Laffitte située entre la rue du Marché et l'avenue de Neuilly (longueur 261 m. 90);

c. Une partie de l'égout communal de la rue Jacques-Dulud sur une longueur de 75 mètres environ ;

d. Un égout communal rue d'Orléans et boulevard des Sablons (longueur 666 mètres) qui a lui-même pour affluents une partie de l'égout communal du boulevard Maillot (longueur 375 mètres), la fraction d'égout communal de la rue Charles-Laffitte située entre la rue du Marché et le boulevard des Sablons (longueur 261 m. 90) ; enfin, la fraction d'égout communal de la rue Jacques-

Dulud située entre l'avenue de Neuilly et la rue d'Orléans (135 mètres environ);

e. L'égout communal de la rue Ancelle (point haut boulevard Maillot, longueur 330 m. 50) [1].

f. L'égout communal de la rue des Graviers (point haut rue Charles-Laffitte, longueur 440 mètres) [2].

g. L'égout communal avenue de Madrid (point haut boulevard Maillot, longueur 475 mètres), qui reçoit lui-même une partie de l'égout communal de la rue Jacques-Dulud (184 m. 50) et une partie de l'égout communal de la rue Henrion-Berthier (longueur 60 mètres);

h. Une partie de l'égout communal de la rue de Longchamp, depuis la rue Casimir (longueur 165 mètres) [3].

L'égout national de la rue du Château, dans la fraction comprise entre l'avenue de Neuilly et l'avenue Sainte-Foy, reçoit d'autre part :

a. Une partie de l'égout communal de la rue Garnier (75 mètres environ);

b. L'égout communal de la rue des Poissonniers (419 m. 10);

c. L'égout communal de la rue Beffroy (153 m. 40);

d. Une partie de l'égout communal de la rue Soyer sur une longueur de 12 mètres.

Après l'égout de l'avenue de Neuilly, la grande artère de l'avenue du Roule et des rue et boulevard du Château reçoit encore 3 affluents, savoir :

1° L'égout communal de la rue Perronnet (sommets respectifs

---

1. Cet égout a pour affluents : 1° les 2 versants de l'égout communal de la rue Jacques-Dulud (sommets respectifs rue d'Orléans et rue Deleau, longueur 252 m. 40 du côté de la rue d'Orléans et 282 m. 70 du côté de la rue Deleau); 2° une partie de l'égout communal de la rue Charles-Laffitte entre le boulevard des Sablons et la rue Ancelle (longueur 230 m. 30).

2. L'égout de la rue des Graviers reçoit : 1° l'égout communal du boulevard Maillot (point haut près le boulevard Richard-Wallace, longueur 175 mètres); 2° la fraction d'égout communal de la rue Charles-Laffitte située au delà de la rue Ancelle (longueur 480 m. 90), ce dernier égout recevant lui-même l'égout communal de la rue Deleau (point haut boulevard Maillot, longueur 75 mètres); 3° une partie de l'égout communal de la rue Jacques-Dulud entre l'avenue de Madrid et la rue des Graviers (93 m. 20 environ); 4° l'égout communal de la rue Victor-Noir (longueur 219 m. 20).

3. Cet égout reçoit lui-même l'égout communal de la rue Boutard (longueur 62 m. 40; 2° l'égout communal de la rue Charcot (130 mètres); 3° l'égout communal de la rue Henrion-Bertier (136 m. 50).

boulevard Victor-Hugo, longueur 1.392 mètres, et boulevard de la Saussaye, longueur 149 m. 16) [1] ;

2° L'égout communal de la rue Borghèse (sommets respectifs boulevard Victor-Hugo, longueur 1.234 m. 88, et boulevard de la Saussaye, longueur 150 mètres) ; la partie de l'égout de la rue Borghèse, située au delà, se déverse en Seine [2] ;

3° L'égout communal de la rue Chauveau (sommets respectifs boulevard Victor-Hugo, longueur 568 m. 90, et boulevard de la Saussaye, 200 mètres). La partie de l'égout de la rue Chauveau, située au delà, se déverse en Seine [3].

B. L'*égout départemental du boulevard Bineau,* dont le point haut se trouve route de la Révolte (porte Champerret), suit le boulevard Bineau jusqu'à la Seine où il se jette en aval du pont de de la Jatte (longueur 2.144 m. 30). Ses affluents sont :

1° L'égout communal de la rue de Rouvray (point haut rue de Villiers, longueur 218 m. 40) ;

2° L'égout communal du boulevard Victor-Hugo (point haut rue Borghèse, longueur 316 m. 20) ;

3° Une partie de l'égout communal du boulevard d'Inkermann depuis la rue Borghèse (longueur 222 mètres) ;

4° Une partie de l'égout communal de la rue de Chézy depuis la rue Perronet (longueur 337 m. 80).

C. L'*égout départemental de l'île de la Jatte,* construit dans l'île de la Jatte, recueille les eaux de la route départementale n° 7 à la traversée de la Seine, sur une longueur d'environ 157 mètres.

D. L'*égout communal de la rue de Villiers,* dont le point haut se trouve au droit de l'hôpital Richard-Wallace, sur Levallois,

---

1. La partie de l'égout de la rue Perronet comprise entre le boulevard de la Saussaye et la Seine se déverse dans le fleuve.
Cet égout a pour affluents : 1° un égout communal rue du Marché (point haut avenue du Roule (longueur 236 m. 40) ; 2° un égout communal boulevard d'Inkermann (point haut rond-point d'Inkermann, longueur 125 mètres) ; 3° une partie de l'égout communal rue de Chézy (point haut avenue Sainte-Foy, longueur 292 m. 90).

2. Cet égout reçoit une partie de l'égout communal boulevard d'Inkermann, entre les rues Perronet et Borghèse (169 m. 20).

3. Cet égout reçoit lui-même : 1° une partie de l'égout communal rue de Lesseps, sur 155 mètres environ de longueur ; 2° une partie de l'égout boulevard d'Inkermann, entre le boulevard Bineau et la rue Chauveau (longueur 178 m. 40) ; 3° une partie de l'égout communal rue de Chézy, entre le boulevard Bineau et la rue Chauveau d'une part (longueur 50 m. 70) et cette dernière rue et le boulevard Victor-Hugo d'autre part (104 m. 20).

emprunte la rue de Villiers (longueur sur Neuilly 489 m. 30).

Il reçoit, sur Levallois, l'égout communal de la rue de Lesseps, dont le point haut est situé boulevard Victor-Hugo (longueur sur Neuilly 102 m. 40).

E. L'égout communal de la rue Soyer a son point culminant près la rue du Château (longueur 351 m. 40) et reçoit l'égout communal de la rue Ybry (point haut rue du Pont, longueur 140 mètres environ).

F. L'égout départemental de la rue du Pont, dont le point haut est avenue Sainte-Foy, emprunte l'avenue du Roule, la rue du Pont et le boulevard Bourdon (sur 105 mètres environ), pour se déverser en Seine, près du débouché de l'égout de la rue Soyer (longueur 1.122 m. 70 environ). Ses affluents sont :

1° L'égout communal de la rue des Huissiers (176 m. 90);

2° L'égout communal de la rue de l'Église, dont les points hauts sont respectivement avenue Sainte-Foy (189 mètres) et avenue de de Neuilly (72 m. 80);

3° L'égout communal de la rue Ybry (point haut rue Garnier, longueur 76 mètres).

G. L'égout communal de la rue Garnier, dont le point haut est situé rue du Château, se déverse en Seine au droit de la rue Garnier (longueur 372 mètres environ), après s'être grossi d'une partie de l'égout communal de la rue Ybry (point haut avenue de Neuilly, longueur 123 m. 30).

H. L'égout communal de la rue Casimir-Pinel a son point haut rue de Longchamp (longueur 219 mètres). Ses affluents sont :

1° L'égout communal de la rue Théophile-Gautier (point haut avenue de Neuilly, longueur 120 m. 20);

2° L'égout communal de la rue de l'Urbaine (longueur 120 m. 30);

3° Une partie de l'égout communal de la rue de Longchamp sur 50 mètres environ.

I. L'égout communal de la rue du Bois-de-Boulogne, dont le point haut se trouve avenue de Madrid (longueur 386 mètres), reçoit:

1° Une partie de l'égout communal de la rue Delabordère, sur 110 mètres environ;

2° La fraction de l'égout communal de la rue de Longchamp, comprise entre la rue Casimir-Pinel d'un côté, et la rue du Centre de l'autre (400 mètres environ).

J. L'égout communal de la rue du Centre a son point haut sur Saint-James (longueur 433 m. 80); il reçoit:

1° Une partie de l'égout commuual de cette rue (longueur 158 m. 55);

2° Une partie de l'égout communal de la rue Delabordère (longueur 150 m. 10);

3° Une partie de l'égout communal de la rue de Longchamp, sur 180 mètres environ, vers la rue du Bois-de-Boulogne, et sur 88 mètres environ, vers la rue de la Ferme.

K. L'égout communal de la rue de la Ferme a son point haut au droit de la rue Delabordère (longueur 386 mètres) et reçoit une partie de l'égout de la rue de Longchamp (120 mètres environ du côté de la rue du Centre, et 128 m. 90 du côté du boulevard Richard-Wallace).

L. L'égout départemental du boulevard Richard-Wallace emprunte la rue de Longchamp (sur 110 mètres environ) et le boulevard Richard-Wallace pour se jeter en Seine en amont du pont de Puteaux (longueur 360 mètres environ).

Il ne reçoit d'autre affluent qu'une fraction de l'égout communal de la rue de Longchamp, sur 62 mètres environ.

M. Le branchement du chemin de grande communication n° 1 ne déverse en Seine que les eaux du chemin n° 1. Il présente une longueur totale d'environ 952 mètres.

La presque totalité des eaux de la commune est reçue par l'usine parisienne de Clichy qui les envoie à l'usine de Colombes d'où elles sont refoulées sur les champs d'épandage.

Les égouts débouchant en Seine doivent être, dans un avenir prochain, recueillis dans un collecteur latéral à la Seine qui les conduira également à l'usine de Clichy.

Dans l'ensemble, les ouvrages d'assainissement, construits à Neuilly, ont, en chiffres ronds, un développement de 34.680 mètres, se répartissant comme suit :

Égouts nationaux, 5.267 m. 50;

Égouts départementaux, 9.257 m. 50;

Égouts communaux, 20.155 mètres.

Les égouts appartenant à la commune sont curés par le service départemental des égouts, par abonnement; la dépense qui en est résultée en 1903 est de 12.120 fr. 06, la fourniture de l'eau et le transport des détritus restant à la charge de la commune.

Le curage des égouts d'intérêt général est, en principe, à la charge de la commune ; mais, en fait, le département exécute le travail, avance les fonds nécessaires, et prend gratuitement à sa charge une partie de la dépense.

De ce chef, la commune a remboursé au département, pour l'exercice 1903, une somme de 6.152 fr. 24.

Distance de Paris. — La distance de Paris (parvis Notre-Dame) à Neuilly (mairie) est de 8 kilomètres.

Moyens de transport.— *a. Chemin de fer.*— La ville de Neuilly ne possède sur son territoire aucune gare de chemin de fer. Toutefois, elle peut être considérée comme desservie par les différentes lignes qui aboutissent à la porte Maillot, savoir :

1° La ligne n° 1 du Métropolitain (Porte de Vincennes-Porte Maillot) ;

2° La ligne de Ceinture, raccordée d'une part avec la gare du Nord et d'autre part avec la gare Saint-Lazare ;

3° La ligne de Saint-Lazare-Auteuil ;

4° La ligne de Saint-Lazare au Champ-de-Mars et aux Invalides.

b. Tramways. — Les différentes lignes de tramways sillonnant le territoire communal sont exploitées par les Compagnies des Tramways de Paris et du département de la Seine, des Tramways mécaniques des environs de Paris (Nord-Ouest-Parisien), de Paris à Saint-Germain, et du chemin de fer du Bois de Boulogne.

1° *La Compagnie des Tramways de Paris et du département de la Seine* exploite, à Neuilly, les lignes de *Courbevoie-Etoile, Courbevoie-Madeleine, Neuilly (boulevard du Château)-Madeleine, la Jatte-Madeleine, Neuilly (Saint-James)- Saint- Augustin et Neuilly-Saint-Denis.*

La première de ces lignes seule est exploitée à la vapeur, à l'aide de locomotives sans foyer (système Lamm et Francq). Les automotrices de Saint-Denis-Neuilly se meuvent à l'aide d'accumulateurs électriques à charge lente et les 4 autres à l'aide d'accumulateurs à charge rapide.

Les renseignements concernant la date d'ouverture de chacune de ces lignes, leur longueur, l'intervalle des départs, la durée du parcours, le prix du tarif par section et par classe et les voies empruntées, sont réunis dans le tableau récapitulatif suivant :

— 149 —

DÉSIGNATION DES LIGNES	LONGUEUR et durée du parcours	DÉPARTS		INTERVALLES entre chaque départ	DÉSIGNATION des SECTIONS	TARIFS	
		1er et dernier départ de	1er et dernier départ de			1re CLASSE	2e CLASSE
COURBEVOIE-ÉTOILE, par l'avenue de Neuilly et l'avenue de la Grande-Armée (ligne ouverte le 3 septembre 1874).	3 k. 485 (20 minutes de parcours)	COURBEVOIE 6 h. 54 minuit 14	L'ÉTOILE 7 h. 24 minuit 45	Toutes les 10'.	Pont de Neuilly-Maillot Maillot-Étoile	0,20 0,20	0,10 0,10
COURBEVOIE-MADELEINE, par l'avenue de Neuilly, la route de la Révolte, l'avenue de Villiers et le boulevard Malesherbes (ligne ouverte le 16 octobre 1893).	6 k. 727 (40 minutes de parcours)	COURBEVOIE 6 h. 34-11 h. 50	MADELEINE 7 h. 19 minuit 40	Toutes les 12' dans la journée et toutes les 15' dans la matinée et la soirée.	Pont de Neuilly-Maillot Maillot – Champerret Champerret – Madeleine P. de Neuilly-Madeleine	0,20 0,15 0,30 0,50	0,10 0,10 0,15 0,35
NEUILLY (CHÂTEAU) – MADELEINE, par l'avenue du Roule, la route de la Révolte, l'avenue de Villiers et le boulevard Malesherbes (ligne ouverte le 16 octobre 1893).	5 k. 718 (31 minutes de parcours)	ROULE 7 h. 03-11 h. 20	MADELEINE 7 h. 42 minuit 05	Toutes les 15'.	Roule-Champerret Champerret – Madeleine	0,15 0,30	0,10 0,15
LA JATTE-MADELEINE, par le boulevard Bineau, l'avenue de Villiers et le boulevard Malesherbes (ligne ouverte le 30 juillet 1875).	5 k. 622 (30 minutes de parcours)	LA JATTE 6 h. 52-11 h. 50	MADELEINE 7 h. 30 minuit 30	Toutes les 15'.	La Jatte-Champerret Champerret – Madeleine	0,15 0,30	0,10 0,15
NEUILLY (SAINT-JAMES) – SAINT-AUGUSTIN, par le boulevard Richard-Wallace, la rue du Centre, les avenues de Madrid, du Roule et des Ternes. le faubourg Saint-Honoré et la rue de la Boëtie (ligne ouverte le 20 décembre 1900).	6 k. 857 (34 minutes de parcours)	PONT DE PUTEAUX 7 h. 15-10 h. 05	SAINT-AUGUSTIN 7 h. 55-11 h. 05	Toutes les 8' jusqu'à la place du Château et toutes les 24' jusqu'au pont de Puteaux.	Pont de Puteaux-Porte des Ternes Porte des Ternes-Saint-Augustin	0,15 0,15	0,10 0,10
PORTE MAILLOT-SAINT-DENIS, par la route de la Révolte et le boulevard Victor-Hugo (ligne ouverte le 17 mars 1893).	9 k. 662 (50 minutes de parcours)	PORTE MAILLOT 7 h. 35-10 h. 45	SAINT-DENIS 6 h. 30-9 h. 30	Toutes les 30' de Champerret à St-Ouen et toutes les heures de Maillot à St-Denis.	Maillot-Champerret Champerret-Clichy Clichy-St-Ouen (mairie) Saint-Ouen-Saint-Denis	0,15 0,15 0,15 0,10	0,10 0,10 0,10 0,05

2° La *ligne de Neuilly à Maisons-Laffitte* est exploitée par la Compagnie des Tramways mécaniques des environs de Paris

LIGNE DE NEUILLY (Porte-Maillot) A MAISONS-LAFFITTE

TARIF	NEUILLY Porte-Maillot		COURBEVOIE Pont de la Jatte		LA GARENNE Bifurcation		LA GARENNE Pont de Charlebourg		MAISON de Nanterre		BEZONS Grand-Cerf		HOUILLES Rue de Pontoise		SARTROUVILLE Carrefour		MAISONS LAFFITTE
	1re	2e	1re	2e	1re	2e	1re	2e	1re	2e	1re	2e	1re	2e	1re	2e	1re
Neuilly (Porte-Maillot)..	»	»	»	»	» 15	» 10	» 25	» 15	» 30	» 20	» 40	» 25	» 50	» 30	» 60	» 40	» 75 » 50 » 80
Courbevoie (Pont de la Jatte)........	» 15	» 10	»	»	» 15	» 10	» 25	» 15	» 30	» 20	» 40	» 25	» 50	» 30	» 60	» 40	» 75
La Garenne (Bifurcation).	» 25	» 15	» 15	» 10	»	»	» 15	» 10	» 25	» 15	» 30	» 20	» 40	» 25	» 55	» 35	» 65
La Garenne (Pont de Charlebourg)........	» 30	» 20	» 25	» 15	» 15	» 10	»	»	» 15	» 10	» 25	» 15	» 40	» 25	» 50	» 30	» 60
Maison de Nanterre....	» 40	» 25	» 30	» 20	» 25	» 15	» 15	» 10	»	»	» »	» 30	» 20	» 40	» 25	» 55
Bezons (Grand-Cerf)...	» 50	» 30	» 40	» 25	» 30	» 20	» 25	» 15	» 15	» 10	»	»	» 15	» 10	» 25	» 15	» 40
Houilles (Rue de Pontoise)	» 60	» 40	» 50	» 30	» 40	» 25	» 40	» 25	» 30	» 20	» 15	» 10	»	»	» 15	» 10	» 25
Sartrouville (Carrefour).	» 75	» 50	» 60	» 40	» 55	» 35	» 50	» 30	» 40	» 25	» 25	» 15	» 15	» 10	»	»	» 15
Maisons-Laffitte......	» 80	» 55	» 75	» 50	» 65	» 45	» 60	» 40	» 55	» 35	» 40	» 25	» 25	» 15	» 15	» 10	»

LIGNE DE NEUILLY (Porte-Maillot) A BEZONS (Quai) par COLOMBES et ARGENTEUIL

TARIF	NEUILLY Porte-Maillot		COURBEVOIE Pont de la Jatte		LA GARENNE Bifurcation		LA GARENNE Pont de la Puce		COLOMBES Place de la Mairie		COLOMBES Champ de Courses		COLOMBES Pont Aqueduc		CHEMIN D'ARGENTEUIL		BEZONS Quai
	1re	2e	1re	2e	1re	2e	1re	2e	1re	2e	1re	2e	1re	2e	1re	2e	1re
Neuilly (Porte-Maillot)..	»	»	»	»	» 15	» 10	» 25	» 15	» 30	» 20	» 40	» 25	» 55	» 35	» 60	» 40	» 70 » 45 » 85
Courbevoie (Pont de la Jatte)........	» 15	» 10	»	»	» 15	» 10	» 25	» 15	» 25	» 15	» 40	» 25	» 45	» 30	» 55	» 35	» 70
La Garenne (Bifurcation).	» 25	» 15	» 15	» 10	»	»	» 15	» 10	» 25	» 15	» 40	» 25	» 45	» 30	» 55	» 35	» 70
La Garenne (Pont de la Puce).........	» 30	» 20	» 25	» 15	» 15	» 10	»	»	» 15	» 10	» 30	» 20	» 35	» 25	» 45	» 30	» 60
Colombes (Mairie).....	» 40	» 25	» 25	» 15	» 25	» 15	» 15	» 10	»	»	» 15	» 10	» 20	» 15	» 30	» 20	» 45
Colombes (Champ de Courses)........	» 55	» 35	» 40	» 25	» 40	» 25	» 30	» 20	» 15	» 10	»	»	» 15	» 10	» 20	» 15	» 35
Colombes (Pont Aqueduc).	» 60	» 40	» 45	» 30	» 45	» 30	» 35	» 25	» 20	» 15	» 15	» 10	»	»	» 15	» 10	» 25
Argenteuil (Chemin d').	» 70	» 45	» 55	» 35	» 55	» 35	» 45	» 30	» 30	» 20	» 20	» 15	» 15	» 10	»	»	» 20
Bezons (Quai).......	» 85	» 55	» 70	» 45	» 70	» 45	» 60	» 40	» 45	» 30	» 35	» 25	» 25	» 15	» 20	» 10	»

(Nord-Ouest-Parisien), au moyen d'automobiles électriques, empruntant leur énergie à des conducteurs aériens, entre Courbevoie (pont de la Jatte), Maisons-Laffitte et Colombes et fonctionnant à l'aide d'accumulateurs, entre le pont de la Jatte et la porte Maillot.

Le matériel roulant comprend : 1° 25 automotrices dont 10 en service sur la ligne de Neuilly à Maisons-Laffitte, 4 sur la ligne de Neuilly à Colombes, 5 en réparation et 6 en réserve ; 2° 10 fourgons d'accumulateurs, dont 4 en service sur la ligne de Neuilly à Maisons-Laffitte, 3 sur celle de Neuilly à Colombes, 1 en réparation et 2 en réserve ; 3° 16 voitures d'attelage du type d'été, dont 10 en service, 2 en réparation et 4 en réserve. Les automotrices sont du type dit symétrique sans impériale.

Les tarifs en vigueur, sur chacune des deux lignes, sont indiqués ci-dessus.

3° *La ligne des tramways à vapeur de Paris à Saint-Germain* est exploitée par la Compagnie du même nom. Ses voitures sont remorquées par les soins de la Compagnie des Tramways de Paris et du département de la Seine, entre le pont de Neuilly et l'Étoile, au moyen de locomotives à eau surchauffée du système Lamm et Francq et, sur tout le reste du parcours, aux frais de la Compagnie exploitante, à l'aide de locomotives ordinaires.

Le matériel comprend : 19 locomotives à feu, 41 voitures d'attelage fermées et 16 voitures du type d'été.

La Compagnie possède deux dépôts ; l'un à Port-Marly, en Seine-et-Oise, et l'autre à Courbevoie, avenue de la Défense, n° 42.

La durée du trajet total est de 1 h. 11. Les trains se succèdent généralement toutes les 20 minutes, dans le service d'été, et toutes les 30 minutes dans le service d'hiver.

Les voies empruntées sont l'avenue de la Grande-Armée et la route nationale n° 13.

Le tarif, actuellement en vigueur, est le suivant :

LIGNE DE PARIS A SAINT-GERMAIN

TARIF	Étoile		Porte-Maillot		Pont de Neuilly		Rond-Point de la Défense		Les Bergères		Vieux Chemin de Paris		Nanterre		Octroi de Rueil		Rueil-Ville		La Malmaison		Le
	1re	2e	1re	2e	1re	2e	1re	2e	1re	2e	1re	2e	1re	2e	1re	2e	1re	2e	1re	2e	1re
ÉTOILE	» »	» »	» 20	» 10	» 40	» 20	» 55	» 30	» 60	» 35	» 65	» 40	» 70	» 45	» 80	» 50	» 85	» 55	» 90	» 60	1 »
PORTE-MAILLOT	» 20	» 10	» »	» »	» 20	» 10	» 35	» 20	» 40	» 25	» 45	» 30	» 50	» 35	» 60	» 40	» 65	» 45	» 70	» 50	» 80
PONT DE NEUILLY	» 40	» 20	» 20	» 10	» »	» »	» 15	» 10	» 20	» 15	» 25	» 20	» 30	» 25	» 40	» 30	» 45	» 35	» 50	» 40	» 60
ROND-POINT DE LA DÉFENSE	» 55	» 30	» 25	» 20	» 15	» 10	» »	» »	» 15	» 10	» 20	» 15	» 25	» 20	» 35	» 25	» 40	» 30	» 45	» 35	» 55
LES BERGÈRES	» 60	» 35	» 40	» 25	» 20	» 15	» 15	» 10	» »	» »	» 15	» 10	» 20	» 15	» 25	» 20	» 30	» 25	» 35	» 25	» 40
VIEUX CHEMIN DE PARIS	» 65	» 40	» 45	» 30	» 25	» 20	» 20	» 15	» 15	» 10	» »	» »	» 15	» 10	» 15	» 10	» 20	» 15	» 25	» 20	» 30
NANTERRE	» 70	» 45	» 50	» 35	» 30	» 25	» 25	» 20	» 15	» 10	» 15	» 10	» »	» »	» 15	» 10	» 15	» 10	» 20	» 15	» 30
OCTROI DE RUEIL	» 80	» 50	» 60	» 40	» 40	» 30	» 35	» 25	» 20	» 15	» 15	» 10	» 15	» 10	» »	» »	» 15	» 10	» 15	» 10	» 20
RUEIL-VILLE	» 85	» 55	» 65	» 45	» 45	» 35	» 40	» 30	» 25	» 20	» 15	» 10	» 15	» 10	» 15	» 10	» »	» »	» 15	» 10	» 15
LA MALMAISON	» 90	» 60	» 70	» 50	» 50	» 40	» 45	» 35	» 30	» 25	» 25	» 20	» 20	» 15	» 15	» 10	» 15	» 10	» »	» »	» 15
LE PARC	1 »	» 65	» 80	» 55	» 60	» 45	» 55	» 40	» 40	» 30	» 35	» 25	» 25	» 20	» 20	» 15	» 15	» 10	» »	» »	» »
LA JONCHÈRE	1 05	» 70	» 85	» 60	» 65	» 50	» 60	» 45	» 45	» 35	» 40	» 30	» 35	» 20	» 25	» 20	» 20	» 15	» 15	» 10	» 15
LA CHAUSSÉE	1 10	» 75	» 90	» 65	» 70	» 55	» 65	» 50	» 50	» 40	» 45	» 35	» 40	» 30	» 30	» 25	» 25	» 20	» 20	» 15	» 15
BOUGIVAL	1 20	» 80	1 »	» 70	» 80	» 60	» 75	» 55	» 60	» 45	» 55	» 40	» 50	» 35	» 40	» 30	» 35	» 25	» 30	» 20	» 20
LA MACHINE	1 25	» 85	1 05	» 75	» 85	» 65	» 80	» 60	» 65	» 50	» 60	» 45	» 55	» 40	» 45	» 35	» 40	» 30	» 35	» 25	» 25
BAS-PRUNAY	1 30	» 90	1 10	» 80	» 90	» 70	» 85	» 65	» 70	» 55	» 65	» 50	» 60	» 45	» 50	» 40	» 45	» 35	» 40	» 30	» 30
PORT-MARLY	1 40	» 95	1 20	» 85	1 »	» 75	» 95	» 70	» 80	» 60	» 75	» 55	» 70	» 50	» 60	» 45	» 55	» 40	» 50	» 35	» 40
L'ERMITAGE	1 50	1 05	1 30	» 95	1 10	» 85	1 05	» 80	» 90	» 70	» 85	» 65	» 80	» 60	» 70	» 55	» 65	» 50	» 60	» 45	» 50
SAINT-GERMAIN	1 65	1 15	1 45	1 05	1 25	» 95	1 20	» 90	1 05	» 80	1 »	» 75	» 95	» 70	» 85	» 65	» 80	» 60	» 75	» 55	» 65
Lignes secondaires																					
SAINT-FIACRE	1 50	1 05	1 30	» 95	1 10	» 85	1 05	» 80	» 90	» 70	» 85	» 65	» 80	» 60	» 70	» 55	» 65	» 50	» 60	» 45	» 50
MARLY-LE-ROI	1 60	1 10	1 40	1 »	1 20	» 90	1 15	» 85	1 »	» 75	» 95	» 70	» 90	» 65	» 80	» 60	» 75	» 55	» 70	» 50	» 60
RUEIL-GARE	1 »	» 65	» 80	» 55	» 60	» 45	» 55	» 40	» 40	» 30	» 35	» 25	» 30	» 20	» 20	» 15	» 15	» 10	» 20	» 15	» 30

LIGNE DE PARIS A SAINT-GERMAIN (Suite)

TARIF	La Jonchère		La Chaussée		Bougival		La Machine		Bas-Prunay		Port-Marly		L'Ermitage		Saint-Germain		Saint-Fiacre		Marly-le-Roi		Rue Ga
	1re	2e	1re	2e	1re	2e	1re	2e	1re	2e	1re	2e	1re	2e	1re	2e	1re	2e	1re	2e	1re
ÉTOILE	1 05	» 70	1 10	» 75	1 20	» 80	1 25	» 85	1 30	» 90	1 40	» 95	1 50	1 05	1 65	1 15	1 50	1 05	1 60	1 10	1 »
PORTE-MAILLOT	» 85	» 60	» 90	» 65	1 »	» 70	1 05	» 75	1 10	» 80	1 20	» 85	1 30	» 95	1 45	1 05	1 30	» 95	1 40	1 »	» 80
PONT DE NEUILLY	» 65	» 50	» 70	» 55	» 80	» 60	» 85	» 65	» 90	» 70	1 »	» 75	1 10	» 85	1 25	» 95	1 10	» 85	1 20	» 90	» 60
ROND-POINT DE LA DÉFENSE	» 60	» 45	» 65	» 50	» 75	» 55	» 80	» 60	» 85	» 65	» 95	» 70	1 05	» 80	1 20	1 05	» 80	1 15	» 85	» 55	
LES BERGÈRES	» 45	» 35	» 50	» 40	» 60	» 45	» 65	» 50	» 70	» 55	» 80	» 60	» 90	» 70	1 05	» 80	» 90	» 70	1 »	» 75	» 40
VIEUX CHEMIN DE PARIS	» 40	» 30	» 45	» 35	» 55	» 40	» 60	» 45	» 65	» 50	» 75	» 55	» 85	» 65	1 »	» 75	» 85	» 65	» 95	» 70	» 35
NANTERRE	» 35	» 25	» 40	» 30	» 50	» 35	» 55	» 40	» 60	» 45	» 70	» 50	» 80	» 60	» 95	» 70	» 80	» 60	» 90	» 65	» 30
OCTROI DE RUEIL	» 25	» 20	» 30	» 25	» 40	» 30	» 45	» 35	» 50	» 40	» 60	» 45	» 70	» 55	» 85	» 65	» 70	» 55	» 80	» 60	» 20
RUEIL-VILLE, emb.	» 20	» 15	» 25	» 20	» 35	» 25	» 40	» 30	» 45	» 35	» 55	» 40	» 65	» 50	» 80	» 60	» 65	» 50	» 75	» 55	» 15
LA MALMAISON	» 15	» 10	» 20	» 15	» 30	» 20	» 35	» 25	» 40	» 30	» 50	» 35	» 60	» 45	» 75	» 55	» 60	» 45	» 70	» 50	» 20
LE PARC	» 15	» 10	» 15	» 10	» 20	» 15	» 25	» 20	» 30	» 25	» 40	» 30	» 50	» 40	» 65	» 50	» 50	» 40	» 60	» 45	» 30
LA JONCHÈRE	» »	» »	» 15	» 10	» 15	» 10	» 20	» 15	» 25	» 20	» 35	» 25	» 45	» 35	» 60	» 45	» 45	» 35	» 55	» 40	» 35
LA CHAUSSÉE	» 15	» 10	» »	» »	» 15	» 10	» 15	» 10	» 20	» 15	» 30	» 20	» 40	» 30	» 55	» 40	» 40	» 30	» 50	» 35	» 40
BOUGIVAL	» 15	» 10	» 15	» 10	» »	» »	» 15	» 10	» 20	» 15	» 30	» 20	» 35	» 25	» 45	» 35	» 30	» 25	» 35	» 30	» 50
LA MACHINE	» 20	» 15	» 15	» 10	» 15	» 10	» »	» »	» 15	» 10	» 25	» 20	» 30	» 25	» 40	» 30	» 25	» 20	» 35	» 25	» 55
BAS-PRUNAY	» 25	» 20	» 20	» 15	» 15	» 10	» 15	» 10	» »	» »	» 15	» 10	» 20	» 15	» 35	» 25	» 20	» 15	» 30	» 20	» 60
PORT-MARLY	» 35	» 25	» 30	» 20	» 20	» 15	» 15	» 10	» 15	» 10	» »	» »	» 10	» 10	» 20	» 15	» 10	» 10	» 20	» 15	» 70
L'ERMITAGE	» 45	» 35	» 40	» 30	» 30	» 25	» 25	» 20	» 20	» 15	» 15	» 10	» »	» »	» 20	» 15	» 30	» 20	» 35	» 25	» 80
SAINT-GERMAIN	» 60	» 45	» 55	» 40	» 45	» 35	» 40	» 30	» 35	» 25	» 20	» 15	» »	» »	» »	» »	» 40	» 30	» 45	» 35	» 95
Lignes secondaires																					
SAINT-FIACRE	» 45	» 35	» 40	» 25	» 25	» 20	» 20	» 15	» 15	» 10	» 30	» 20	» 40	» 30	» »	» »	» 15	» 10	» 80	» »	
MARLY-LE-ROI	» 50	» 40	» 50	» 35	» 40	» 30	» 35	» 25	» 30	» 20	» 15	» 10	» 35	» 25	» 45	» 35	» 15	» 10	» »	» »	» 90
RUEIL-GARE	» 35	» 25	» 40	» 30	» 50	» 35	» 55	» 40	» 60	» 45	» 70	» 50	» 80	» 60	» 95	» 70	» 80	» 60	» 90	» 65	» »

Des billets aller et retour sont délivrés, à partir de 6 kilomètres, avec réduction de 25 % sur le double du prix du billet simple.

4° *La Compagnie du chemin de fer du Bois de Boulogne*, Société anonyme, constituée au capital de 1.250.000 francs, en vertu des décrets des 24 juillet 1897 et 25 mai 1898, exploite, depuis le 20 janvier 1900, une ligne de 6 k. 500.

Les premiers et derniers départs ont lieu respectivement à 5 heures du matin et à minuit 30 du Val-d'Or ; à 5 h. 30 et à 1 h. 15 du matin de la porte Maillot ; enfin, à 5 h. 15 du matin et à minuit 45 de Longchamp.

Entre la porte Maillot et Longchamp (pont de Suresnes), les intervalles des départs sont de 4 à 5 minutes, l'été et le dimanche, (10 à 15 minutes matin et soir), et de 8 à 10 minutes l'hiver, dimanches exceptés (15 minutes matin et soir) ; entre Longchamp-Pont de Suresnes et le Val-d'Or, ils sont de 30 minutes, de 7 heures du matin à 9 heures du soir, et de 1 heure, entre 9 heures du soir et minuit 30.

Des services spéciaux sont établis pour les courses de Longchamp et les fêtes de Saint-Cloud.

La durée du parcours est de 15 minutes, entre la porte Maillot et Longchamp, et de 10 minutes, entre Longchamp et le Val-d'Or.

La ligne est exploitée au moyen d'automotrices à traction électrique, auxquelles l'énergie est fournie par des contacts superficiels, du système Dolter, dans la partie située entre la rue de Villaumez à Suresnes et la porte de Seine, près du pont de Puteaux, et par des conducteurs aériens, avec archets du type de Fontainebleau, dans les autres parties du parcours.

Le matériel roulant d'exploitation comprend : 11 automobiles, 4 voitures d'attelage fermées, 8 voitures d'attelage d'été, dites baladeuses, et 4 voitures d'attelage mi-ouvertes.

Les voies empruntées sont : l'accotement et le fossé du saut-de-loup (lisière du Bois de Boulogne) ; les boulevards Maillot et Richard-Wallace ; le champ d'entraînement (Bois de Boulogne) ; le pont de Suresnes et le quai de Suresnes ; enfin, le boulevard de Versailles, jusqu'au Val-d'Or, point terminus de la ligne.

Le tarif en vigueur, par section et par classe, résulte du tableau suivant :

DÉSIGNATION	PORTE MAILLOT		PORTE de NEUILLY		PORTE de SEINE		LONGCHAMP		SURESNES-LONGCHAMP et VAL-D'OR	
	1re cl.	2e cl.	1re cl.	2e cl.	1re cl.	2e cl.	1re cl.	2e cl.	1re cl.	2e cl.
Porte Maillot.....	»	»	0 15	0 10	0 20	0 15	0 35	0 25	0 45	0 30
Porte de Neuilly....	0 15	0 10	»	»	0 15	0 10	0 30	0 20	0 30	0 20
Porte de Seine.....	0 20	0 15	0 15	0 10	»	»	0 15	0 10	0 20	0 15
Longchamp-Pont de Suresnes, R. G....	0 35	0 25	0 30	0 20	0 15	0 10	»	»	0 15	0 10
Suresnes-Longchamp-Val-d'Or.......	0 45	0 30	0 30	0 20	0 20	0 15	0 10	0 10	»	»

Des billets aller et retour, valables pour la même journée, sont délivrés, avec une réduction de 25 %, entre Suresnes et un point quelconque *situé dans la direction de Paris,* sur un parcours minimum de 3 kilomètres.

Eaux. — Aux termes d'un traité en date du 11 mars 1889, approuvé par arrêté préfectoral du 10 mai suivant, la ville de Neuilly a concédé à la Compagnie générale des Eaux, pour 30 années, à partir du 1er avril de la même année, le privilège exclusif d'établir, sous le sol des voies publiques communales, des tuyaux de conduite et de distribution.

Voici, en résumé, les principales conditions apportées à cette concession :

L'adduction des eaux nécessaires aux besoins publics et privés doit avoir lieu au moyen de deux canalisations non raccordées entre elles ; l'une, destinée à l'adduction de l'eau de Seine puisée en amont de Paris ou de toute autre eau équivalente acceptée par la ville de Neuilly pour les besoins alimentaires de ses habitants ; et l'autre, destinée à l'adduction de l'eau de Seine puisée en aval de Paris pour l'arrosement des voies publiques et autres mesures de salubrité. Dans le cas où la Ville de Paris cesserait de mettre sa canalisation à la disposition de la Compagnie pour conduire, à Neuilly, l'eau puisée en amont du pont d'Ivry, celle-ci devrait se mettre en mesure d'amener, dans la commune, de l'eau de l'Oise en quantité suffisante pour son alimentation.

La concession ne peut être transmise qu'avec l'autorisation expresse et formelle de la ville.

La consommation moyenne par borne-fontaine est fixée, à forfait, à 6.000 litres par jour. La ville peut disposer, sur les quantités d'eau amenées par la Compagnie, de 1.500 mètres cubes, dont 500 mètres en eau potable, et 1.000 mètres en eau puisée à l'aval de Paris. En raison des travaux de premier établissement et d'entretien qui en résulteraient, la ville s'est engagée seulement à payer à la Compagnie une redevance annuelle de 30.000 francs applicable, tant aux dépenses d'entretien et d'exploitation, qu'à l'amortissement du capital de premier établissement évalué à 300.000 francs.

Les fontaines Wallace sont alimentées gratuitement par la Compagnie en eau de première qualité, suivant un débit déterminé d'un commun accord entre la Compagnie et l'administration municipale.

La Compagnie est tenue de délivrer des abonnements aux habitants qui le demandent, d'après le tarif ci-après :

Pour	125 litres par jour	20 francs par an
—	250 —	30 —
—	500 —	60 —
—	1.000 —	120 —
—	1.500 —	180 —
—	2.000 —	240 —
—	2.500 —	300 —
—	3.000 —	360 —
—	3.500 —	420 —
—	4.000 —	480 —
—	4.500 —	540 —
—	5.000 —	600 —

De 5 mètres cubes à 10 mètres cubes, mais pour les 5 derniers seulement, 100 francs par an et par mètre cube ;

De 10 mètres cubes à 20 mètres cubes (pour les 10 derniers seulement), 80 francs par an et par mètre cube ;

Enfin, au delà de 20 mètres cubes, mais pour les quantités excédentes seulement, la Compagnie traite de gré à gré sans qu'en aucun cas le prix du mètre cube puisse être inférieur à 55 francs par an.

Il n'est pas accordé de concession pour les quantités inférieures à 125 litres ou intermédiaires à celles du tarif.

Le prix des concessions de l'eau de deuxième qualité destinée exclusivement aux lavoirs, bains, blanchisseries et jardins, est réduit de moitié pour les quantités excédant 5 mètres cubes, les 5 premiers mètres devant être payés chacun 100 francs par an.

La ville de Neuilly possédait, le 1er mars 1904, 4 fontaines Wallace, 22 bornes-fontaines et 745 bouches d'eau servant à la fois de bouches de lavage, d'arrosage à la lance et d'incendie.

Il existe, en outre, 83 bouches d'incendie de 100 millimètres de diamètre auxquelles peuvent s'appliquer les pompes à vapeur de Paris.

Éclairage. — Au point de vue de l'éclairage, la ville de Neuilly a passé trois traités distincts, le premier avec la Compagnie parisienne du Gaz ; le second avec MM. Rouland et Chamon (convention valable à partir de 1906), et le troisième avec la Compagnie de l'Ouest-Lumière pour l'éclairage électrique.

1° Actuellement, et jusqu'en 1905, la commune est soumise, au point de vue de l'éclairage au gaz, aux conditions du traité passé avec la Compagnie parisienne du Gaz le 19 décembre 1857. Aux termes de ce traité, le prix de l'éclairage public est fixé à 0 fr. 15 le mètre cube.

Pour l'éclairage particulier, le prix du mètre cube était fixé à 0 fr. 30 avant la convention Rouland-Chamon. D'après cette convention, un dégrèvement de 0 fr. 10 par mètre cube est accordé aux particuliers depuis 1904.

2° Quoique ne participant pas au syndicat intercommunal pour l'éclairage, établi dans le but de contrôler l'exécution de la convention Rouland et Chamon, le Conseil municipal, par délibération du 28 septembre 1903, a adhéré à cette convention, dont les bases ont été arrêtées, le 24 juillet 1903, par la conférence intercommunale de la banlieue de Paris pour le gaz et l'électricité (Seine et Seine-et-Oise). D'après cette convention, approuvée par arrêté préfectoral du 12 octobre 1903, la concession de l'éclairage au gaz est faite pour 30 ans, du 1er janvier 1906 au 31 décembre 1935, à MM. Rouland et Chamon, sous la condition, pour les concessionnaires, à peine de déchéance, de constituer une Société anonyme qui leur sera substituée, avec l'autorisation de la commune et avec laquelle ils resteront solidairement responsables, pendant 10 ans au moins.

La Société concessionnaire, comme redevance pour l'usage du

sous-sol et des canalisations, dont la commune est propriétaire, payera à cette dernière 0 fr. 02 par mètre cube de gaz vendu dans la commune, soit pour les services publics, soit pour le service des particuliers. La redevance à payer par mètre cube de gaz vendu pour les services publics doit être portée à 0 fr. 03 si la consommation *totale* de la commune dépasse 500.000 mètres cubes, et à 0 fr. 04 si elle dépasse un million.

Le prix du gaz fourni aux services est fixé, sauf payement de cette redevance, à 0 fr. 15 le mètre cube pour les consommations constatées au compteur.

Pour les consommations à l'heure, réservées exclusivement à l'éclairage de la voie publique et de ses dépendances, le prix est calculé sur les mêmes bases que ci-dessus, mais en tenant compte de la nature des becs employés. Le minimum de la consommation de chaque lanterne destinée à l'éclairage des voies publiques et de ses dépendances est fixée à 160 mètres cubes par an.

Le prix du mètre cube vendu aux particuliers, tant pour l'éclairage que pour la force motrice, est fixé, sous réserve de la redevance due à la commune, à 0 fr. 16 au maximum.

Enfin, MM. Rouland et Chamon se sont engagés, tant en leur nom personnel qu'au nom de la Société en formation, à assurer aux particuliers un dégrèvement de 0 fr. 10 par mètre cube de gaz consommé à partir du 1er janvier 1904 et ce, jusqu'au 1er janvier 1906, et à supporter les frais de ce dégrèvement.

3° Le traité pour l'éclairage électrique passé le 1er mars 1899 et approuvé par arrêté préfectoral en date du 21 juin suivant (modification approuvée le 10 décembre 1902) est valable pour 28 années, à compter de la notification de la décision approbative survenue le 27 juin 1899. Ce traité emportait primitivement, au profit de la Société Charles Mildé et Cie, dont le siège est rue Desrenaudes, n° 60, à Paris, la concession du droit exclusif de poser et de conserver, sous les voies publiques de la ville, les fils ou câbles destinés à la transmission des courants électriques pour la production de la lumière ou le transport de la force motrice (réserve faite de celle employée à la traction des tramways). Par arrêtés des 26 décembre 1899 et 29 septembre 1900, la commune a été autorisée successivement à substituer au premier concessionnaire, d'abord la Société électrique de Neuilly-sur-Seine, puis la Compagnie de l'Ouest-Parisien (Ouest-Lumière), dont le siège est à Paris, boulevard

Haussmann, n° 73, et qui se trouve, par suite, subrogée à tous ses droits.

Aux termes du traité, la distribution doit être faite en courant continu à 3 fils dans les quartiers du Centre, et à courant alternatif diphasé de 52 périodes dans les quartiers périphériques.

Le concessionnaire reste maître de ses tarifs, revisables d'ailleurs tous les 5 ans, sous condition de ne pas dépasser les maxima suivants :

Pour l'éclairage des particuliers et pour la force motrice employée à la production de l'éclairage électrique, 10 centimes l'hectowatt-heure avec réduction de 10 % ou de 20 % pour une consommation annuelle représentant plus de 20 francs ou de 35 francs par lampe de 10 bougies ;

Pour la force motrice employée aux usages domestiques et aux automobiles privées, 6 centimes l'hectowatt-heure avec réduction de 1 centime pour une consommation mensuelle de 80 francs, de 2 centimes pour une consommation de 300 francs, et de 3 centimes pour une consommation de 900 francs ou plus ;

Enfin, une réduction supplémentaire de 10 % est accordée sur le tarif d'éclairage pour le courant continu à 220 volts, et de 25 % sur celui de la force motrice pour le courant continu ou alternatif employé directement ou indirectement à la charge des automobiles.

En ce qui concerne l'éclairage public, le prix du foyer-heure, pour fourniture du courant et des charbons et frais divers d'entretien ou de main-d'œuvre, est fixé comme suit, réserve faite des amendes encourues par le concessionnaire :

32 cent. 1/2 par foyer-heure de 15 ampères, sous 50 volts ;
27 cent. 1/2 par foyer-heure de 10 ampères, sous 50 volts ;
24 cent. 1/2 par foyer-heure de 6 ampères, sous 50 volts.

Toutefois, ces tarifs, pour être obligatoires, doivent s'appliquer à un groupe d'au moins 16 foyers consécutifs.

Pendant toute la durée de la concession, la Compagnie doit payer à la ville :

1° Le montant des redevances qui pourraient lui être imposées pour occupation du sol des routes nationales et départementales ;

2° Un prélèvement sur les recettes brutes constatées, soit par le montant des polices d'abonnement, soit par le relevé des compteurs, s'élevant à 3 % jusqu'à concurrence de 100.000 francs, à 5 % de 100.000 francs à 200.000 francs, et à 7 % au-dessus de 200.000 francs.

La ville de Neuilly s'est réservé le droit de rachat de la concession, à toute époque, après l'expiration des 10 premières années. Le prix de rachat doit être déterminé de la manière suivante : on calculera la moyenne des produits nets annuels de l'exploitation, pendant les 3 dernières années, et le chiffre obtenu formera le montant d'une annuité qui sera due et payée au concessionnaire jusqu'à la fin de la concession, la ville gardant seulement la faculté de se libérer intégralement, à un moment quelconque, en soldant le capital représentant la valeur actuelle de ces annuités, sous déduction d'un escompte de 5 %.

Le cautionnement versé à la Caisse municipale s'élève à 50.000 francs.

Au 1er mars 1904, il existait, à Neuilly, 1.194 appareils à gaz pour l'éclairage public, dont 680 munis de becs consommant 140 litres à l'heure, et 514 dépensant 110 litres.

Aucune voie publique n'est encore éclairée à l'électricité, le traité passé avec la Compagnie l'Ouest-Lumière ne s'appliquant actuellement qu'à l'éclairage des particuliers.

§ IV. — JUSTICE ET POLICE

Justice de paix. — La ville de Neuilly est, ainsi qu'il a été dit plus haut, le siège de la justice de paix de la circonscription du même nom, qui s'étend, en outre, sur les communes de Clichy, Boulogne et Levallois-Perret.

Les audiences civiles, sur citations, ont lieu pour la circonscription tout entière :

A Neuilly, le vendredi, à 2 heures ;
A la mairie de Levallois, le lundi, à 2 heures ;
A la mairie de Clichy, le lundi, à 9 heures du matin ;
A la salle des fêtes de Boulogne, le mercredi, à 2 heures.

Les audiences de conciliation, sur citations, ont lieu les mêmes jours que les précédentes, à 3 h. 1/2 de l'après-midi pour les communes de Neuilly, Levallois et Boulogne, et à 10 heures du matin pour Clichy.

Les légalisations de signatures ont lieu le matin à 10 heures, les mardi, jeudi, vendredi et samedi de chaque semaine, et les conseils de famille, les mêmes jours que les audiences de compétence ou de conciliation, dans les communes respectives.

Le tribunal de simple police siège, à Neuilly, le premier mardi de chaque mois, à 1 heure.

Le greffe est ouvert tous les jours, de 9 heures du matin à 4 heures du soir.

Officiers ministériels. — Il existe, à Neuilly, un notaire et un huissier, dont les études respectives se trouvent rue du Marché, n° 19, et n° 23, rue de Villiers.

La commune dépend du 6e bureau des hypothèques de la Seine.

Les bureaux de l'enregistrement sont situés à la mairie même de Neuilly.

Commissariat et agents de police. — Le commissariat de police est établi, comme il a été dit plus haut, dans la mairie, avec une entrée distincte rue de l'Hôtel-de-Ville.

Aux termes d'un décret du 16 février 1892, relatif à l'organisation des commissariats de police du département de la Seine, celui de Neuilly ne comprend, dans sa circonscription, que la commune elle-même.

Son effectif est actuellement composé de 1 brigadier, de 3 sous-brigadiers et de 48 agents, dont 10 cyclistes.

La somme mise à la charge de la commune, en 1902, pour sa part contributive dans les dépenses de police, s'est élevée à 48.207 francs. En outre, sur les 52 agents ou brigadiers formant l'effectif total du commissariat, 6 sont payés exclusivement par la commune, qui supporte, de ce fait, une dépense annuelle de 10.020 francs.

Enfin, en 1902, la ville a alloué :

1° Pour le service de nuit, une somme de 12.880 francs, répartie ainsi : 400 francs à 1 brigadier, 960 francs à 3 sous-brigadiers (320 francs chacun) et 11.520 francs à 48 agents (240 francs chacun) ;

2° A titre d'indemnité aux agents cyclistes, pour entretien de leur bicyclette, 700 francs (70 francs chacun) ;

3° A l'occasion de la fête communale, une indemnité totale de 2.045 francs.

Gendarmerie. — Deux brigades à pied sont stationnées à Neuilly ; la première, dite brigade de Sablonville, est casernée rue de l'Ouest, sous les ordres d'un maréchal des logis, et la seconde, rue Soyer, sous les ordres d'un brigadier.

Appariteurs. — La ville de Neuilly rétribue 5 appariteurs, dont 2 à 2.000 francs, 2 à 1.900 francs et 1 à 1.800 francs.

Gardes champêtres et messiers. — La ville de Neuilly ne constituant à aucun titre une agglomération rurale, ne comprend ni gardes champêtres, ni messiers.

§ V. — CULTES

Paroisse. — Neuilly est le siège d'une cure de 1re classe, dont le titulaire reçoit un traitement annuel de 1.500 francs. Ce dernier est assisté de 9 vicaires, rétribués sur le budget fabricien.

Conformément à l'article 3 du décret du 30 décembre 1809, le Conseil de fabrique comprend 9 membres.

Le budget de la fabrique étant supérieur à 30.000 francs, cet établissement, au point de vue financier, relève directement de la juridiction de la Cour des comptes.

L'église Saint-Jean-Baptiste qui, avant l'érection de Saint-Pierre, était une église curiale, n'est plus aujourd'hui, ainsi qu'il a été dit plus haut, qu'une chapelle de secours.

Congrégations. — Voici la liste des congrégations qui, au 1er mars 1904, possédaient des établissements dans la commune :

1° Sainte-Marie de la Présentation (congrégation charitable), n° 23, boulevard d'Inkermann, à l'orphelinat de garçons Lazouet (v. p. 195);

2° Frères de la Doctrine chrétienne (congrégation enseignante autorisée), n° 121, avenue du Roule;

3° Filles de la Charité de Saint-Vincent-de-Paul (établissements à l'asile Mathilde, n° 42, avenue du Roule; à l'orphelinat Quenessen, n°s 86 et 88, boulevard Victor-Hugo; à la crèche et à l'orphelinat situés respectivement n°s 24 et 11, rue des Poissonniers; à l'école située avenue du Roule, n° 19; à l'hôpital Hahnemann, n° 45, rue de Chézy; à la maison de retraite Galignani, n° 53, boulevard Bineau, et à l'asile espagnol San Fernando, n° 69, boulevard Bineau) [1] ;

4° Sœurs de la Charité et de l'Instruction chrétienne, à l'asile Sainte-Anne, n°s 62, 64 et 68, avenue du Roule (maison mère à Nevers) ;

5° Franciscaines gardes-malades des pauvres, n° 3, passage d'Orléans ;

6° Femmes de l'Oratoire, n° 14, boulevard d'Inkermann (congrégation charitable) ;

7° Sœurs missionnaires du Sacré-Cœur de Jésus (congrégation charitable), n° 149, rue Perronet, à l'orphelinat italien ;

8° Sœurs du Saint-Enfant-Jésus, n° 3, boulevard de la Saussaye (congrégation enseignante) [2] ;

9° Dames augustines anglaises (Conception), n° 24, boulevard Victor-Hugo (congrégation enseignante autorisée).

Ont été fermés, par application de la loi du 1er juillet 1901, les établissements d'enseignement des Dominicaines de Nancy et des frères de Sainte-Croix, situés respectivement n° 18, avenue Sainte-Foy, et n° 30, avenue du Roule.

Église évangélique. — Ainsi qu'il a été dit plus haut, au titre du Domaine, il existe deux églises protestantes à Neuilly.

La première, située n° 8, boulevard d'Inkermann, constitue, au point de vue administratif, la 5e section de la paroisse des Batignolles.

La seconde (Christ Church), située n° 33, boulevard Victor-Hugo, à côté de la maison de retraite Galignani, est exclusivement privée et réservée à la célébration du culte anglican.

Synagogue. — La synagogue de Neuilly, située rue Jacques-Dulud, n° 42, constitue, au point de vue administratif, une communauté comprise dans la circonscription consistoriale de Paris.

---

1. L'asile Lecaron, situé n° 23, rue des Poissonniers, tenu par les sœurs de Saint-Vincent-de-Paul, a été fermé par décret du 25 juillet 1902.
2. Cette congrégation, quoique non autorisée, n'a pas été fermée, n'ayant pas été comprise dans la liste soumise à la Chambre des députés.

§ VI. — SERVICES DIVERS

Poste, télégraphe, téléphone. — Le service des postes et télégraphes est assuré, à Neuilly, par deux bureaux situés respectivement avenue de Neuilly, n° 113 *bis*, et rue du Général-Henrion-Bertier, n° 3.

Le premier de ces bureaux, dit bureau central, constitue une recette composée de l'État (3ᵉ classe) et comprend, en outre, un bureau télégraphique et une cabine téléphonique de l'État. Il est ouvert, suivant la saison, de 7 ou 8 heures du matin à 9 h. du soir pour la poste et jusqu'à minuit pour le télégraphe et le téléphone.

Son personnel se compose, indépendamment du receveur, de 3 commis principaux, de 14 commis ordinaires, de 32 facteurs des postes, de 15 facteurs télégraphistes et de 5 employés au téléphone.

Deux recettes auxiliaires lui sont rattachées, l'une située rue de Sablonville, n° 56, et l'autre, boulevard Bineau, n° 106.

Le second bureau, dit bureau Saint-James, constitue, au point de vue postal, une recette simple de l'État de 2ᵉ classe, et, en ce qui concerne le télégraphe et le téléphone, un bureau municipal à service complet. Il est ouvert de 7 ou 8 heures du matin à 9 heures du soir et comprend, comme personnel d'État, indépendamment du receveur, 2 dames, 1 facteur des postes et 3 facteurs télégraphistes.

26 boîtes aux lettres, non compris celles des bureaux, sont placées aux adresses suivantes :

1ᵉʳ *quartier*. — Nᵒˢ 62 et 109, boulevard Bineau ; n° 67, rue de Villiers ; n° 20, rue de Chézy ; boîte aux écoles.

2ᵉ *quartier*. — N° 53, boulevard Bineau ; n° 23, rue de Villiers ; n° 15, boulevard Victor-Hugo ; n° 46, rue Perronet ; n° 52, avenue du Roule ; n° 4, place Parmentier ; nᵒˢ 18 et 44, avenue de Neuilly ; n° 56, rue de Sablonville ; grille des Sablons.

3ᵉ *quartier*. — N° 30, rue du Château ; n° 8, rue du Pont ; nᵒˢ 190, 197, 156 et 147, avenue de Neuilly ; n° 151, avenue du Roule.

4ᵉ *quartier (Circonscription de Neuilly-Saint-James)*. — Nᵒˢ 1 et 84, rue de Longchamp ; n° 23, rue Saint-James ; n° 8, rue Labordère.

Caisse nationale d'épargne postale. — Voici le résumé des opérations effectuées à Neuilly, en 1903, à chacun des 2 bureaux de poste :

1° Au bureau central, 792 livrets nouveaux ont été délivrés, représentant une somme de 195.468 fr. 15 ; 5.068 versements ont été effectués sur livrets pris antérieurement, soit pour une somme de 534.267 fr. 79. Enfin le nombre des remboursements français s'est élevé à 2.400, pour une somme de 634.115 fr. 75 ; 2 remboursements internationaux ont été effectués, en outre, pour 440 francs.

2° Au bureau Saint-James, 201 livrets nouveaux ont délivrés, représentant une somme de 31.244 francs ; 2.283 versements ont été effectués sur livrets pris antérieurement, soit pour une somme de 214.746 fr. 17. Enfin le nombre des remboursements, tous français, s'est élevé à 665, pour une somme de 150.348 fr. 30.

Caisse d'épargne et de prévoyance de Paris. — Une succursale de la Caisse d'épargne de Paris, dont le siège se trouve rue Coq-Héron, n° 9, a été établie à la mairie de Neuilly le 11 mai 1834 et ouverte aux remboursements le 10 mars 1878.

Depuis son ouverture, jusqu'à la fin de 1902, elle a effectué les opérations suivantes :

Nombre de livrets nouveaux.	19.213
Nombre total des versements	145.402
Sommes versées.	16.458.819,65
Nombre des remboursements	8.204
Sommes remboursées.	2.470.460,78

Voici, d'autre part, le résumé de ses opérations pendant l'année 1902 :

Nombre de livrets nouveaux.	94
Nombre total des versements	1.611
Sommes versées.	177.445 »
Nombre des remboursements	289
Sommes remboursées.	83.166,25

Sapeurs-pompiers. — La Compagnie des sapeurs-pompiers de Neuilly, dissoute par décret du 19 janvier 1903, a été réorganisée au mois de mai suivant, conformément aux prescriptions du décret du 29 décembre 1875. Elle comprend 51 hommes, soit l'effectif légal, avec un cadre conforme à l'article 13 du décret précédé.

Les dépenses supportées par la ville de Neuilly, en 1902, pour le service des pompiers, se sont élevées à 8.130 fr. 43, répartis comme suit :

Solde du clairon	1.700 »
Indemnités pour services commandés	846,75
Subvention communale à la caisse des retraites des sapeurs-pompiers	300 »
Secours aux sapeurs-pompiers et achat de matériel	800 »
Secours aux sapeurs-pompiers en cas de maladie, à leurs veuves ou à leurs enfants	1.794,09
Assurances contre les accidents	515,75
Frais de registres, papiers, imprimés	84,02
Habillement et équipement	1.439,38
Entretien du matériel d'incendie	600 »
Entretien de la remise de pompes	50,44
	8.130,43

Les œuvres de mutualité et d'assistance établies en faveur des sapeurs-pompiers de Neuilly et les avantages que leur assure la commune se résument ainsi :

1º En cas de maladie contractée en quelque circonstance que ce soit, chacun d'eux a droit à une indemnité de 2 francs par journée de maladie, aux soins du médecin et aux médicaments.

2º En cas de mort, naturelle ou non, une somme de 160 francs est versée à la famille pour les funérailles.

3º Tout service commandé donne droit à une indemnité calculée à raison de 8 francs par journée de travail et de 4 francs par 1/2 journée ou fraction de 1/2 journée.

4º Les pompiers de Neuilly sont exemptés de la contribution personnelle.

5º En cas d'accident survenu *dans le service*, ils bénéficient de de l'assurance contractée par l'État à la Caisse nationale des retraites pour la vieillesse, conformément au décret du 12 juillet 1899 rendu en exécution de la loi du 13 avril 1898, et de l'assurance collective contractée par la commune à la Compagnie la Providence.

L'indemnité versée par l'État est due en cas d'accident du premier degré mettant l'intéressé dans l'incapacité absolue et

permanente de travailler. Elle est fixée dans les communes dont la population totale ne dépasse pas 2.000 habitants à 360 francs dans celles de 2.001 à 4.000 habitants à . . . 480 —
— de 4.001 à 10.000 — à . . . 600 —
— de 10.001 à 20.000 — à . . . 720 —
— de 20.001 à 40.000 — à . . . 840 —
— de 40.001 à 60.000 — à . . . 960 —
enfin dans les communes dont la population dépasse 60.000 habitants elle est fixée à. . . . . 1.080 —

La population de Neuilly étant comprise entre 20.001 et 40.000 habitants, l'indemnité due par l'État dans les conditions indiquées s'élève donc à 840 francs. En cas de mort, cette indemnité est partiellement réversible sur la veuve et les orphelins. Elle est assurée moyennant le versement d'une prime annuelle o fr. 70 par homme.

Voici, d'autre part, les principales clauses du contrat d'assurance passé par la ville avec la Compagnie la Providence le 14 décembre 1898, avec effet du 15 janvier 1899 au 15 janvier 1909.

Les officiers sont assurés, en cas de mort ou d'infirmité du premier degré, d'une indemnité de 6.000 francs, réduite à 3.000 francs en cas d'infirmité du 2e degré et à 1.500 francs en cas d'infirmité de 3e degré. Enfin, en cas d'incapacité temporaire, une allocation quotidienne de 6 francs leur est attribuée.

Les sommes allouées aux sous-officiers, caporaux et sapeurs, dans les mêmes cas respectifs, s'élèvent à 5.500 francs, 2.750 francs et 1.275 francs pour les infirmités des 3 premiers degrés et à 4 francs par jour pour l'incapacité temporaire de travail.

Ces avantages sont assurés aux sapeurs-pompiers, quel que soit l'effectif de la compagnie s'élevant au moment du contrat à 53 hommes.

Par dérogation aux conditions généralement admises, le capital, alloué en cas de mort, peut, si la veuve est décédée, être payé aux enfants mineurs ou infirmes du sinistré, issus de son mariage avec cette dernière ou d'un mariage précédent.

La prime annuelle versée par la commune est de 467 fr. 30.

6º La caisse de secours et pensions a été constituée par décret du 26 février 1879.

Ses ressources se composent des allocations ou subventions votées par le Conseil municipal, des cotisations des membres honoraires et participants, du produit des amendes imposées aux pompiers, s'il y a lieu, d'une part prélevée sur le produit des services rétribués (concerts, théâtres, etc.), des subventions et dons attribués à la caisse, enfin des rentes sur l'État qui s'élevaient, au 1er mars 1904, à 944 francs.

Aux termes du règlement, elle ne pourra commencer à servir des pensions et secours que lorsqu'elle possédera en rentes sur l'État, ou subventions annuelles permanentes, un revenu fixe de 1.200 francs.

Ont droit à un secours ou à une pension sur cette caisse, conformément à la loi de 1851, les sapeurs-pompiers de tous grades qui, dans leur service, ont reçu des blessures ou contracté une maladie entraînant une incapacité de travail personnelle temporaire ou permanente ; et, en cas de mort occasionnée par le service, leurs veuves ou orphelins.

En outre, des retraites peuvent être accordées à ceux d'entre eux (sous-officiers, caporaux, tambours, clairons et sapeurs) qui ont 25 ans de services effectifs et 60 ans d'âge [1]. La pension est fixée, dans ce cas, à 250 francs pour 25 ans de services et à 300 francs pour 30 ans.

En cas d'admission dans un hospice, la pension est suspendue et peut être remplacée par une subvention hebdomadaire de 0 fr. 50 à la charge de la caisse.

Si, toutefois, au moment de la liquidation de la pension, les retraites, précédemment réglées, absorbaient en totalité ses revenus ou ne laissaient disponible qu'une somme inférieure au montant de cette pension, le titulaire ne pourrait prétendre qu'à la portion disponible jusqu'à ce qu'une extinction ou un accroissement de revenu en permette le payement intégral. Le capital de la caisse s'accroît, tous les ans, d'une subvention communale de 300 francs, d'une subvention départementale de 200 francs et d'une subvention de la Compagnie la Providence de 200 francs, qui doivent lui être allouées jusqu'à ce que son revenu annuel atteigne 1.200 francs.

Enfin, les crédits ouverts au budget communal pour achat de matériel étant suffisants, le produit de l'impôt de 6 francs par million de valeurs assurées, en faveur des sapeurs-pompiers, est versé à la Caisse des retraites. La part de Neuilly dans la répartition de 1902 s'est élevée à 903 francs.

---

1. La condition d'âge n'est pas de rigueur en cas d'infirmité ou autre cause grave empêchant de continuer le service.

Marchés. — Ainsi qu'il a été dit plus haut, au titre du Domaine, il existe 3 marchés à Neuilly.

Le marché de Sablonville, concédé jusqu'au 5 février 1919 aux héritiers Éclancher, a fait l'objet d'un nouveau traité passé avec les concessionnaires le 10 novembre 1903, conformément à une délibération du Conseil municipal en date du 30 octobre précédent.

Le premier traité, passé le 19 mai 1827, fixait la redevance annuelle due à la ville après les 30 premières années de concession au 1/10 du revenu net du marché. Puis, du 1er janvier 1878 au 31 décembre 1903, 5 traités sexennaux passés avec les concessionnaires ont fixé à forfait cette redevance annuelle, le premier à 550 francs, les 2 suivants à 2.000 francs, le 4e à 3.700 francs et le 5e à 4.025 francs[1]. Enfin le dernier traité, valable du 1er janvier 1904 à la fin de la concession, a porté cette redevance à 12.025 francs.

Ce chiffre se décompose lui-même comme suit :

1° Redevance tenant lieu du 1/10 du produit net du marché.	2.225 francs
2° Redevance supplémentaire basée sur l'augmentation du produit du marché résultant de l'application des taxes énumérées ci-après.	8.000 —
3° Redevance pour le chalet de nécessité édifié aux abords du marché.	250 —
4° Redevance pour entretien et nettoiement de la place.	1.550 —
Total égal.	12.025 francs

En compensation, le tarif total des droits de place par mètre de façade linéaire qui n'était, jusqu'en 1903, que de 0 fr. 25 les jours de semaine et de 0 fr. 35 le dimanche, est fixé actuellement à 0 fr. 55.

Ce chiffre se décompose lui-même de la manière suivante :

Par mètre linéaire de façade occupé sur 2 mètres de profondeur	0 fr. 20
Par mètre linéaire de façade de tente-abri. . .	0 fr. 20
Par mètre linéaire d'auvent avec lambrequin .	0 fr. 05
Par mètre linéaire de table.	0 fr. 10
Total.	0 fr. 55

[1] Ce dernier n'est resté en vigueur que pendant les années 1902 et 1903.

L'entreprise des marchés de l'avenue de Neuilly et de l'avenue du Roule a été adjugée le 1er mai 1901 à M. Poisson, du 1er juillet 1901 au 30 juin 1911.

Moyennant une redevance annuelle de 58.246 francs, l'entrepreneur est autorisé à percevoir les droits de place et de location de matériel sur ces deux marchés, ainsi que les droits de stationnement sur la voie publique des voitures d'approvisionnement des 3 marchés communaux, marché de Sablonville compris.

Les droits de place sont réglés comme suit :

Par mètre linéaire de façade de terrain occupé
   sur 2 mètres de profondeur . . . . 0 fr. 20
Par mètre linéaire de tente-abri. . . . . 0 fr. 20
Par mètre linéaire de table. . . . . 0 fr. 10
Par mètre linéaire de toile de fond . . . . . 0 fr. 05

Enfin les droits de stationnement sont fixés à 0 fr. 20 par voitures attelée et à 0 fr. 10 par voiture à bras.

Le marché de Sablonville est ouvert le mardi, le vendredi et le dimanche ; celui de l'avenue de Neuilly, le lundi et le samedi, et celui de l'avenue du Roule, le mercredi.

L'origine de chaque réunion remonte, d'autre part, pour le marché de Sablonville, au 6 février 1839, pour celui de l'avenue de Neuilly au 9 mars 1852 et pour celui de l'avenue du Roule au 24 mai 1872.

Les statistiques des marchandises introduites sur ces marchés, pendant l'année 1902, résultent du tableau suivant :

DÉSIGNATION DES MARCHÉS	Poissons	Volailles et Gibiers	Viandes	Beurre Œufs Fromages	Fruits et Légumes	Objets divers
	kilogr.	kilogr.	kilogr.	kilogr.	kilogr.	kilogr.
Marché de Sablonville . . . . . . (170 marchands)	60.000	96.000	175.000	125.000	750.000	7.000
Marché de l'avenue du Roule. . . . . (360 marchands)	30.000	40.000	120.000	78.000	450.000	5.000
Marché de l'avenue de Neuilly . . . . (280 marchands)	40.000	38.000	150.000	70.000	350.000	6.000

Pompes funèbres. — La fabrique de Neuilly a concédé à l'entreprise générale des Pompes funèbres, boulevard Richard-Lenoir, n° 66, le privilège qu'elle tient des décrets du 23 prairial an XIII, et du 18 mai 1806, aux termes d'un traité en date du 3 juillet 1877, conclu pour 18 ans à compter du 1er août 1877.

Quoique ce traité soit périmé depuis 1895, il n'a pas été renouvelé officiellement.

Les dispositions admises, d'un commun accord, par la fabrique et l'entreprise, résultent actuellement d'un simple échange de lettres et n'ont, par suite, qu'un caractère officieux.

Voici, toutefois, à titre d'indication, les principales clauses de cet accord :

Le service des indigents est toujours assuré gratuitement, et la fabrique continue, comme par le passé, à faire opérer par le régleur le recouvrement du montant des commandes. Ce dernier, dont le bureau est établi à l'hôtel de ville, est nommé de concert par la fabrique et par l'entreprise. Il fait, tous les mois, un compte des sommes encaissées et, après déduction de 3 % à son profit (au lieu de 5 % d'après le traité), il répartit l'excédent entre les deux établissements de la manière suivante : 55 % sont attribués à la fabrique sur les fournitures en location des 3 premières classes (catafalque, portail, tenture intérieure, maison mortuaire), cette dernière se chargeant des fournitures des autres classes ; 50 % sur les corbillards et accessoires aux voitures de deuil ; 15 % sur les voitures de deuil drapées et les armoiries, et 30 % sur les cercueils [1].

Le personnel affecté aux inhumations (porteurs, fossoyeurs, etc.), qui, auparavant, dépendait du conservateur du cimetière [2], est compris, depuis 1885, dans le personnel communal et rétribué à l'aide du produit de la taxe municipale dont le tarif, déterminé tout d'abord par délibération du 20 mars 1885, a dû être doublé récemment pour les 5 premières classes, afin d'assurer à la ville la récupération exacte de ses dépenses (délibération du Conseil

---

1. D'après le traité, la part de la fabrique était de 52,50 % pour les fournitures en location, 22,50 % pour les voitures de deuil, et 17,50 % pour les fournitures réelles.

2. Ce dernier, qui était en même temps marbrier, prenait à sa charge le traitement des porteurs et des fossoyeurs et assurait ainsi, en même temps que la direction effective du service des inhumations, une sorte de monopole pour son commerce.

municipal, en date du 10 janvier 1902, et avis favorable du Conseil de fabrique, en date du 6 avril suivant).

Par suite de cette modification, le tarif actuellement en vigueur est fixé comme suit :

1° Pour les convois d'adultes :

1re classe.	150 francs
2e —	100 —
3e —	80 —
4e —	60 —
5e —	40 —
6e —	15 —
7e —	10 —
8e —	5 —

2° Pour les convois d'enfants :

1re classe.	50 francs
2e —	30 —
3e —	20 —
4e —	10 —
5e —	7 —

Enfin, le tarif des convois, réserve faite de la taxe susindiquée, est, dans sa partie obligatoire, réglée par classe de la manière suivante :

	1re cl.	2e cl.	3e cl.	4e cl.	5e cl.	6e cl.	7e cl.
Luminaire, ornements d'autel et grand orgue.	495 »	282 »	206 »	101 »	71 »	28 »	9 »
Corbillard { 2 chevaux (écussons compris) { 4 chevaux	406 » 552 »	304 »	226 »	163 »	97 »	38 »	17 »
Tentures à la maison (écussons compris)	351 »	200 »	151 »	109 »	67 »	28 »	»
Tentures du portail (écussons compris)	188 »	138 »	122 »	66 »	37 »	»	»
Catafalque.	820 »	400 »	286 »	104 »	72 »	»	»
Tentures intérieures de l'église.	1.103 »	660,50	204,50	72 »	»	»	»
Luminaire et ornements d'autel.	75 »	29,50	7 »	3 »	1,50	»	»
Cortège	80 »	32 »	14 »	5 »	1 »	»	»
Maison mortuaire	70 »	56 »	»	»	»	»	»

Bureaux de tabac. — Il existe, à Neuilly, 5 bureaux de tabac, situés respectivement aux adresses suivantes : au Val de Beauté ; n° 6, Grande-Rue ; place du Marché-Central ; Grande-Rue, n°ˢ 86 et 166.

Archives. — Les archives communales contiennent les registres paroissiaux (baptêmes, mariages, sépultures) depuis 1630 au complet, 2 registres de comptes de la fabrique de Villiers au XVIIIe siècle et la série complète des délibérations du Conseil municipal depuis 1789. Il existe, en outre, une salle entière remplie de liasses de documents administratifs non classés.

§ VII. — PERSONNEL COMMUNAL

NOMBRE	EMPLOI	TRAITEMENT
	Mairie	
1	Secrétaire, chef des bureaux	7.000
1	Sous-chef des bureaux	5.100
1	Chef de l'état civil	5.100
1	Commis principal	4.000
1	—	3.800
1	—	3.400
2	Commis principaux à	3.000
2	— à	2.700
1	Commis principal	1.800
1	—	1.500
2	Garçons de bureau à	1.600
1	Garçon	1.500
1	Concierge	1.600
1	Homme de service, chauffeur	1.800
	Appariteurs	
2	Appariteurs à	2.000
2	— à	1.900
1	Appariteur	1.800
	Bibliothèque communale	
1	Bibliothécaire	1.000
1	Sous-bibliothécaire	500
1	Aide	400
1	*Receveur municipal*	9.382
	Octroi	
1	Préposé en chef	4.100
1	Brigadier	2.600
1	Sous-brigadier	2.200
1	Receveur central	2.400
1	Receveur	2.400
3	Receveurs à	2.200
1	Receveur	1.900
2	Surveillants à	1.800
1	Surveillant	1.700
2	Surveillants à	1.600
7	— à	1.500
1	Commis auxiliaire	900
2	Commis auxiliaires à	720
	Bureaux de la voirie	
1	Architecte voyer	6.500
1	Piqueur voyer	3.300
1	Dessinateur	3.300
1	—	3.000
1	—	2.700
1	Commis auxiliaire	1.000

NOMBRE	EMPLOI	TRAITEMENT
	Service de la voirie	
1	Garde-magasin..	1.900
1	Inspecteur des bouches d'eau	1.800
	Personnel ouvrier	
1	Chef cantonnier de 1re classe............................	2.600
1	— 2e classe	2.200
2	Cantonniers élagueurs de 1re classe au salaire mensuel de.	155
4	— ouvriers — — .	155
33	— de 1re classe au salaire mensuel de.........	150
7	— de 2e — —	145
6	— de 3e — —	140
11	— auxiliaires — —	130
3	Cantonniers-balayeurs — —	120
1	Balayeur au salaire mensuel de...........................	70 [1]
33	Balayeuses — —	54 [1]
10	Chiffonniers (ordures ménagères) au salaire mensuel de..	42 [1]
	Chemins vicinaux	
1	Cantonnier titulaire au salaire mensuel de...............	150
2	Cantonniers provisoires au salaire journalier de.........	5
	Sapeurs-pompiers	
1	Clairon..	1.700
	Orphelinat municipal	
1	Directrice..	1.800
1	Aide...	1.000
1	Fille de service au salaire mensuel de.....................	45
	Instruction primaire	
5	Maîtresses suppléantes communales à.....................	1.200
7	Concierges d'école à	1.500
2	Femmes de service (école maternelle) au salaire mensuel de	75
	Cimetières	
1	Conservateur du cimetière ancien........................	2.500
1	— — nouveau......................	2.000
1	Surveillant..	1.500
1	Fossoyeur...	1.700
1	—	1.600
1	—	1.550
	Pompes funèbres	
1	Ordonnateur...	2.100
1	Porteur..	1.700
5	Porteurs à..	1.500

1. Employés la demi-journée du matin seulement.

Pensions et retraites. — Il existe, en faveur du personnel communal, 3 caisses de retraites distinctes :

1° Les retraites des employés de la mairie sont servies par la Caisse des secrétaires et employés de mairie du département de la Seine, créée par le décret du 24 juin 1865.

Chaque commune adhérente doit verser à cette Caisse, pendant 10 ans, une cotisation proportionnelle à son importance.

Le droit à la retraite est acquis au bout de 10 ans en cas d'incapacité de travail, par suite d'infirmités ou d'accidents.

Après 30 ans de service, l'employé retraité a droit à la moitié du traitement moyen des 3 dernières années, augmentée de 1/40 pour chaque année en sus.

Après 10 ans de service, il a droit à 1/6 du traitement, augmenté, pour chaque année en plus, de 1/60 de ce traitement.

La pension est réversible sur les veuves et sur les orphelins.

2° La deuxième caisse a été constituée par le décret du 24 janvier 1897, en faveur des employés de bureau de la voirie, des chefs cantonniers, du garde-magasin, des cantonniers titulaires, auxiliaires et balayeurs occupés à la journée, des appariteurs inspecteurs de la salubrité ; enfin, des divers employés et ouvriers occupés à la journée entière et nommés par arrêté du maire (personnel des pompes funèbres et des cimetières, concierges des écoles, etc.).

Le fonds de retraite est constitué par la retenue de 5 %, opérée sur le traitement ou le salaire de chaque employé, augmentée d'un versement égal fait par la ville. Ces deux sommes sont placées à la Caisse nationale des retraites, la première à capital aliéné ou réservé [1], au nom de l'intéressé s'il est célibataire, et, s'il est marié, moitié à son nom, moitié à celui de sa femme ; la seconde à capital aliéné et au profit exclusif de l'employé.

L'entrée en jouissance de la retraite est fixée à 60 ans d'âge. Si le titulaire reste en fonctions au delà, les retenues sur son traitement cessent au delà de 65 ans. En cas d'infirmités graves, la pension peut être liquidée avant 60 ans.

Le livret individuel est la propriété du titulaire et lui reste acquis, même s'il venait à quitter l'administration municipale pour quelque cause que ce soit.

---

1. Dans ce dernier cas, le capital placé revient à la famille en cas de décès du titulaire. Le placement à capital réservé n'est effectué que sur la demande expresse de l'intéressé.

Les balayeurs et balayeuses, employés à la demi-journée, ne subissent aucune retenue sur leur salaire. Ils reçoivent seulement, au moment de leur licenciement pour cause de vieillesse, si, à cette époque, ils ont au moins 5 ans de service, une allocation annuelle et viagère égale au cinquantième de leur salaire annuel moyen, multiplié par le nombre de leurs années de service.

3º La Caisse de retraites des employés de l'octroi est constituée sur des bases analogues, avec cette réserve toutefois que, à la retenue mensuelle de 5 % sur le traitement, il faut ajouter une retenue équivalente sur les gratifications de toute espèce dont bénéficient les intéressés, ainsi que la retenue complète du premier mois de traitement. Cette caisse a été constituée par décret du 24 janvier 1897 (modifications apportées par délibération du 11 avril 1900).

III.— INDUSTRIE ET COMMERCE

Considérations générales sur l'industrie et sur le commerce. — La ville de Neuilly occupe, au point de vue de l'industrie et du commerce, une situation un peu spéciale dans le département de la Seine. La proximité de la capitale, l'importance de sa population et l'activité qui en résulte dans les échanges, semblaient, tout naturellement, la désigner à l'attention des usiniers.

D'autre part, la beauté de ses avenues et le prix élevé des terrains devaient y contenir, dans des limites étroites, le développement des grandes fabriques. Cette double tendance eut ainsi pour effet de favoriser la création de maisons exigeant peu de surface et susceptibles de donner satisfaction aux besoins d'une population opulente, sans risquer de compromettre l'harmonie des perspectives ou de troubler la pureté de l'atmosphère.

C'est ainsi que, réserve faite de quelques maisons d'importance secondaire, la plupart des établissements de Neuilly peuvent être groupés sous quatre ou cinq rubriques particulières : *tapisserie et passementerie, parfumerie, carrosserie, électricité et comestibles.* Or, les trois premières catégories se rapportent évidemment à l'industrie de luxe. L'industrie électrique, sous ses diverses formes, est encore destinée à subvenir aux besoins d'une population particulièrement aisée, qu'il s'agisse de l'éclairage proprement dit ou de la fabrication d'accumulateurs en vue de la carrosserie. Enfin, les maisons de comestibles (fabriques de chocolat ou de confitures, etc.), s'expliquent aussi naturellement par la présence d'une grosse agglomération bourgeoise.

Il convient toutefois de signaler, à titre d'exception, un établissement spécialisé dans l'exploitation des carrières pour le bâtiment et la marbrerie, qui ne peut rentrer dans aucune des catégories précédentes, puisqu'il occupe jusqu'à 25.000 mètres superficiels et dispose d'une force de 100 chevaux. Encore cette exception est-elle relative, cet établissement, situé dans l'île de la Grande-Jatte, n'étant pas compris dans l'agglomération neuilloise proprement dite.

Le commerce principal, qui est celui des chevaux et des automobiles, s'explique, comme l'industrie locale, par la nature de la population et la proximité du quartier de l'Étoile.

Voici maintenant, pour chaque catégorie, quelques renseignements sur les établissements les plus importants :

Tapisserie et passementerie.— La tapisserie et la passementerie constituent, à la fois, la plus originale et la plus ancienne des industries locales.

Neuilly fut réputé, en effet, pendant plus d'un siècle, pour la fabrication de ses laines et de ses soies tricotées. La manufacture d'Aubusson paraît y avoir fondé, au XVIIe siècle, une école filiale, et l'on sait que, de 1650 à 1720, notamment, le château de Madrid et, plus tard, le pavillon d'Armenonville furent eux-mêmes d'actives manufactures de tapisseries [1].

Après avoir ainsi prospéré jusqu'au début du XVIIIe siècle, cette industrie disparut pour renaître, vers 1865, ainsi qu'en font foi la maison de la rue Perronet et l'ancienne tapisserie mécanique établie, au moment de l'exposition de 1867, à l'emplacement de la fabrique de passementeries de l'avenue Sainte-Foy.

Actuellement, elle est représentée principalement par 6 rentrayeurs, dont 4 au moins ont une notable importance. Le *rentrayage* consiste, on le sait, à restaurer de vieilles tapisseries partiellement usées, en tenant compte de tous les motifs conservés pour l'interprétation et la reconstitution, avec leur dessin et leurs nuances relatives, de tous les motifs disparus.

La plus ancienne maison, située rue Perronet, a été fondée, en 1867, sur un terrain de 700 mètres superficiels. Elle occupe de 35 à 100 ouvriers et ouvrières, et fait venir au besoin des artistes de la manufacture d'Aubusson pour la réparation des tapisseries anciennes de grande valeur.

Une deuxième maison, fondée, rue Soyer, en 1876, emploie de 25 à 35 ouvrières, ouvriers et apprentis. Elle s'occupe également du nettoyage des vieilles tapisseries tachées et de la confection des nouvelles, soit d'après des modèles anciens, soit d'après des

---

1. Voir le *Moniteur illustré* des Expositions internationales.

dessins originaux. Une troisième, fondée, en 1879, rue Borghèse, sur un terrain de 1.800 mètres carrés, occupe 35 ouvrières. La quatrième, enfin, établie, en 1902, sur un terrain de 400 mètres superficiels situé rue Perronet, occupe environ 50 ouvrières à la réparation des tapisseries anciennes et des tapis d'Orient. Les autres sont situées respectivement rue Pierret et rue de l'Ouest. Cette dernière, notamment, occupe une vingtaine d'ouvriers.

Indépendamment des rentrayeurs qui viennent d'être mentionnés, il existe, à Neuilly, deux fabriques de passementeries.

La première, fondée en 1843, a été transférée avenue Sainte-Foy, en 1897, sur un terrain de 1.200 mètres superficiels [1]. Elle dispose d'une force motrice de 20 chevaux actionnant des métiers à haute et basse lisse et des métiers Jacquard, et s'occupe exclusivement de la fabrication mécanique des passementeries et broderies diverses utilisées dans l'ameublement. Elle tire ses matières premières de Roubaix, Tourcoing et Manchester pour la laine, de Lyon et du Japon pour la soie. Le nombre de ses ouvriers, essentiellement variable suivant les besoins, peut aller de 20 à 100.

La seconde a été fondée, en 1860, rue de l'Ouest, sur un terrain de 2.000 mètres superficiels. Elle dispose d'une force motrice de 25 chevaux et de 40 métiers Jacquard pouvant tisser chacun de 6 à 12 pièces, et occupe, suivant besoin, jusqu'à 80 ouvriers et ouvrières. Sa fabrication consiste exclusivement en une spécialité de galons et de passementeries pour voitures et compagnies de chemins de fer, dont elle produit annuellement de 500.000 à 600.000 mètres. Elle fait venir ses cotons et ses laines de Roubaix et ses soies de Lyon où elle possède une maison de vente, ainsi qu'à Paris, à Madrid et à Bruxelles.

Parfumerie et produits pharmaceutiques. — Quoique la parfumerie soit en somme assez distincte de la production des substances pharmaceutiques, il arrive parfois, et c'est le cas, précisément, pour la maison la plus importante de Neuilly, que les deux fabrications soient réunies. Il convient donc, ici, pour la commodité de l'exposition, de confondre, sous une même rubrique, l'étude de ces deux industries.

1° La fabrique de produits pharmaceutiques et de parfumerie de

---

[1]. L'emplacement de cet établissement aurait été occupé, dit-on, par le poste de cavalerie qui, sous le règne de Louis-Philippe, communiquait avec le château au moyen d'un souterrain, puis par l'ancienne manufacture de tapis de Neuilly.

la rue des Huissiers (ancien établissement Rigaud) a été fondée, en 1859, sur un terrain de 7.000 mètres superficiels, et dispose de 400 chevaux-vapeur.

Parmi les produits pharmaceutiques dont elle s'est fait une spécialité, il convient de signaler, entre autres, le phosphate de fer de Leras, les différents produits de Grimault et Cie (sirop de raifort iodé, quinquina, cigarettes médicinales, pepsines, hypophosphites, matico, inga, paullinia, santal, etc.), ceux de Dusart (vin, sirop, etc.), la lécithine et le zômol (plasma musculaire desséché à basse température), les produits du docteur Chapoteaut (pepsines, morrhuol, globules sanguins, peptonates, apioline, phosphoglycérate de chaux), les sels de strontium exempts de baryte, les produits dits acypridiques du docteur Chapelle (biodure d'hydrargyre), les préparations de kola du docteur Heckel, celles de Midy (capsules de copahu, huile de foie de morue créosotée, etc.) et différentes substances, particulières à la maison, connues sous le nom de préparations Vial (sirop phéniqué, pâte pectorale phéniquée, capsules à l'huile de genévrier ou d'éther valérianique, farine maltée, autodigestive, hydrargine et dentine).

Les principaux produits de parfumerie de la maison consistent en eaux de Cologne, lotions et eaux de toilette, poudre de riz et savons divers. Parmi ces derniers, il convient de faire une place spéciale aux savons médicamenteux de Grimault et Cie qui remplissent un but à la fois thérapeutique et hygiénique.

Les autres établissements sont spécialisés, soit dans la fabrication des divers produits pharmaceutiques, soit dans celle de la parfumerie.

2° L'usine de la rue de Chartres s'occupe exclusivement de la préparation et du traitement des feuilles de coca en vue de la fabrication du vin, de l'élixir, du thé ou de la pâte Mariani.

Elle a été fondée, en 1870, sur un terrain de 3.000 mètres superficiels, emploie 18 ouvriers, et dispose de 2 moteurs développant chacun 5 chevaux-vapeur, de 3 cuves en cuivre, l'une de 3.000 litres contenant le vin, les 2 autres de 2.000 litres chacune contenant, la première, l'élixir, et la seconde, le mélange ; enfin, de 25 appareils à macération et de 32 cuves en bois contenant chacune 1.500 litres de vin prêt à mettre en bouteilles. L'établissement possède, en outre, 2 serres, l'une, de 35 mètres carrés, l'autre, de 20 mètres carrés, pour la culture des plants de coca servant à l'exposition. Les matières premières qui entrent dans la composition du vin Mariani sont, avec les feuilles de coca, l'alcool, le sucre et le vin de Bordeaux. Annuellement, l'établissement de Neuilly importe directement du Pérou de 12.000 à 15.000 kilos de feuilles de coca. La fabrication, d'autre part, s'élève, pendant le même temps, à 800.000 ou 900.000 bouteilles écoulées, pour 9/10 en France, et pour 1/10 seulement à l'étranger.

3° La fabrique de produits oxygénés établie rue Pierret, depuis 1897, a été fondée, à Montreuil-sous-Bois, en 1879. Elle dispose d'une machine à air chaud, système Besnier, de 9 chevaux, et occupe de 8 à 10 ouvriers. Sa spécialité consiste dans la fabrication de l'eau oxygénée à l'aide du bioxyde de baryum et de l'acide chlorhydrique. Cette fabrication comporte des applications thérapeutiques et médicinales et des applications industrielles. Au point de vue thérapeutique, en raison de ses propriétés antiseptiques, hémostatiques, bactéricides, antifermentescibles et atoxiques, l'eau oxygénée est employée dans le traitement de la fièvre aphteuse, du saignement de nez, des maux de gorge, de la coqueluche, de l'influenza et du diabète, et peut être utilisée, en outre, pour la purification de l'eau potable, le nettoyage de la bouche et des dents et le lavage des plaies. Au point de vue industriel, elle sert principalement à la décoloration et au blanchiment des tissus en laine et en soie, des cheveux et des pailles, des os, de la nacre, du corail, des vins, etc.

4° Signalons encore deux établissements moins importants : l'un, fondé en 1896, rue du Midi, produit une substance appelée hémazone, destinée à faciliter la reconstitution des globules ; l'autre, fondé en 1895, rue Delaizement, sous le nom de Société des Sels de Paris, est spécialisé dans la fabrication de l'ozone, de l'eau oxygénée et de différents sels antiseptiques.

5° La parfumerie proprement dite est représentée, à Neuilly, par quatre établissements de notable importance [1].

La parfumerie, dite du « Monde élégant », fondée en 1853, occupe, avenue du Roule, une superficie de 2.500 mètres carrés, et dispose d'une force de 50 chevaux. Sa fabrication, comprenant tous les articles de parfumerie, s'écoule dans les divers pays du monde.

Une autre maison, fondée en 1775, dans la même avenue, dispose d'une force motrice de 35 chevaux, et emploie de 40 à

---

[1]. Non compris celui de la rue des Huissiers, étudié plus haut.

45 ouvriers à la fabrication des divers parfums et savons de toilette, dont l'écoulement se fait, tant en France qu'à l'étranger, principalement dans l'Amérique du Sud (République Argentine). Elle a pour enseigne : « A la Corbeille de fleurs ».

Le troisième établissement, fondé à La Chapelle-Saint-Denis et transféré à Neuilly, en 1867, sur un terrain de 2.500 mètres carrés, occupe de 20 à 25 ouvrières suivant besoin, et produit un vinaigre de toilette connu dans le commerce sous le nom de vinaigre de Bully, de l'eau dentifrice et de l'eau de Cologne.

Enfin, la quatrième maison, fondée, à Paris, en 1860, a été transférée, en 1896, rue de Longchamp, à Neuilly, sur un terrain de 2.000 mètres superficiels environ. Elle occupe de 18 à 20 ouvriers ou ouvrières, et fabrique, comme les deux premières, tous les articles de parfumerie.

Sa façade, sur la rue de Longchamp, est ornée d'un buste de Théophile Gautier et d'une plaque commémorative portant l'inscription suivante : « Le poète Théophile Gautier, né à Tarbes, le 31 août 1811, est mort dans cette maison le 23 octobre 1872. » Elle a pour enseigne : « A la Guirlande fleurie ».

Électricité. — L'industrie électrique comprend, à Neuilly, trois établissements dont deux sont relatifs à la fabrication des accumulateurs.

1° La Compagnie d'électricité de l'Ouest-Parisien (Ouest-Lumière), dont le siège social se trouve à Puteaux, quai National, possède, à Neuilly, rue Devès, sur un terrain de 680 mètres carrés, une sous-station, ouverte le 25 juin 1900, dont le but est la transformation en courant continu à basse tension du courant alternatif à haute tension venant de l'usine de Puteaux. Cette sous-station comprend actuellement 3 commutatrices de 130 chevaux chacune, un groupe moteur générateur de 100 chevaux et une batterie d'accumulateurs.

Ainsi qu'il a été dit plus haut, la Compagnie d'électricité de l'Ouest-Parisien est concessionnaire de la fourniture du courant électrique destiné, tant à l'éclairage public et particulier, qu'à la force motrice, dans la commune. La distribution est faite, partie en courant alternatif venant directement de l'usine centrale de Puteaux, partie en courant continu venant de la sous-station de Neuilly.

2° La Société des accumulateurs *Invicta*, fondée, le 24 janvier 1901, rue Devès, sur un terrain de 1.100 mètres superficiels, emploie 11 ouvriers et apprentis, et fabrique spécialement des accumulateurs brevetés d'après un système spécial de trempage destiné à empêcher toute chute d'oxyde. Ces accumulateurs se recommandent, en outre, par ce fait, qu'ayant un plus grand nombre de plaques, ils présentent une plus grande capacité.

3º La Société Nouvelle des accumulateurs occupe, rue Pierret, un terrain de 1.350 mètres carrés, et emploie de 14 à 20 ouvriers. Elle dispose, en outre, d'une force motrice de 80 chevaux et d'un moteur à gaz de 15 chevaux. Sa spécialité consiste, comme pour la précédente, dans la fabrication d'accumulateurs brevetés pour automobiles, motocyclettes et tricycles. Ces accumulateurs ont pour but d'obtenir une réduction de poids, une solidité plus grande du montage, l'étanchéité absolue des bacs et la conservation de la charge pendant les périodes de repos. Les plaques sont formées de 2 grillages fondus séparément et accolés ensuite à la presse hydraulique au moment où ils reçoivent la matière active, de telle sorte que celle-ci, étant comprimée entre les barreaux, ne peut s'en détacher, quelle que soit la trépidation.

Les bacs des éléments d'allumage sont en celluloïd transparent de manière à produire le maximum d'étanchéité.

Carrosserie. — La carrosserie, quoique moins développée qu'à Levallois-Perret, est représentée par une dizaine d'établissements, dont 4 au moins assez importants.

1º La carrosserie automobile de la rue de Sablonville a été installée, le 1er janvier 1899, à l'emplacement actuel où elle occupe un terrain de 3.000 mètres carrés. Un moteur à gaz de 30 chevaux actionne toutes les machines, au nombre d'une vingtaine. En cas d'arrêt, il serait suppléé par deux autres moteurs de 7 chevaux et 10 chevaux. La fabrication des caisses s'effectue, soit d'après un modèle, pour les fournitures par séries, soit suivant les plans des châssis, soit sur les châssis mêmes. Dans leur construction, les bois les plus employés sont : le hêtre, le grisard, le frêne et le noyer. La maison écoule ses produits pour 9/10 en France et pour 1/10 à l'étranger (Angleterre et Indes particulièrement). Elle emploie une centaine d'ouvriers.

2º La fabrique de pièces détachées et accessoires pour cycles et automobiles, fondée, rue Garnier, le 1er novembre 1902, occupe une superficie de 1.000 mètres carrés environ, et dispose de deux moteurs à gaz développant ensemble 50 chevaux. Elle emploie jusqu'à 80 ouvriers à la production de pièces et accessoires d'automobiles, et à la fabrication de bicyclettes et motocyclettes. Ses matières premières, consistant en tubes d'acier, pièces tournées, etc., proviennent de Firminy, de Suresnes et des Ardennes. Sa production, s'élevant annuellement à 6.000 bicyclettes et à 100 motocyclettes, s'écoule pour 5/6 en France et pour 1/6 à l'étranger. La maison exploite les marques Alcyon, Davy et Bécon.

3° Un troisième établissement, fondé en 1888, a été transféré, avenue du Roule, en 1897, sur un emplacement de 1.200 mètres superficiels. Cet établissement, qui occupe de 12 à 20 ouvriers suivant ses besoins, possède deux usines succursales à Paris et à Saint-Quentin, chargées de fabriquer les pièces et mécanismes dont l'assemblage est réservé aux ateliers de Neuilly. Les 3/4 de ses affaires proviennent de l'exportation. Il est spécialisé dans la fabrication de groupes brevetés dits Henriod, destinés à rendre possible, dans toutes les parties du monde, le montage des voitures automobiles, dont l'ensemble est représenté par la totalité des groupes.

Ces derniers sont caractérisés par ce fait qu'ils sont complets dans leur fonctionnement respectif, et peuvent être fixés au châssis dans des positions variables. Ils comprennent sept pièces distinctes : l'essieu transformateur de vitesse, le moteur, l'essieu avant directeur avec ses deux leviers et sa bielle, la direction complète avec pédales de frein et de débrayage, le double secteur avec deux leviers à main et le support d'attache, le volant d'embrayage muni de cardans, et le châssis nu comprenant le cadre et les ressorts.

4° La Société anonyme des anciens établissements Boyer a transféré, en 1903, sa fabrique, à Neuilly, rue du Château, où elle occupe un terrain de 1.350 mètres superficiels. Elle dispose d'une force motrice de 10 chevaux, et occupe de 20 à 25 ouvriers suivant les besoins. Elle s'occupe principalement du montage des pièces de carrosserie achetées chez divers fabricants.

5° L'entreprise de fournitures générales pour carrosserie automobile et charronnage, située, avenue du Roule, a été fondée, en 1902, sur un terrain de 540 mètres superficiels. Elle dispose de deux moteurs électriques de 4 chevaux 1/2 chacun, actionnant les scies et toupies mécaniques, et emploie 15 ouvriers. Elle s'occupe principalement de diverses fournitures pour la carrosserie automobile telles que : pavillons de limousines, coupés et cabs d'une seule pièce et tout bombés, jantes cintrées en bois de Hickory et en acacia, rais, moyeux, brancards, panneaux, bandages en acier et en caoutchouc, moyeux Warner à collerette métallique, etc. Elle s'est fait notamment une spécialité de la construction de roues légères pour voitures attelées en bois de Hickory, avec moyeux Warner à collerette métallique ou moyeux ordinaires en bois (roues en blanc, ferrées, caoutchoutées ou pneumatiques). Sa production annuelle s'élève à environ 4.000 roues et 1.000 capotes.

6° Une fabrique spéciale de roues caoutchoutées pour automobiles et voitures attelées est située, rue de Villiers, sur un emplacement de 1.000 mètres carrés. Elle occupe de 35 à 40 ouvriers.

7° à 13° Il convient enfin de signaler sept établissements de moindre importance : une manufacture de roues caoutchoutées, fondée, en 1889, rue des Graviers (2.000 roues par an) ; une fabrique de fournitures d'accessoires et de garnitures pour automobiles et voitures de luxe fondée, en 1903, rue Montrosier (160 mètres superficiels) ; une fabrique de cycles, avenue de Neuilly, fondée en 1866 (70 à 80 par an ; échange et vente de cycles d'occasion ; 120 mètres superficiels ; 2 à 4 ouvriers) ; un établissement, situé rue Montrosier, et spécialisé dans la construction de « chambres automatiques à air libre » pour roues pneumatiques (brevet Ducasble) [1] ; enfin, trois maisons, fondées en 1902 et 1903, employant chacune de 4 à 6 ouvriers, et s'occupant de la transformation et de la réparation des automobiles. Ces trois établissements sont situés, le premier, boulevard Bineau, dans l'île de la Grande-Jatte ; le second, au coin de la rue de Sablonville et de l'avenue du Roule ; et le troisième, avenue de Madrid. Ce dernier, notamment, présente une certaine importance (10 ouvriers environ). Il constitue, en même temps, une maison de vente et un garage d'automobiles. Il existe encore, à Neuilly, un certain nombre de garages, rue de Chartres et rue de Villiers, etc.

14° On peut rattacher encore à la carrosserie, ou du moins à l'automobilisme, la Société du Propulseur amovible qui, depuis 1901, exploite, avenue de Neuilly, sur un terrain de 350 mètres carrés environ, un système breveté de propulseur pour la navigation fluviale et maritime (système Ducasson ; 4 ou 5 ouvriers).

[1]. Ces chambres à air libre ont pour but de rendre moins fréquents les accidents inhérents à l'emploi des pneumatiques.

Comestibles. — Il existe, à Neuilly, trois fabriques de produits alimentaires assez importantes :

1º La fabrique de vinaigre de table, moutarde, conserves au vinaigre, etc., située avenue de Neuilly, occupe un emplacement de 410 mètres carrés, dispose d'un moteur de 8 chevaux, et emploie 25 personnes. Sa production annuelle s'élève à 1.500 hectolitres de vinaigre environ. Les affaires, à l'exportation, représentent à peu près les 4/5 du chiffre total. L'origine de la maison remonte à 1747.

2º La fabrique de chocolat, située, rue du Marché, sur un terrain de 250 mètres superficiels, a été fondée en 1842. Elle dispose d'une force motrice de 40 chevaux et d'un personnel variant entre 60 et 80 ouvriers. Sa production annuelle s'élève à environ 500.000 kilos de chocolat en tablettes ou en bouchées.

3º La « Confiturerie de l'Étoile », fondée, rue de Villiers, en 1881, sur un emplacement de 1.200 mètres superficiels, occupe 15 ouvriers des deux sexes à la fabrication des confitures et des marrons glacés dont elle produit environ 320.000 kilogrammes par an. Les confitures sont cuites à la vapeur.

Scierie et exploitation de carrières. — Ainsi qu'il a été dit plus haut (V. p. 177), il existe à Neuilly, dans l'île de la Grande-Jatte, un important atelier de taille de pierres occupant jusqu'à 2.500 mètres superficiels. Cet établissement, fondé en 1894, dispose d'une force motrice de 100 chevaux, et emploie une centaine d'ouvriers.

Sa spécialité consiste dans la transformation, à l'aide de procédés mécaniques, des blocs bruts extraits des carrières, à l'aide de scies automatiques, dont quelques-unes sont munies de diamants sur toute la longueur de leurs lames.

Les blocs sciés en dalles sont traités ensuite par des machines qui font la moulure, le dressage et même le polissage des surfaces taillées.

Cette industrie, on le voit, a permis de réaliser un important progrès dans l'art de tailler la pierre. Elle a d'ailleurs été utilisée d'une manière avantageuse, lors de la construction du Grand et du Petit Palais aux Champs-Élysées.

Il convient également de signaler, dans cet établissement, une application ingénieuse de l'électricité au fonctionnement d'un pont roulant, destiné à la décharge des blocs de pierre.

L'usine de la Grande-Jatte centralise les produits de 5 carrières situées aux points suivants :

Corgoloin (Côte-d'Or) ; Dôle (Jura) ; Rochefort (Yonne) ; Lezinner (Yonne) ; Soupper (Seine-et-Marne).

Tous ces produits sont transportés par bateaux, ainsi que ceux provenant d'une scierie succursale, située à Saint-Vinnemer, par Tanlay (Yonne). Les transports de matières ouvrées sont effectués par 6 chevaux et 3 voitures appartenant à la maison.

Imprimerie. — 1° La Société française d'électrographie possède, dans l'île de la Grande-Jatte (boulevard Circulaire), une usine fondée en décembre 1902, occupant environ 2.000 mètres superficiels et disposant d'une force motrice de 18 à 20 chevaux, de 3 machines électrotypiques, 1 machine électrographique et 2 machines typographiques. Elle possède, en outre, 2 appareils de photographie. Sa spécialité consiste dans les reproductions d'œuvres d'art, albums artistiques et industriels, cartes postales de luxe, catalogues industriels et, d'une manière générale, dans les travaux d'impression de toutes sortes, en noir ou en couleurs. Cette maison, qui actuellement se développe sensiblement, occupe de 25 à 35 ouvriers. Elle se caractérise, comme son nom l'indique, par l'application exclusive de l'électricité à l'imprimerie.

2° L'imprimerie de Neuilly, fondée rue Jacques-Dulud, en 1871, sur un terrain de 320 mètres environ, emploie de 20 à 30 ouvriers et ouvrières, suivant besoin, et dispose de 4 chevaux-vapeur et de 4 machines à imprimer. Elle s'occupe de typographie, lithographie et gravure. Ses débouchés se trouvent principalement à Paris et à Neuilly.

Industries diverses. — 1° L'entreprise de *menuiserie et de serrurerie*, établie rue de l'Église, sur un terrain de 900 mètres, dispose d'une force motrice de 10 chevaux, actionnant diverses machines (scies à ruban, scies circulaires, raboteuses, toupies mortaiseuses, etc.) et emploie, suivant ses besoins, de 12 à 30 ouvriers.

2° Une usine, fondée vers 1864, occupe, rue de l'Hôtel-de-Ville, un terrain de 1.000 mètres superficiels. Elle dispose d'une force motrice de 5 chevaux et emploie 10 ouvriers et ouvrières à la confection du *brillant Bühler*, utilisé dans le nettoyage du cuivre, de l'argenterie, du ruolz, du métal blanc et du nickel.

3° Un constructeur de *bateaux et canots*, établi dans l'île de la

Grande-Jatte, sur un terrain de 1.500 mètres superficiels, occupe 2 ouvriers. Le même établissement constitue, en outre, un garage dit de la Grande-Jatte, où l'on remise annuellement 40 bateaux environ. Le nombre des embarcations construites par la maison s'élève à une dizaine par an.

4° La Société anonyme des *appareils photographiques à rendement maximum*, fondée en 1900, sur un emplacement de 3.000 mètres environ, situé boulevard Victor-Hugo, occupe de 7 à 9 ouvriers. Aux termes des statuts, cette Société a pour objet la fabrication et l'exploitation industrielle et commerciale, en France et à l'étranger, de tous appareils photographiques, produits spéciaux et objets accessoires servant à la photographie et, plus spécialement, de tous les appareils à rendement maximum. Elle exploite actuellement 16 brevets et se spécialise, notamment, dans la construction d'appareils Sigriste dont le principal avantage est de comporter des vitesses d'obturation variant du $1/40^e$ au $1/5000^e$ de seconde et de donner, au point de vue de l'effet de la lumière sur les plaques exposées, le rendement maximum et intégral d'impressionnabilité.

Commerce. — Indépendamment du commerce de détail, très important à Neuilly, le commerce de gros est représenté par 20 marchands de chevaux, 18 négociants en vins, 30 chantiers de bois et charbons, 1 maison de cafés et de thés, 7 négociants en grains, issues et fourrages et 2 garde-meubles.

1° *Chevaux* : Par opposition à l'industrie d'automobiles, qui est des plus florissantes à Levallois-Perret, le commerce de chevaux a pris à Neuilly une très grande extension. Il existe actuellement, dans la commune, plus de 20 établissements de ce genre, non compris le haras de Saint-James et une succursale du Tattersall de Paris.

Le premier, rue de Longchamp, fondé en 1834, sous le nom de haras royal de Saint-James, puis devenu haras national en 1849, puis haras particulier, occupe un emplacement de 8.600 mètres carrés et possède 80 boxes destinées à recevoir les chevaux qui doivent être présentés aux enchères publiques.

C'est ainsi qu'il est vendu annuellement, par le ministère du commissaire-priseur, environ 900 chevaux de toute provenance représentant une valeur de 800.000 à 1.000.000 de francs.

La succursale du Tattersall français, fondée en 1893, sur un terrain de 4.000 mètres carrés environ, possède 4 stalles et 39 boxes pouvant recevoir les chevaux de diverses catégories soumis aux enchères publiques (chevaux de course pur sang, trotteurs, chevaux de selle et d'attelage). Les ventes ont lieu généralement le samedi.

Parmi les nombreux marchands de chevaux, nous citerons les plus importants : 1° L'un d'eux possède 3 succursales : la première, fondée rue Charles-Laffitte en 1896, sur un terrain de 2.000 mètres et possédant 49 boxes ou stalles ; la seconde, fondée boulevard de la Saussaye en 1899, sur un terrain de 1.600 mètres carrés, comprenant 20 boxes et servant particulièrement de dépôt et d'infirmerie ; la troisième, enfin, établie route de la Révolte en 1895, sur un terrain de 1.800 mètres carrés et disposant de 20 boxes pour 50 chevaux. Cet établissement vend, annuellement, environ 750 chevaux de grand luxe dont il fait sa spécialité et provenant, en grande partie, de la Normandie, du Nivernais et de l'Irlande.

2° Une maison, fondée en 1897, rue Parmentier, possède 50 boxes ou stalles ; elle fait sa spécialité de chevaux de course pur sang, originaires de France et d'Irlande.

3° Un troisième établissement, créé en avril 1901, boulevard d'Inkermann, sur un terrain de 5.000 mètres carrés, dispose de 150 places, dont 15 boxes pour des chevaux entiers de trait, le plus souvent d'origine normande ou bourguignonne. Il dispose, en outre, de 15 voitures attelées louées à l'année.

4° Un quatrième, fondé en 1897, rue de Chézy et rue Borghèse, sur un terrain de 2.000 mètres carrés, possède une écurie contenant 26 stalles et 10 boxes et s'est fait une spécialité de poneys, importés d'Ecosse et d'Irlande. Il vend également des attelages complets.

5° Un cinquième, créé en 1903, rue d'Orléans (600 mètres superficiels), possède 12 boxes et 18 stalles et achète annuellement environ 100 chevaux demi-sang, d'origine normande, nivernaise et anglaise, qu'il revend en France comme chevaux de selle et d'attelage. Cet établissement est une succursale de la maison mère, située à Bruxelles.

6° Un sixième, rue de Longchamp, possède 40 boxes et s'est fait une spécialité des chevaux de fiacre.

7° Un septième, fondé avenue Sainte-Foy en 1862, dispose de 15 stalles pour poneys et cobs et d'une écurie pour ânes. Il importe ses poneys, cobs et ânes, du Gers, des Hautes-Pyrénées et de l'Irlande. Il vend également des voitures et charrettes pour poneys, cobs et ânes, ainsi que des attelages complets. Il en est de même, d'ailleurs, de la plupart des établissements ci-dessus désignés.

Automobiles. — Le commerce de l'automobile comprend, à Neuilly, indépendamment des établissements dont il a été parlé plus haut, au titre de l'Industrie, et qui s'occupent de réparations, de transformations et de vente d'automobiles, une maison fondée en 1899, rue de Chartres, sur un terrain de 1.000 mètres superficiels. Cet établissement, qui possède 2 succursales, à Paris (avenue de la Grande-Armée) et à Londres, vend des automobiles de luxe pour les touristes et pour l'industrie, ainsi que des cycles, quadricycles et accessoires.

Il existe, avenue de Neuilly, un autre établissement, fondé en 1902, sur un terrain de 860 mètres carrés, qui s'occupe de la vente d'automobiles neuves et d'occasion et possède, en outre, un garage.

Grains. — Il existe, à Neuilly, 7 maisons de grains, issues et fourrages. La plus importante, établie au rond-point de la Porte-Maillot, a été fondée en 1891, sur un terrain de 700 mètres superficiels. Elle dispose, pour ses transports, de 4 chevaux et 5 voitures.

Chantiers de bois et charbons.— La commune comprend jusqu'à 30 chantiers de bois et charbons. Le plus important est celui de l'Entrepôt d'Ivry, fondé en juin 1903, sur un terrain de 6.000 mètres carrés environ. Cet établissement constitue une importante succursale de la Société d'approvisionnement, fondée en 1850, à Ivry ; il dispose, pour ses transports, de 16 chevaux et 15 voitures, et occupe 15 livreurs, 28 hommes de chantier et 2 employés. Ses marchandises proviennent d'Angleterre, de Belgique et de France. La vente s'élève, pour le charbon, à environ 10 tonnes par jour et, pour le bois, à 10 hectolitres.

Garde-meubles. — La ville de Neuilly possède 2 garde-meubles, dont l'un au moins, très important, est établi rue Borghèse, sur un terrain de 5.000 mètres superficiels. Cet établissement garde les meubles au mois et à l'année, moyennant forfait, et se charge des déménagements ainsi que des ventes aux enchères, ces dernières gratuitement.

Le second garde-meuble est situé avenue de Neuilly.

Vins et liqueurs. — Il existe, à Neuilly, environ 18 marchands de vins et liqueurs en gros.

Une maison, fondée en 1839, sur un terrain de 3.350 mètres superficiels, occupe 8 employés et 15 cavistes. Elle vend annuellement, en France, environ 2.200 hectolitres de vin d'Algérie et 200 hectolitres d'alcool. Une partie de ce vin est récolté dans sa propriété de Boufarick, en Algérie. Ses transports se font à l'entreprise.

La Compagnie péninsulaire et française, société anonyme au capital de 1.000.000 de francs, est établie, depuis 1891, avenue du Roule, sur un terrain de 600 mètres carrés. Elle fait sa spécialité de madère, malaga, xérès, oporto et de tous vins fins étrangers, dont elle a en cave 150 foudres, variant de 20 à 140 hectolitres. Ses affaires se font pour 9/10 en France et 1/10 à l'étranger.

Une autre Société anonyme, au capital de 800.000 francs, a établi, rue Jacques-Dulud, depuis 1900, un dépôt de vins de Bordeaux. Elle possède, en outre, une maison de vente à Paris et un entrepôt central à Bourg-sur-Gironde.

Enfin, signalons encore deux établissements, l'un boulevard du Château et l'autre rue Borghèse.

Le premier, fondé en 1891, sur un terrain de 4.000 mètres carrés, occupe 20 personnes et dispose de 5 chevaux et 3 voitures; il est dépositaire de vins de Malaga, Oporto, Xérès et Madère, ainsi que du rhum de Londres et du wisky d'Édimbourg. Ses débouchés se trouvent en France, Belgique, Italie et Suisse.

Le second, spécialisé dans la vente du vraikina, possède une usine à Moirans et des dépôts à Grenoble, Lyon, Marseille, Nice et Paris.

Ventes publiques. — Il existe, dans la rue Montrosier, sur un terrain de 150 mètres superficiels, une salle de ventes publiques. Les ventes sont effectuées, le dimanche, par l'entremise de M⁰ Desvouges, commissaire-priseur.

Agriculture. — Il n'existe pas, à Neuilly, d'agriculture proprement dite, mais seulement un certain nombre d'horticulteurs, de maraîchers et de pépiniéristes.

IV. — ÉTABLISSEMENTS PRIVÉS

Neuilly est, de toutes les communes du département de la Seine, celle où l'initiative privée a pris le plus grand développement ; pour la clarté de l'exposition, nous répartirons ses établissements particuliers en 3 grandes catégories, comprenant : la première, la bienfaisance et la médecine ; la seconde, l'enseignement ; et, la troisième, les établissements de sport et le Jardin d'Acclimatation.

§ I. — BIENFAISANCE ET MÉDECINE

A. ORPHELINATS ET MAISONS DE REFUGE OU DE RETRAITE. — ASILES ET CRÈCHES

1° *L'orphelinat des sœurs de Saint-Vincent-de-Paul,* situé rue des Poissonniers, n° 11, occupe, ainsi que nous l'avons dit plus haut, au titre du Domaine, l'ancienne maison de charité, fondée en 1828 par la reine Marie-Amélie, alors duchesse d'Orléans, dans le but d'y entretenir deux ou trois sœurs chargées de porter des secours aux indigents et aux infirmes. L'immeuble fut ensuite donné à la congrégation par la reine, devenue comtesse de Neuilly, en 1853 (acceptation du Conseil de congrégation du 12 janvier 1853), puis annexé à l'école communale de filles construite en 1859, et converti, en 1873, en orphelinat municipal. Enfin, en 1880, à la suite de la laïcisation de cet établissement, les sœurs reprirent possession de l'immeuble de la reine et y rétablirent, en même temps que l'ancienne maison de charité, un orphelinat congréganiste qui, à l'heure actuelle, hospitalise gratuitement 20 orphelines.

Pour l'admission, aucune condition d'âge n'est imposée, la seule condition étant relative au domicile des parents, qui doivent habiter Neuilly au moment de leur décès. Les jeunes filles, une fois admises, sont instruites dans l'établissement où elles reçoivent, avec l'enseignement primaire et professionnel, des leçons d'économie domestique. Au delà de 13 ans, elles s'occupent à des travaux de repassage, de lavage et de couture, dont le produit annuel s'élève à 1.200 ou 1.500 francs environ. Enfin, à 21 ans, elles sortent de l'orphelinat pour se marier, généralement par les soins des sœurs.

L'établissement, pour conserver une ancienne tradition, constitue, en outre, aujourd'hui encore, une maison de charité, ayant pour but la visite des pauvres et des malades à domicile et la fourniture de médicaments gratuits.

Un fourneau économique, délivrant des aliments sur présentation de bons donnés par les sœurs et dames patronnesses de l'œuvre, lui est, en outre, attaché, ainsi qu'un cabinet de consultations gratuites.

Ses ressources proviennent exclusivement de dons particuliers, notamment des cotisations des dames patronnesses et, en partie, du travail des orphelines. Le personnel congréganiste comprend 16 sœurs, dont 1 supérieure et 2 infirmières brevetées. Dans ces dernières années, l'ancien immeuble de la reine a été surélevé d'un étage, plus particulièrement affecté à l'orphelinat.

2° L'*orphelinat protestant de garçons,* situé rue d'Orléans, n° 16, sur un emplacement de 2.400 mètres environ, a été fondé à Passy en 1873. Il est dirigé par un comité de 9 membres, sous la présidence de M. le pasteur Vernes, président honoraire du Consistoire.

Il reçoit les garçons protestants de 7 à 12 ans, orphelins de père ou de mère, ou des deux, ainsi que les enfants de serviteurs en place, et les conserve jusqu'à 14 ans.

Les premiers sont admis moyennant le prix de 30 francs par mois, plus 60 francs pour le trousseau, jusqu'à concurrence de 40. Dix places sont, en outre, réservées aux non orphelins, moyennant une pension mensuelle de 40 francs, plus 60 francs de trousseau.

Les ressources complémentaires proviennent des quêtes effectuées, par un collecteur, chez les familles protestantes. Ces collectes sont facultatives, même pour les personnes appartenant au Comité. Les enfants reçoivent l'instruction à l'école communale et font leurs devoirs dans l'établissement.

Le régime alimentaire comprend : le matin, de la soupe et du pain ; à midi, de la viande et des légumes ; le soir, de la soupe, des légumes et du dessert.

Les enfants peuvent être visités par leurs parents, tous les 15 jours, le dimanche. Les autres dimanches, ils sont menés à la promenade.

Le Comité de patronage des apprentis de l'Église réformée, dont le siège se trouve à l'Oratoire, s'en occupe ensuite à leur sortie et les place à la maison ouvrière protestante, située rue Titon, n° 5, qui poursuit ainsi l'œuvre de l'orphelinat.

En 1903, les recettes de l'établissement se sont élevées à 29.807 francs et les dépenses à 29.420 fr. 80.

3° L'*orphelinat anglais,* situé boulevard Bineau, a été fondé le 2 novembre 1872, dans un immeuble donné par Mmes Galignani à miss Ada Leigh (devenue mistress Fravers Lewis), qui, aujourd'hui encore, le patronne et l'aide du produit des quêtes qu'elle fait à son profit, tant en Angleterre qu'à Paris.

Il admet des orphelins des deux sexes, anglais ou américains, abandonnés ou nécessiteux, les garçons de 2 à 5 ans et les filles de 2 à 16 ans.

Les enfants reçoivent l'instruction anglaise dans l'établissement, ainsi que des leçons de couture, de chant et de gymnastique.

Ceux dont la famille n'est pas indigente payent une contribution variable suivant leurs ressources. Les autres sont admis gratuitement. Les admissions sont prononcées, après avis du médecin de l'établissement, par le Comité administratif.

Les visites aux enfants ont lieu tous les premiers jeudis de chaque mois, de 2 à 5 heures.

L'orphelinat peut recevoir 46 enfants ; toutefois, actuellement, en raison de la réfection de l'immeuble, il n'en comprend que 10, dont 9 filles et 1 garçon.

4° L'*orphelinat italien,* fondé en 1900, sur un terrain partiellement construit de 2.000 mètres superficiels, situé rue Perronet, n° 149, a pour but de venir en aide aux orphelines italiennes abandonnées, de 1 an et demi à 14 ans. Il dispose de 32 lits. Les soins médicaux, les frais d'enseignement et de nourriture et, d'une manière générale, toutes les dépenses sont à la charge de l'orphelinat. L'instruction primaire est donnée aux enfants en italien.

L'établissement pourvoit à ses dépenses, au moyen des dons qu'il reçoit de l'ambassade d'Italie et de dames patronnesses, du produit des quêtes, d'une tombola et d'une vente de charité, organisées annuellement par le Comité administratif, dans les salles du bazar de la Charité.

Le service est assuré par les soins de 6 religieuses, dont 1 directrice et 3 sœurs converses.

5° L'*orphelinat de garçons, situé boulevard d'Inkermann, n° 23,* a été fondé par Mlle Lazouet, dans une propriété appartenant à son frère, mesurant de 500 à 600 mètres environ. Il dispose de 25 lits, dont 24 sont actuellement occupés. La fondatrice pourvoit elle-même à tous les besoins de l'établissement.

Son but est de venir en aide et d'hospitaliser des jeunes garçons orphelins, de 4 à 13 ans, nécessiteux et catholiques. Ces derniers sont généralement amenés de Paris par M. Lazouet, qui s'occupe de leur situation à la sortie de l'orphelinat.

Ils reçoivent l'instruction primaire à l'école des frères, située avenue du Roule, n° 131, et prennent leurs repas comme suit : soupe et pain à 7 heures du matin, déjeuner à midi, collation à 4 h. 30 et souper à 7 heures.

Les dépenses, faites annuellement par la directrice, s'élèvent environ à 14.000 francs, auxquels il faut ajouter les dons en nature (viande et provisions diverses), fournis par la fondatrice.

6° L'*orphelinat Quenessen*, fondé boulevard Victor-Hugo, n° 88, en 1898, dans un immeuble de 3.000 mètres superficiels, est placé sous la direction des filles de la Charité des sœurs de Saint-Vincent-de-Paul. Il reçoit actuellement 50 orphelins des deux sexes, de 3 à 7 ans ; ces derniers sont admis après une enquête des sœurs et peuvent rester dans l'établissement, les garçons, jusqu'à 13 ans, et les filles, jusqu'à 21 ans. L'orphelinat s'occupe de leur placement à leur sortie.

Les enfants reçoivent une instruction primaire congréganiste, les garçons, à l'école des frères de l'avenue du Roule, et les filles, à l'orphelinat de la rue des Poissonniers. Les repas ont lieu comme suit : premier déjeuner à 7 heures, déjeuner à midi, collation à 4 h. 30 et souper à 7 heures.

4 sœurs dirigent l'orphelinat ; elles sont aidées de 4 serviteurs.

M. Quenessen a constitué cette fondation en lui faisant don de l'immeuble et d'une rente, qui suffit à ses besoins.

7° Le *pensionnat de jeunes filles de l'Église réformée de Paris*, transféré le 15 septembre 1902, 25 *bis*, rue de Chézy, sur un emplacement de 7.500 mètres carrés, reçoit actuellement 52 enfants de 7 à 15 ans.

Cet établissement, fondé en 1819 et, depuis, reconnu d'utilité publique, a pour but d'offrir un asile à des jeunes filles pauvres ou orphelines et de leur donner l'éducation morale et religieuse. Pendant leur séjour, ces jeunes filles reçoivent l'instruction religieuse et s'occupent de travaux d'aiguille et des soins du ménage. Elles suivent les cours de l'école communale de la rue des Poissonniers. A leur sortie, elles sont placées par les soins du Comité.

Les ressources du pensionnat comprennent les pensions que payent les protecteurs ou les parents des enfants et diverses associations charitables, les bourses ou demi-bourses, fondées par les bienfaiteurs de l'œuvre et les subventions ou dons de toute sorte, émanant de l'État, de la Ville de Paris, du Consistoire ou des particuliers.

Les enfants ne peuvent être admis qu'à partir de 7 ans, sur présentation d'un certificat du médecin, d'un extrait de naissance et d'un extrait de baptême, enfin d'un engagement, signé par les parents ou protecteurs, de laisser leur fille au pensionnat jusqu'à sa première communion.

Le prix de la pension est fixé à 20 francs par mois, non compris un droit d'entrée de 50 francs, une fois payé. Les frais de maladie et d'entretien sont à la charge de l'établissement.

Toutes les demandes d'admission doivent être adressées à la baronne Philippe de Cabrol, château de Villevert, Jouy-en-Josas (Seine-et-Oise), qui les transmet au Comité.

Les enfants reçoivent les visites de leurs parents ou protecteurs tous les 15 jours, le dimanche, de 1 heure à 3 heures.

8° *L'œuvre des petites familles* est une œuvre protestante de patronage pour les enfants en danger moral. Fondée primitivement à Levallois-Perret, en 1893, elle a été transférée rue Borghèse, n° 90, en 1903, sur une propriété de 2.500 mètres, prise en location. Elle reçoit des enfants, actuellement au nombre de 10, soit recueillis au dépôt de l'Assistance publique, à l'asile de l'Union française pour le sauvetage de l'enfance ou dans les hôpitaux, soit issus de parents ayant encouru des condamnations et subissant leur peine.

Ces enfants sont admis à partir de 3 ans et gardés jusqu'à 18 ans. Pendant leur séjour, ils reçoivent, avec l'instruction primaire, l'apprentissage d'un métier, puis, à leur sortie, sont pourvus d'une place et restent sous la protection des dames du Comité jusqu'à leur établissement.

Mme Henri Mallet, présidente de l'œuvre, la soutient au moyen de dons et du produit d'une vente de charité bi-annuelle.

Les enfants vivent la vie familiale ; ils reçoivent l'instruction à l'école communale et à l'école professionnelle et peuvent être visités le jeudi, de 2 heures à 5 heures.

Mme Laurent dirige cette œuvre de patronage, assistée de Mmes Champy.

9° La *maison israélite de refuge pour l'enfance*, située boulevard de la Saussaye, n° 19, a été fondée en juillet 1866 et reconnue d'utilité publique par décret du 29 juillet 1892. Elle a pour but de recueillir des jeunes filles, sans ressources et sans appui moral, pour les élever et les mettre en mesure de subvenir à leurs besoins. Le décret de reconnaissance d'utilité publique a autorisé le président du Comité consultatif de l'établissement à accepter la rétrocession que le Consistoire israélite de Paris lui a faite, suivant délibération du 5 janvier 1892, d'un terrain mesurant 1.232 mètres superficiels, estimé 18.480 francs, sur lequel est édifiée la maison de refuge. Par suite d'agrandissements récents, la superficie de l'immeuble est actuellement de 2.468 mètres carrés.

L'association se compose de membres souscripteurs, de donateurs, de bienfaiteurs et de fondateurs. Les souscripteurs payent une cotisation annuelle, dont le minimum est de 10 francs.

Cette dernière, toutefois, peut être rachetée par le versement d'une somme égale à 20 fois le montant de la cotisation annuelle.

Le Conseil d'administration se compose de 40 dames, élues pour 5 ans par l'assemblée générale. A la tête de l'établissement sont placés un directeur-administrateur et une directrice-inspectrice.

L'association recueille, à titre gratuit, les jeunes filles sans ressources et sans appui moral ; moyennant un prix de 0 fr. 60 par jour, payé par le Ministère de l'intérieur, celles qui sont détenues par application des articles 66 et 67 du Code pénal ; enfin, moyennant un prix de pension mensuel de 25 francs payable d'avance, celles qui sont détenues par voie de correction paternelle.

Les jeunes filles, comprises dans ces deux dernières catégories, sont isolées dans des quartiers spéciaux, et ne sont réunies aux autres que par décision du Conseil d'administration, quand cette mesure ne paraît plus présenter d'inconvénients.

L'âge d'admission est compris entre 5 et 13 ans.

A partir de 18 ans, les jeunes filles peuvent être placées et à 21 ans elles quittent l'établissement.

L'enseignement donné est religieux, scolaire et professionnel. Pour l'enseignement scolaire, le programme des études et la durée des cours sont les mêmes que dans les écoles communales de Paris. Il est suivi par les jeunes filles de 6 à 13 ans environ.

Un cours du soir est fait à celles qui, ayant terminé leurs études primaires, sont entrées dans un des ateliers d'apprentissage pour y suivre l'enseignement professionnel.

Les cours sont divisés en cours inférieur, moyen et supérieur. A titre exceptionnel, quelques élèves peuvent être autorisées, par la présidente, à préparer l'examen du brevet élémentaire. Enfin l'enseignement professionnel comprend lui-même 3 catégories: lingerie et coupe; couture de robes et coupe; broderie d'art et broderie industrielle.

Le nombre des repas est fixé à 3 par jour: 1er repas à 7 heures du matin, 2e repas à midi, 3e repas à 5 heures du soir.

Le trousseau, le linge, les livres, les fournitures scolaires et instruments de travail sont donnés gratuitement.

Aucune correspondance ne peut être échangée entre les jeunes filles et leur famille, sans avoir été préalablement lue par le directeur-administrateur. Des sorties individuelles peuvent leur être accordées exceptionnellement, sur l'avis conforme du Bureau.

En quittant l'établissement, elles reçoivent leur livret de caisse d'épargne, où figure, avec les sommes reçues par elles à titre de récompense, leur part dans le produit des travaux du cours professionnel.

Le Refuge israélite comprend actuellement 70 jeunes filles.

10° La *Maison de refuge espagnole (asile San-Fernando)*, fondée en 1893, est située boulevard Bineau, n° 69, dans une propriété de 600 mètres superficiels appartenant au marquis de Casa Riera. Le mobilier a été prêté par les dames patronnesses. Son but est de secourir, temporairement, les familles espagnoles et américaines latines, nécessiteuses. Au 1er février 1904, elle contenait 8 enfants (elle peut en recevoir 12), 3 vieillards et 2 jeunes filles attendant une place de domestique.

Les placements se font généralement par l'intermédiaire de la colonie espagnole et américaine. Le service est assuré par 14 sœurs espagnoles ou américaines de Saint-Vincent-de-Paul, aidées parfois de femmes de journée. L'établissement donne asile annuellement à une moyenne de 36 personnes ou enfants, assistés temporairement. En outre, les sœurs font des visites aux familles indigentes, américaines latines et espagnoles (100 par an environ), auxquelles elles remettent des bons de viande, de pain, de lait, d'épicerie, de loyer, de vêtements et de médicaments.

Les ressources de l'œuvre sont constituées par les cotisations et les dons particuliers provenant des membres de la colonie et des ambassades espagnoles et américaines latines.

11° La *Maison de refuge Victoria Home*, fondée le 15 octobre 1888, est située, n° 60, rue Borghèse. Elle a pour but d'offrir un asile aux dames anglaises, catholiques ou protestantes, âgées de 65 ans et possédant un revenu annuel d'au moins 365 francs.

L'établissement comprend 15 chambres pour 15 pensionnaires, toutes admises gratuitement. Chacune d'elles reçoit, en entrant, le linge de maison et de table, mais doit pourvoir elle-même à sa nourriture, à son blanchissage et aux soins de son ménage et de sa cuisine. Elle a droit, en outre, aux médicaments et aux soins médicaux. Toutefois son admission est subordonnée à son état général de santé, qui doit être satisfaisant.

La maison de refuge Victoria Home est dirigée par Mme Mary Farmer, sous les auspices de la colonie anglaise qui fournit les fonds nécessaires. Le contrôle général appartient au trésorier.

12° L'*Union française pour le sauvetage de l'enfance*, établissement d'utilité publique fondé en 1888, à Paris, n° 108, rue de Richelieu, possède à Neuilly un asile temporaire installé, n° 28, rue Perronet, depuis le mois de mai 1891. Cet asile est destiné à recevoir en observation les enfants recueillis par l'œuvre dans les conditions rapportées ci-après. Il comprend 3 pavillons, le premier pour les garçons (10 lits), le second, pour les filles dans le bâtiment administratif (12 lits), et le troisième, constituant un pavillon d'isolement, pour les maladies contagieuses (3 lits). L'ensemble des constructions, dont la Société est propriétaire depuis 1896, couvre une superficie de 2.611 mètres carrés. Le personnel se compose d'une directrice, d'une surveillante chargée du pavillon des garçons, d'une domestique chargée de la surveillance des filles et d'une cuisinière.

Après un court séjour dans l'établissement, de 3 ou 4 semaines en moyenne, les enfants sont placés, soit dans les familles de province comme cultivateurs, s'ils n'ont pas de tare physiologique ou morale, soit dans un sanatorium, école de discipline ou autre établissement spécial suivant leurs aptitudes et leur état de santé.

L'œuvre, dont l'asile de Neuilly constitue un des nombreux moyens d'action, a pour but de rechercher, de signaler à qui de droit et de recueillir, *sans distinction de culte* et dans toute la France, les enfants, garçons ou filles âgés de moins de 13 ans, qui sont maltraités ou en danger moral. Sont considérés comme maltraités, ceux qui sont l'objet de mauvais traitements physiques, habituels ou excessifs, ou qui, par suite d'une négligence coupable de la part des parents, sont habituellement privés des soins indispensables ; ceux qui se livrent à la mendicité et au vagabondage ou qui sont employés à des métiers dangereux pour eux, enfin les enfants matériellement abandonnés. Sont considérés, d'autre part, comme étant en danger moral, les enfants dont les parents vivent dans une inconduite notoire et scandaleuse, ou se livrent soit à l'ivrognerie, soit à la mendicité, enfin ceux dont les parents ont été condamnés pour crimes, vols, outrages aux bonnes mœurs, etc.

L'œuvre élève les enfants adoptés, conformément aux principes de la religion dans laquelle ils sont nés. A 13 ans, ils sont mis en apprentissage et la Société les pourvoit ensuite d'une dot au moment de leur établissement.

Elle met dans ce but de côté, pour chacun d'entre eux, du jour de son admission au jour où il est en état de gagner sa vie, 50 francs par an pour les filles et 30 francs pour les garçons.

L'Union française, désireuse d'étendre son champ d'action, a d'ailleurs fondé des Sociétés de sauvetage de l'enfance à Lyon, Bordeaux, Marseille, Montpellier, Toulon, Nîmes et Bayonne, grâce aux subsides qu'elle fournit ; des asiles temporaires analogues à celui de Neuilly ont été aussi organisés à Lyon, Marseille, Toulon et Montpellier.

Pendant l'année 1902, 143 enfants (60 garçons et 83 filles) sont passés par l'asile de Neuilly, représentant 3.556 journées de présence. La présence moyenne par jour a été de 9 enfants et la durée moyenne du séjour, par enfant, de 24 jours.

13° L'*asile Mathilde (Œuvre de Notre-Dame des Sept-Douleurs)*, fondé par la princesse Mathilde le 17 avril 1853, sur un terrain de 5.000 mètres carrés, situé avenue du Roule, n° 30, a été reconnu d'utilité publique par décret du 30 juin 1855, rendu en Conseil d'État. Il a pour but de recueillir les jeunes filles pauvres âgées de 5 ans au moins et de 22 ans au plus dont les maladies sont jugées incurables, à l'exception de celles atteintes d'aliénation mentale, d'idiotie, d'épilepsie et de maladies contagieuses. Ces jeunes filles reçoivent, indépendamment des soins médicaux réclamés par leur santé, une éducation morale et religieuse et une instruction primaire et professionnelle. Les orphelines sont admises de préférence.

L'asile dépend d'une Société composée de bienfaiteurs et de membres ordinaires, en nombre illimité, et dirigée, elle-même, par un Conseil composé de 10 dames, dont 9 sont nommées en assemblée générale, au scrutin secret et à la majorité des suffrages exprimés. Ce Conseil est nommé pour 3 ans et se renouvelle, par tiers, tous les ans. Il choisit dans son sein, pour former le bureau, 1 présidente, 1 trésorière, 1 secrétaire et 1 vice-secrétaire et nomme 1 directeur général, chargé de représenter la Société dans les actions judiciaires.

Aucune jeune fille ayant plus de 22 ans n'est admise dans l'asile et celles qui ont plus de 18 ans ne peuvent l'être, elles-mêmes, que dans des circonstances exceptionnelles et en vertu d'une délibération spéciale du Conseil d'administration.

Les admissions sont prononcées par ce Conseil, sur la proposition de la présidente ou du directeur général, dont la décision suffit, d'ailleurs, en cas d'urgence. Dans tous les cas, les postulantes doivent être nées ou domiciliées dans le département de la Seine.

Le nombre des admissions gratuites est fixé à 200. En outre, l'asile reçoit, moyennant une somme de 200 francs, une fois payée, 100 jeunes filles remplissant les conditions des statuts. L'établissement contient, par suite, en tout, 300 lits toujours occupés. L'infirmerie en comprend 15.

Les pensionnaires qui n'ont pas recouvré la santé sont gardées dans l'asile jusqu'à leur mort. Après 6 mois de résidence, en cas de sortie, les vêtements personnels à la jeune fille peuvent, seuls, être réclamés par elle ou par ses parents.

Le personnel se compose de 14 sœurs, y compris la mère directrice, aidées elles-mêmes par celles des hospitalisées qui sont capables de rendre des services. Les ressources propres de l'établissement s'élèvent à 45.000 francs par an, non compris le montant des dons annuels et des pensions payantes et le produit du travail des enfants. Ce travail consiste en ouvrages de couture ou de crochet, broderies pour ameublement, dentelles, confection de fleurs artificielles et peinture sur porcelaine ou sur parchemin. Les sœurs se chargent de l'enseignement. La lingerie, les dentelles et les broderies sont achetées par les magasins du Gagne-Petit, les fleurs par la maison Javey et les autres objets par des dames en faveur d'œuvres charitables pour lesquelles on organise des tombolas.

Les ressources de l'asile se sont récemment accrues d'un capital de 100.000 francs, montant du legs fait à son profit par la princesse Mathilde, fondatrice de l'œuvre.

14° La *maison de retraite Sainte-Anne*, fondée en 1848, à Paris, rue de Lisbonne, par l'abbé Deguerry, curé de la Madeleine, et transférée, en 1852, n° 68, avenue du Roule, occupe une superficie d'environ 3.000 mètres carrés.

Elle n'est accessible qu'aux dames âgées de plus de 50 ans, veuves ou célibataires et non atteintes d'infirmités ou de maladies incurables.

La pension annuelle, variant entre 1.200 et 2.000 francs, suivant les chambres occupées, est exigible d'avance et payable par trimestre, sans fractionnement. Dans le cas d'absence, il est fait, sur le montant du trimestre, une réduction de 50 francs par mois d'absence. Cette pension donne droit au logement, à la nourriture (3 repas par jour), au service, aux soins médicaux et aux médicaments. Ces derniers, toutefois, ne sont gratuits que pour les dames qui se font soigner à l'infirmerie.

Le chauffage, l'éclairage et le blanchissage sont à la charge des pensionnaires qui doivent, en entrant, apporter leur mobilier, leur linge et leur literie. En cas de décès, ces divers objets restent à la maison, à moins que la famille, pour rentrer en possession, ne consente à verser une indemnité à peu près équivalente. Les portraits, bijoux et valeurs de toute nature sont toujours rendus à la famille, qui doit se charger des frais d'inhumation. Dans le cas de sortie volontaire de la maison, les objets composant le mobilier sont emportés par la dame qui verse seulement à l'établissement une indemnité de 50 francs.

L'établissement comprend 130 chambres, dont 122 sont occupées. Parmi les pensionnaires, figurent 27 dames indigentes, admises, les 14 premières sur la recommandation du curé de la Madeleine, et les 13 autres, sur celle de l'archevêché. En outre, les pensionnaires qui, au cours de leur séjour dans l'établissement, ont été complètement ruinées, continuent à y être admises sans rétribution.

La maison de retraite Sainte-Anne est placée sous la direction d'une dame supérieure, appartenant à l'ordre des sœurs de la Charité de Nevers, assistée de 13 sœurs du même ordre et de 20 domestiques laïques au moins. 1 concierge, 1 jardinier et 1 journalier sont, en outre, attachés à l'établissement. Le service médical est assuré par 1 médecin de Neuilly, qui donne, gratuitement, des consultations dans son cabinet, deux fois par semaine. Les consultations dans les chambres sont rétribuées.

Les pensionnaires ont toute liberté pour leurs sorties, sous la condition d'être rentrées pour l'heure des repas (7 heures et 11 h. 30 du matin et 6 heures du soir) et, le soir, à 9 heures en hiver ou 9 h. 30 en été, à moins qu'elles ne découchent, auquel cas elles doivent avertir. Elles peuvent recevoir des visites, dans leurs chambres, jusqu'à 7 heures du soir en hiver et 8 h. 30 en été, sauf pendant les offices. L'établissement possède une chapelle, desservie par un aumônier spécial.

Les ressources de la maison Sainte-Anne proviennent presque exclusivement du prix des pensions

15° La *crèche Sainte-Amélie* a été fondée en 1850, rue des Poissonniers, n° 24, par les sœurs de Saint-Vincent-de-Paul. Les enfants y sont reçus, de 7 heures du matin à 7 heures du soir, de 15 jours à 3 ans. Ils sont alimentés, soit par la crèche, soit par les mères, qui viennent les allaiter à 10 heures du matin, à 1 heure de l'après-midi et à 4 heures du soir, ou à d'autres heures en cas d'empêchement. En outre, l'établissement fournit aux enfants le linge et les vêtements qui leur sont nécessaires. La rétribution journalière est fixée à 0 fr. 20 pour les mères qui ont quelques ressources.

La crèche Sainte-Amélie dispose de 25 berceaux et de 25 lits.

Les dépenses sont couvertes par un versement de 2.000 francs, fait par la commune, dans les conditions rapportées plus haut (voir p. 102), par le produit des legs Belœuil et Rouvray, par les cotisations des dames patronnesses, dont le minimum est fixé à 12 francs par an, enfin, par le produit de la rétribution maternelle.

Ainsi qu'il a été dit plus haut, en échange de la subvention qu'elle alloue à la crèche, la ville de Neuilly s'est réservé le droit d'y faire admettre 20 enfants à son choix, sans distinction de culte et de naissance.

Les sœurs de Saint-Vincent-de-Paul sont assistées de 4 servantes laïques.

B. — HOPITAUX ET MAISONS DE SANTÉ

1° L'*hôpital Hahnemann*, ouvert le 10 avril 1870, dans le but d'assurer aux malades pauvres les avantages du traitement homœopathique, est situé actuellement, rue de Chézy, n°s 45 et 45 *bis*, sur un emplacement de 2.300 mètres carrés environ. Etabli tout d'abord dans deux pavillons, au fond d'un jardin, situé à Paris, rue Laugier, n° 26, il ne possédait pas plus de 15 lits. Transféré en 1876, au n° 20 de la même rue, il put enfin, grâce à la reconnaissance d'utilité publique, survenue le 9 août 1886, se constituer un premier capital à l'aide de dons et legs divers (13.000 francs de Mlle Buisson, 8.000 francs de Mlle Chilleau et 50.000 francs de la vicomtesse d'Argout).

Enfin, en 1894, à l'expiration de leur bail, les administrateurs acquirent, moyennant 110.000 francs, le terrain actuel sis à Neuilly, sur l'emplacement de l'ancien parc de Louis-Philippe, agrandi lui-même en 1900 d'un terrain contigu.

L'initiative de la fondation est due aux docteurs Boyer, Chancerel père, Victor Chancerel, Davet de Beaurepaire, Desterne, Jahr, Rafinesque père, Serrand père, Alexandre-Léon Simon et Teste, qui constituèrent, dès l'origine, un Comité protecteur et un Comité de dames patronnesses. L'administration de l'œuvre fut confiée, ainsi que le secrétariat et la caisse, à Léon Simon, qui resta investi de ces fonctions jusqu'à sa mort, en 1894.

Actuellement, l'hôpital Hahnemann reçoit gratuitement, ou moyennant une rétribution journalière de 2 francs, les malades pauvres, atteints d'affections aiguës. Plusieurs chambres sont, en outre, réservées aux malades payants, aux prix de 5 et 10 francs par jour.

Aucune salle ne contient plus de 4 lits, ce qui suffit à assurer le cubage d'air nécessaire à chaque malade et permet d'isoler, facilement toutes les affections contagieuses.

Pour le traitement des maladies internes, 4 chefs de service se partagent les 4 trimestres de l'année. Ils sont assistés par 4 sœurs de Saint-Vincent-de-Paul aidées elles-mêmes de 5 serviteurs (4 femmes et 1 infirmier).

12 médecins constituent le Comité administratif, et 50 dames, celui des dames patronnesses.

Les consultations sont données tous les jours, le matin, de 9 heures à 11 heures, sauf le mardi et le jeudi où elles ont lieu de 1 heure à 3 heures. Un service spécial de consultations est institué pour la chirurgie et les maladies des dents.

Pour une année, le chiffre des consultations gratuites dépasse 15.000 ; 175 à 200 malades sont, en outre, reçus en traitement.

Les dépenses de l'œuvre, s'élevant, en chiffres ronds, à 30.000 francs par an, sont couvertes, pour moitié, par le produit des entrées payantes, et, pour le reste, par les dons, quêtes et ventes de charité faits à son profit. La vente de charité annuelle produit, avec la tombola qui la suit, 5.000 francs environ.

Les visites des familles ont lieu tous les jours, de 1 heure à 4 heures.

2° La *maison Marguerite*, fondée, le 1ᵉʳ novembre 1897, sur un terrain de 1.700 mètres superficiels, rue Borghèse, n° 139 [1], a pour but de donner des soins gratuits aux enfants des deux sexes âgés de 2 à 13 ans, sans distinction de cultes, atteints de maladies aiguës, contagieuses, ou accidents aigus survenant au cours de maladies chroniques, à l'exclusion des cas chirurgicaux, des affections locales des yeux, des oreilles et de la peau, et de toutes les maladies ne nécessitant pas le séjour au lit.

Les soins sont donnés dans la maison Marguerite elle-même, ou dans un local contigu affecté aux consultations gratuites des malades dont l'état ne nécessite pas l'hospitalisation.

L'établissement dépend d'une Société composée de membres fondateurs et de membres titulaires. Le titre de membre fondateur est acquis à toute personne qui verse annuellement une somme de 500 francs pour l'entretien d'un lit, ou qui rachète cette cotisation en versant une somme fixe de 10.000 francs. Pour être membre titulaire, il faut payer une cotisation annuelle dont le minimum est de 200 francs, ou la racheter en versant une somme de

---

[1]. Les constructions ont été élevées sur un terrain, appartenant à Mᵐᵉ Rey-Spitzer, qui doit être bientôt acquis par la Société.
Le loyer annuel est actuellement de 1.940 francs.

5.000 francs. Les dames, membres titulaires, qui apportent leur concours aux administrateurs de la Société, reçoivent le titre de dames patronnesses.

L'établissement dispose de 6 chambres de 3 lits chacune, soit, au total, 18 lits. 2 sœurs, dont 1 diaconesse, et 3 femmes laïques assurent le service. Les ressources proviennent de dons, fondations de lits et souscriptions.

Au point de vue financier, les comptes de l'exercice 1902 ont accusé une recette de 18.639 fr. 45, et une dépense de 15.444 fr. 15. Au cours de la même année, la maison Marguerite a hospitalisé 148 enfants représentant 3.891 journées de présence (6 décès seulement ont été enregistrés). Enfin, le chiffre des consultations externes s'est élevé à 490, au lieu de 223 en 1901.

Les enfants peuvent être visités par leurs parents tous les jours.

3° La *Maison de convalescence protestante,* fondée, en 1859, par un comité de dames protestantes, sous la présidence de Mme la baronne de Staël, après avoir été transférée successivement de Passy à Levallois-Perret, puis rétablie à Passy, a été définitivement installée à Neuilly, n° 3, rue Chauveau, sur un terrain de 2.600 mètres superficiels, où s'élevait un petit hôtel agrandi récemment d'une aile nouvelle.

Elle est principalement destinée aux femmes protestantes sortant des hôpitaux et, exceptionnellement, à celles qui ont été traitées à domicile. Le séjour est gratuit ; la durée, en principe, fixée à trois semaines, peut être prolongée en cas de besoin. Les convalescentes sont placées sous l'autorité de la directrice et ne peuvent sortir qu'avec sa permission. Les visites des familles 1 ont lieu le jeudi, de 1 heure à 3 heures, et le dimanche, de 2 heures à 4 heures. Les jeunes filles au-dessous de 7 ans ne sont pas admises sans leur mère, et les garçons ne sont reçus qu'au-dessous de 3 ans dans les mêmes conditions. La maison n'admet pas les femmes atteintes de maladies de la peau, de maladies contagieuses ou mentales, et d'épilepsie, non plus que celles ayant subi une condamnation ou ayant été, soit à Saint-Lazare, soit à l'hôpital de Lourcine. Celles qui sortent de l'hôpital Saint-Louis ne sont admises qu'après avoir passé la visite du médecin.

L'établissement reçoit encore, à titre exceptionnel, un certain nombre de personnes non désignées dans les statuts, savoir : les

---

1. Les seuls hommes admis sont les pères ou les maris des convalescentes.

femmes protestantes qui, sans avoir été malades, ont, par suite de fatigues, de privations ou de surmenage, besoin de repos ; enfin, au moment des vacances, les enfants particulièrement délicates ou anémiées.

Les chambres sont de 2, 3, 4 et 6 lits.

La baronne Bartholdi est la présidente actuelle du Comité des dames patronnesses qui pourvoit largement à l'entretien de l'œuvre.

Mme Duval, diaconesse, dirige l'établissement, depuis 1884, assistée d'une sous-directrice, d'une aide lingère et d'une cuisinière.

Les repas, au nombre de 4, comprennent un petit déjeuner à 7 heures, composé de café au lait ; un déjeuner à midi (soupe, viande et légumes) ; une collation à 4 heures et un souper à 6 heures (potage, légumes et dessert).

La Maison de convalescence a reçu, pendant l'année 1901, 335 femmes et enfants, et, en 1902, 336, soit, pour les deux années, 671 femmes et enfants, dont 401 venant de divers hôpitaux. Les recettes, pendant la première année, se sont élevées à 31.123 fr. 55, et, pendant la seconde année, à 33.365 fr. 95. Les dépenses, pendant le même temps, ont été respectivement de 26.604 fr. 62 et de 22.788 fr. 20.

Les ressources de l'œuvre proviennent, en partie, des arrérages de rentes ou obligations, de subventions diverses et du produit des ventes de charité.

4° La *Cité des Fleurs*, maison de santé pour hommes, fondée, en 1867, dans un immeuble de 2.000 mètres superficiels environ, situé, boulevard Bineau, n° 57, est destinée aux hommes protestants, principalement aux isolés et aux enfants au-dessus de 4 ans.

Elle dispose de 23 lits en chambres communes à 3 francs par jour, et de 2 chambres à 5 francs, et admet en traitement les maladies les plus diverses (affections chroniques, maladies aiguës, et même cas chirurgicaux).

Le personnel se compose de 7 infirmiers ou gens de service sous la direction de 2 diaconesses. Ces dernières s'occupent du placement des malades à leur sortie.

Les gratifications dues aux infirmiers sont calculées à raison d'une journée en plus par quinzaine. Des réductions ou des admissions gratuites sont d'ailleurs accordées aux malades dépourvus de ressources.

Le culte est célébré, chaque semaine, par un pasteur. Les diaconesses font, en outre, un culte familial tous les soirs.

Du 1er octobre 1902 au 30 septembre 1903, l'établissement a reçu 186 malades, et obtenu 154 guérisons. Pendant le même laps de temps, le chiffre des décès ne s'est élevé qu'à 10.

Ses ressources proviennent d'arrérages divers (1.730 francs), du produit des prix de journée payés par les malades (6.937 francs en 1902, et 8.161 fr. 50 en 1903); enfin, pour la plus grande partie, des souscriptions faites en sa faveur. Ces dernières se sont élevées, en 1902, à 22.535 fr. 25 et, en 1903, à 21.756 fr. 95.

Depuis 10 ans, la dépense totale annuelle varie entre 30.000 et 40.000 francs, et le nombre des journées de présence, entre 9.200 et 13.300. La dépense moyenne par jour et par tête, qui s'élevait à 3 fr. 48 en 1892 et 1893, n'était plus que de 2 fr. 70 en 1902 et 1903.

5° La *Villa chirurgicale*, située rue Jacques-Dulud, n° 7, a été ouverte, en octobre 1903, dans une propriété d'une contenance de 1.200 mètres carrés. Instituée spécialement pour les personnes qui suivent un traitement chirurgical, elle peut disposer de 12 lits. Le prix des chambres varie, d'après leur grandeur, de 10 francs à 20 francs, les 15 premiers jours payables d'avance, et le reste du séjour, par dizaine échue ou par journée.

Dans ce prix, sont compris les soins, la chambre, le linge, sauf le linge de corps; enfin, le lait et le bouillon à discrétion. Restent à la charge des malades, les gardes particulières (laïques ou religieuses), le café, les liqueurs, la bière, le jus de viande, les eaux minérales, le chauffage, l'éclairage et les bains, et d'une manière générale, tout ce qui est en dehors de l'ordinaire. En outre, il est retenu une somme de 20 francs pour le blanchissage du linge résultant de l'opération.

Les frais d'opération sont à la charge des malades, qui peuvent demander le chirurgien de leur choix.

6° La *Maison de santé chirurgicale* du docteur Defaut a été transférée, en 1881, n° 50, avenue du Roule, sur un terrain d'environ 5.000 mètres superficiels. Elle dispose de 40 chambres dont les prix varient entre 15 francs et 40 francs par jour. Le personnel se compose de 33 gardes et infirmières, dont 18 environ logées dans la maison.

Comme son nom l'indique, l'établissement reçoit spécialement des malades des deux sexes en traitement chirurgical. Mais il dispose, en outre, d'une installation hydrothérapique pour les personnes du dehors.

7° L'*établissement chirurgical*, situé, boulevard Victor-Hugo, n° 58, a été fondé, en 1892, par le docteur Barbet, dans une propriété de 12.500 mètres superficiels.

Il a pour but exclusif, comme les deux précédents, le traitement chirurgical, pour lequel il dispose de 13 chambres, dont 6 sont installées de manière à permettre aux malades qui le désirent de recevoir, dans la pièce attenante, ceux des membres de leur famille qui veulent habiter avec eux.

Les prix varient de 12 francs à 30 francs par jour, suivant la chambre choisie. 6 serviteurs à demeure, non compris les gardes temporaires, sont attachés à l'établissement.

La pension donne droit, indépendamment de la chambre, à la nourriture (3 repas par jour), au linge de lit, de table, de toilette et d'opération, au service dit d'hôtel, à la jouissance du salon et du jardin, et aux soins du médecin.

Le chauffage, l'éclairage, le vin, les médicaments et les domestiques ou gardes particulières se comptent à part.

Les parents des malades sont reçus dans les mêmes conditions, sauf quand ils occupent le même appartement, auquel cas le prix de leur pension n'est plus que de 12 à 14 francs par jour.

Enfin, il existe à Neuilly deux maisons de santé pour maladies nerveuses.

8° La *Maison d'hydrothérapie et de convalescence*, dirigée par le docteur Accolas, ancien professeur à l'École de médecine de Rennes, est établie, boulevard du Château, n° 6, au milieu d'un parc de 10.000 mètres superficiels faisant partie de l'ancien parc royal. Elle se compose, en réalité, de sept bâtiments distincts : un grand hôtel central, un pavillon pour le médecin-directeur et sa famille, un chalet destiné aux malades qui désirent un repos complet, un vaste pavillon destiné aux traitements hydrothérapiques et électrothérapiques ; enfin, deux pavillons, le premier, pour les domestiques du sexe masculin, et, le second, pour les domestiques et employées du sexe féminin.

L'établissement s'occupe surtout du traitement des affections nerveuses, et principalement de la neurasthénie. Mais les convalescents de toute nature y sont également reçus. Parmi les affections les plus ordinairement traitées, il convient de citer la morphinomanie, les intoxications chroniques par l'alcool, le tabac, la cocaïne, etc. Les maladies de l'estomac et, d'une manière générale, tous les troubles de la nutrition y sont également l'objet d'un régime particulier.

Le personnel se compose de 13 infirmiers ou domestiques des deux sexes, non compris les gardes-malades.

Le prix de la pension, comprenant le logement, la nourriture et le traitement, varie entre 650 francs et 1.400 francs par mois. Les repas comprennent, indépendamment du déjeuner à midi et du dîner à 7 heures, le petit déjeuner du matin et une collation à 4 heures.

Les pensionnaires de la maison sont composés pour 2/3 d'étrangers et pour 1/3 de Français.

Le service médical est assuré par 3 médecins, dont le directeur.

9° La *Maison de santé de Saint-James,* fondée, en 1845, par le docteur Casimir Pinel, dans l'ancien château de Saint-James, construit, en 1792, par Baudard de Saint-James, trésorier général de la marine et des colonies (V. Notice historique), est situé, n° 16, avenue de Madrid, sur un emplacement de 6 hectares.

L'établissement est dirigé par le docteur Semelaigne, assisté d'un médecin adjoint. Il constitue un asile privé d'aliénés autorisé à recevoir 55 malades (25 hommes et 30 femmes), conformément aux prescriptions de la loi de 1838.

Les pensionnaires, actuellement au nombre de 26, sont pourvus chacun de 1 ou 2 domestiques suivant besoin. Ils occupent, soit les chambres aménagées dans les anciens bâtiments, soit des pavillons, construits récemment, pouvant contenir 6 personnes absolument isolées.

Le prix de la pension varie, suivant les cas, de 300 francs à 1.200 francs par mois. Les repas se prennent, soit en commun, soit dans les chambres, suivant le goût des malades ou leur état.

Jusqu'à ces dernières années, il existait encore à Neuilly une maison d'accouchement, fondée, en 1894, boulevard d'Argenson, sur un terrain de 4.000 mètres superficiels. Actuellement, cet établissement a été transformé en une pension de famille recevant des dames de tout âge, valides ou non.

§ II. — ENSEIGNEMENT PRIVÉ

Enseignement primaire. — La situation de l'enseignement primaire privé, à Neuilly, en 1903, résulte du tableau suivant :

DÉSIGNATION des ÉCOLES	PERSONNEL enseignant		NOMBRE DE CLASSES			NOMBRE D'ÉLÈVES ayant fréquenté l'école pendant l'année scolaire 1902-1903			TOTAL
	Instituteurs ou institutrices	Adjoints ou adjointes	Enfantines	Primaires élémentaires	Primaires supérieures	De moins de 6 ans	De 6 à 13 ans	De plus de 13 ans	
A. — ÉCOLES DE GARÇONS LAIQUES									
16, rue des Poissonniers .	1	5	1	3	1	18	98	34	150
10, rue Saint-James . . .	1	2	»	3	»	»	60	7	67
51, rue de Villiers	1	3	1	2	»	15 dont 2 filles	54	8	77
B. — ÉCOLES DE FILLES LAIQUES									
90, boulevard Bineau . . .	1	1	»	»	2	»	»	9	9
14, rue Borghèse	1	1	»	1	»	»	2	14	16
39, boulevard du Château .	1	2	»	2	»	»	13	12	25
31, rue du Château. . . .	1	2	»	»	1	»	»	12	12
12, rue Garnier.	1	2	1	2	»	46 dont 16 g.	31	3	80
45, rue J.-Dulud	1	5	1	3	»	15 dont 10 g.	49 dont 20 g.	10	74
3, rue de Labordère . . .	1	»	»	1	»	»	»	»	»
26, rue de Longchamp . .	1	1	»	1	»	3	20	»	23
21 bis, rue Louis-Philippe .	1	4	1	2	»	22 dont 12 g.	24 dont 4 g.	32	78
38 bis, rue du Marché . .	1	»	»	1	»	10 dont 9 g.	12 dont 9 g.	»	22
44, avenue de Neuilly . .	1	3	1	1	1	2	22	11	35
92, avenue de Neuilly . .	1	9	»	7	»	»	140	52	192
104, avenue de Neuilly . .	1	5	»	4	»	»	63	35	98
132, avenue de Neuilly . .	1	»	»	1	»	»	»	3	3
165, avenue de Neuilly . .	1	»	»	»	»	5 dont 3 g.	7 dont 3 g.	»	12
38, rue Parmentier	1	1	»	»	2	»	»	30	30
15, rue Perronet	1	6	»	2	2	»	37	37	74
69, rue Perronet	1	3	»	3	»	»	23	24	47
132, rue Perronet	2	1	»	1	»	»	»	11	11
18, rue des Poissonniers .	1	»	1	»	»	14 dont 6 g.	26 dont 12 g.	»	40
21, avenue du Roule . . .	1	2	1	2	»	4	19	3	26
74, avenue du Roule . . .	1	4	»	5	»	1	57 dont 27 g.	24	82
91, avenue du Roule . . .	1	»	»	1	»	»	15	»	15
108, avenue du Roule. . .	1	5	»	2	2	»	8	33	41
19, boulev. de la Saussaye.	1	5	»	5	»	1	66	52	119
27, boulev. Victor-Hugo .	1	8	»	6	»	»	»	87	87
45, boulev. Victor-Hugo .	1	4	1	1	1	»	17	20	37
7, boulevard de Villiers .	1	2	1	1	»	4	9	5	18
C. — ÉCOLE DE GARÇONS CONGRÉGANISTE									
121, avenue du Roule. . .	1	7	»	7	»	»	405	78	483
D. — ÉCOLES DE FILLES CONGRÉGANISTES									
11, rue des Poissonniers .	1	7	»	7	»	67	363	16	446
19, avenue du Roule . . .	1	3	1	3	»	42 dont 19 g.	229 dont 27 g.	4	275
3, boulev. de la Saussaye.	1	5	»	6	»	»	40	42	82
24, boulev. Victor-Hugo .	1	6	»	6	»	»	55	51	106

Enseignement secondaire. — Parmi les institutions de jeunes filles comprises dans le tableau précédent, 4 donnent, en outre, l'enseignement secondaire, savoir :

1° L'institution de Mme Gelot, n° 21, avenue du Roule ;

2° Celle de Mme Carré, n° 15, rue Perronet ;

3° Celle des dames Augustines anglaises, n° 24, boulevard Victor-Hugo ;

4° Celle de Mmes Thavenet et Taylor, n°s 106 et 108, avenue du Roule.

Toutes quatre préparent notamment à l'examen du brevet supérieur.

Enfin, il existe un certain nombre d'établissements, plus spécialement réservés à l'enseignement secondaire, savoir :

1° L'institution Saint-James, n° 34, rue de Longchamp, comprenant 3 maîtres et 120 élèves dont la spécialité consiste principalement dans la préparation aux cours des lycées ;

2° L'institution Notre-Dame de Sainte-Croix, n° 30, avenue du Roule, comprenant 250 élèves, et préparant aux baccalauréats et aux carrières libérales ;

3° L'institution Ruelle, n° 62, avenue de Neuilly (2 maîtres et 25 élèves), préparant aux baccalauréats et aux écoles du gouvernement ;

4° L'institution et le cours Sainte-Geneviève pour jeunes filles, n° 18, avenue Sainte-Foy, qui comprend 15 maîtresses et 148 élèves. Ce dernier établissement [1] prépare au brevet supérieur.

§ III. — ÉTABLISSEMENTS SPORTIFS ET JARDIN D'ACCLIMATATION

Établissements sportifs. — Il convient de signaler 5 cercles ou établissements sportifs.

1° La Société en commandite par action Duhart, Wagner et Cie est établie, rue de Longchamp, sur un terrain de 10.600 mètres carrés. Elle a pour but, soit en France, soit à l'étranger, l'établissement et l'exploitation des jeux athlétiques de toute nature, ainsi que l'acquisition, ou la location des immeubles nécessaires à cette

---

1. Ancien établissement congréganiste laïcisé.

exploitation. Le fonds social est fixé à 250.000 francs et divisé en 2.500 actions de 100 francs chacune.

2° Le cercle situé, n° 65, boulevard Bineau, sur un terrain de 2.267 mètres carrés, a pour but de répandre à Paris le gout du jeu de la pelote basque, auquel il doit son nom. Il se compose de membres d'honneur et de membres actifs, ces derniers versant une cotisation annuelle de 80 francs, non compris un droit d'entrée de 20 francs, ou, pour les admissions temporaires, une cotisation calculée à raison de 25 francs par mois.

3° Le Fronton de pelote basque, n° 66, rue Borghèse (cercle principalement espagnol), a le même but que le précédent. Les abonnements y sont fixés à 85 francs pour le dimanche matin et le jeudi après-midi, à 100 francs pour le dimanche après-midi, enfin à 75 francs pour les matinées des jours de semaine et pour les après-midi des lundi, mardi, vendredi et samedi.

4° La Société sportive du parc de Saint-James, établie sur un terrain de 10.600 mètres carrés, comprend un espace de 2.925 mètres carrés affecté au jeu de pelote basque, 4 jeux de lawn-tennis, une salle d'escrime, 4 tirs à la cible et un bassin de patinage.

Les candidats désirant faire partie de la Société et n'ayant pas de parent sociétaire doivent être présentés par deux membres, et payer une cotisation annuelle de 40 francs, impôt non compris. Les autres (femmes, filles, sœurs non mariées, fils ou frères de sociétaires) sont admis de droit sur leur demande, moyennant le payement d'une cotisation annuelle de 20 francs, impôt non compris.

5° Le vélodrome Buffalo présente une piste de 300 mètres de long sur 7 mètres de large, et une pelouse de 117 mètres de long sur 55 mètres de large, non compris les tribunes.

L'entrée de l'établissement est située avenue de Villiers et rue Delaizement (bureaux, n° 36, rue Parmentier).

Jardin d'Acclimatation. — Le Jardin zoologique d'Acclimatation est administré par une Société dont le capital, d'abord fixé à 1.000.000 de francs, fut porté successivement à 1.500.000 francs, puis, en 1895, à 2.050.000 francs.

Les actions, primitivement de 250 francs, sont aujourd'hui de 500 francs et entièrement libérées. Leurs titulaires ont droit, en outre, à des billets d'entrée renouvelés chaque année.

Cet établissement est situé dans le Bois de Boulogne sur une concession de terrain de 19 hectares que la Ville de Paris fit en 1858 pour 40 années, moyennant une indemnité annuelle de 1.000 francs.

Cette concession, renouvelée en 1882, est actuellement prorogée jusqu'au 31 décembre 1962 par décision du Conseil municipal de Paris en date du 10 juillet 1902 [1].

Commencés en 1859, les travaux étaient achevés l'année suivante et l'établissement fut inauguré le 6 octobre 1860 par l'empereur Napoléon III. Il a été créé dans le but d'introduire en France les espèces animales et végétales, utiles ou agréables, domestiques ou sauvages, de les multiplier et de les faire connaître au public. Il répand et vulgarise les meilleurs types par l'importation et la vente et sert d'intermédiaire entre les éleveurs de France et des pays étrangers. Il constitue, en outre, une des belles promenades des environs de Paris. Après avoir été complètement restauré en 1872, il a créé des succursales à Hyères, à Chilly-Mazarin et au Pré-Catelan.

Dans son état actuel, il présente les dispositions suivantes : l'entrée principale se trouve près du pavillon d'Armenonville, non loin de la porte des Sablons. Une seconde entrée, donnant sur Neuilly et Saint-James, débouche près de la porte dite de Neuilly.

Au delà de la grille de la première entrée, se trouve une avenue carrossable de 10 mètres de largeur où vient aboutir tout le réseau d'allées et de sentiers qui, contournant les parcs, mènent aux différentes constructions.

A gauche sont les grandes serres couvrant 1,500 mètres (serre froide à droite, serres chaudes à gauche et serre tempérée en face du vestibule).

La serre froide, située au Nord du jardin d'hiver, abrite des rhododendrons, des plantes du Cap et de la Nouvelle-Hollande ainsi qu'une intéressante collection de camélias. Les serres chaudes,

---

1. Conformément à cette délibération, par arrêté du 9 décembre 1902, M. le Préfet de la Seine a prorogé de 24 ans à partir du 1er janvier 1939 la jouissance des terrains concédés par actes administratifs des 26 mars 1858, 25 août 1859 et 2 décembre 1882, à la Société du Jardin zoologique d'Acclimatation, avec la réserve suivante : à compter du 1er janvier 1939, la Ville de Paris pourra, à toute époque, reprendre la jouissance du terrain concédé ainsi que des bâtiments qui y auraient été élevés, à la condition de prévenir la Société deux ans à l'avance et à la charge, soit de rembourser les obligations non amorties, soit d'en continuer le service d'après la moyenne des deux années qui précéderont celle au cours de laquelle le bail aura été dénoncé.

situées au Sud, sont au nombre de 7, toutes parallèles : elles contiennent les végétaux les plus remarquables des régions tropicales (orchidées, aroïdées, népenthès, etc.).

La serre tempérée (où se trouve une importante collection de palmiers, d'arbres et de végétaux exotiques) ouvre, ainsi que la galerie qui l'entoure, sur la serre-boulevard ou palmarium, vaste promenoir long de 50 mètres, large de 21 et haut de 14 mètres, régulièrement planté de lignes de grands palmiers. A 5 mètres du sol, supportée par des colonnes, règne, autour du boulevard, une galerie accessible au public, communiquant avec le premier étage de la grande salle.

Cette dernière, mesurant 40 mètres de long sur 30 de large et 20 d'élévation, peut contenir environ 4.000 personnes assises et 4.000 debout. Elle est entourée de 3 étages de galeries. Au rez-de-chaussée, en face de l'ouverture sur le palmarium, se trouve une spacieuse estrade destinée aux conférenciers qui, plusieurs fois par semaine, viennent entretenir le public de questions scientifiques. Les dimanches d'hiver, elle reçoit un orchestre, et le jeudi elle est transformée en une véritable scène théâtrale, où sont représentés les chefs-d'œuvre du Théâtre-Français et même de l'Opéra.

A l'Ouest de la grande salle, est située la galerie des passereaux.

Parallèlement aux grandes serres, se trouvent les serres de vente construites en 1887, puis le musée de chasse et de pêche, galerie longue de 30 mètres, où le matériel utilisé dans l'âge de pierre prend place à côté de celui du chasseur et du pêcheur modernes. Enfin, sur la face Nord de la galerie du musée, les nouvelles galeries de vente (30 mètres de long sur 50 de large), où sont exposés tous les objets pouvant être utilisés par les propriétaires campagnards.

En laissant à gauche la grande allée et le parc des échassiers, on arrive ensuite à la singerie provisoire, maisonnette carrée de 15 mètres de long sur 9 mètres de large, entièrement revêtue de plaques de faïence. La façade du bâtiment est occupée par un grand ébat où sont les espèces rustiques (cynocéphales, babouins et macaques). Les 4 compartiments intérieurs sont réservés aux sajous, atèles[1], saïmiris[2] et ouistitis.

Entre la singerie et les volières, se trouve les parcs destinés aux paons, dindons, poules de Houdan ou Dorking, etc., et divers

1. Singes à queue venant du Nouveau-Monde.
2. Espèce brésilienne.

pavillons rustiques où sont installés des grands-ducs et harfangs de Norvège.

Vis-à-vis de la singerie, s'étend le parc des échassiers et oiseaux de rivage, comprenant des hérons, des cigognes, des spatules, des vanneaux, des combattants et plusieurs espèces d'ibis. Dans le même rayon, on trouve, en descendant vers les faisanderies, les grues, les casoars, autruches et nandous.

Les faisanderies comprennent plus de 120 parquets renfermant les espèces les plus diverses (faisans du Thibet, de la Chine, de l'île Formose, etc.). La plus grande de ces constructions, désignée sous le nom de grande volière, est terminée à chaque extrémité par 2 ailes ou grands pavillons affectés spécialement, l'un, aux ibis, flamants et échassiers rares, l'autre, aux hoccos brésiliens, paons spicifères et autres gros gallinacés. Devant la grande volière, s'élèvent les parquets des colombes et des perdrix, et, entre les faisanderies et la bergerie, la statue en marbre de Daubenton.

Parmi les animaux parqués dans la bergerie, il convient de citer le mouton de Chine ty-ang, le mouton romanoff gris de Russie, les astrakans, la chèvre d'Égypte et la petite chèvre de race naine de la côte d'Afrique.

Non loin de là, s'élève un rocher, exécuté par M. Teiton, qui domine une petite rivière sinueuse. Chaque jour, à heure fixe, les cormorans y sont exercés à la pêche.

A droite, faisant suite aux faisanderies, vient la poulerie, bâtiment monolithe en béton aggloméré. Les œufs, recueillis avec soin, sont, pour le Jardin d'Acclimatation, l'objet d'un commerce important. Les parquets de la poulerie sont complétés par une collection de pigeons de ferme et de volière.

Le colombier, qui s'élève sur le bord de la rivière, est une élégante construction en briques et fer, formant une tour de 30 mètres de haut, divisée en 4 étages, où sont disposés plus de 400 couples de pigeons. Les combles de la toiture, en champignon, sont réservés aux pigeons qui, nés dans l'établissement, jouissent de leur liberté, et sont mis en état de faire le service des dépêches. Le toit du colombier est surmonté d'un certain nombre d'appareils météorologiques munis de cylindres enregistreurs.

La rivière passe ensuite sous la grande allée carrossable et l'on trouve aussitôt après, à droite, le chalet des kangourous entouré de parcs renfermant plusieurs espèces de cerfs de petite taille (cerf des Moluques, cerf sika du Japon, daims noirs, blancs et tachetés, etc.). Au centre de ce bâtiment polygonal, se trouvent des remises et des écuries pouvant contenir 90 chevaux, et formant le complément des anciennes écuries où sont réunis 250 chevaux de toutes les races, faisant le service du factage, du tramway, de la laiterie, des promenades et des manèges [1].

Auprès des écuries de chevaux, en vue du grand chemin, est une gymnastique abandonnée au libre usage des enfants, qui s'y amusent en attendant leur tour de promenade sur les éléphants, chameaux et autres animaux mis à leur disposition par l'administration. Les tarifs sont fixés comme suit, pour chaque tour de promenade : chameau et dromadaire, 0 fr. 50 ; éléphant, 0 fr. 25 ; voiture à autruche, 0 fr. 50 ; voiture des ânes, zébus, chèvres et lamas, 0 fr. 25 ; chevaux de selle, 0 fr. 50.

Auprès de la grande écurie servant d'habitation à ces divers animaux, on trouve des yacks ou bœufs à queue de cheval du Thibet, et, dans les grandes écuries elles-mêmes, des tapirs de l'Amérique du Sud et des phacochères (sangliers de la côte de l'Afrique du sud), les zèbres de Burchell ou dauws du cap de Bonne-Espérance utilisés maintenant dans les travaux intérieurs du jardin et dans les transports extérieurs ; enfin les hémiones et les girafes.

En avant des écuries, s'étend une large pelouse, laissée, en temps ordinaire, aux grands ruminants et aux solipèdes, et affectée aux exhibitions ethnographiques.

Le chalet des lamas[2] complète le groupe des constructions situées autour de la grande écurie. Le bois de sapins, que l'on traverse en sortant de la grande écurie, forme le parc des rennes. Vient ensuite le rocher des mouflons et des chamois, au-dessous duquel sont logées les antilopes des Indes.

Enfin, entre le rocher et l'aquarium, s'élève une construction singulière, dominant un bassin profond où vivent les otaries (lions de mer), et vis-à-vis duquel se trouve une petite étable-laiterie.

L'aquarium, situé sur la droite, après la laiterie, contient 10 grands bassins ou bacs d'eau de mer, et 4 d'eau douce. Dans les premiers se trouvent des pieuvres, des crevettes, des bernard-

---

[1]. Ces manèges constituent de véritables écoles d'équitation ouvertes par l'administration en 1874. Ils comprennent un petit manège pour les débutants et un grand manège pour les personnes déjà accoutumées au cheval.

[2]. Animaux habitant les hauts plateaux des Cordillères dans l'Amérique du Sud.

l'ermite, des hippocampes ou chevaux marins, les spinachies ou épinoches, macropodes, etc. Derrière l'aquarium, se trouve le pavillon de la pisciculture, où les visiteurs peuvent suivre avec intérêt les opérations de la fécondation artificielle.

En face, s'élève le chalet des antilopes, au milieu d'un grand parc, puis le chalet des cerfs.

Enfin, de l'autre côté du grand chemin, vis-à-vis des cerfs, se trouvent, dans un grand chenil, divers représentants des plus belles races canines.

Sur la rivière, qui partage le jardin en deux parties, sont groupés les palmipèdes et les oiseaux d'eau proprement dits (canards mandarins de la Chine et de la Caroline, cygnes blancs et noirs, canards sauvages, etc.). Le kiosque des concerts s'élève sur la rive gauche de la rivière. Des concerts y sont donnés, d'avril à fin septembre, de 3 à 5 heures de l'après-midi.

Le Jardin d'Acclimatation est ouvert tous les jours au public. Le prix d'entrée est, en semaine, de 1 franc par personne, et les dimanches et fêtes, de 0 fr. 50.

Les voitures payent 3 francs pour circuler dans l'établissement. Le prix des abonnements est fixé comme suit, pour une année :

Hommes, femmes et enfants âgés de plus de 7 ans, 25 francs ; Voitures, 50 francs.

Le Jardin est relié à la porte Maillot, c'est-à-dire au chemin de fer de l'Ouest et au Métropolitain, par un tramway miniature traîné par les poneys de l'établissement. Ce tramway circule tous les jours de 9 heures du matin à la nuit. Le prix des places est fixé :

De la porte Maillot au Jardin, à 0 fr. 20 ;
De la porte Maillot à l'extrémité du Jardin, à 0 fr. 35.

V.— RENSEIGNEMENTS DIVERS

Fêtes locales. — La fête communale de Neuilly, une des plus importantes de France, occupe, 3 semaines et 4 dimanches durant, toute la longueur de l'avenue de Neuilly. Elle commence vers le 15 juin pour se terminer 8 jours environ avant la fête nationale.

Le Conseil municipal, par délibération en date du 26 juillet 1901, a fixé comme suit le tarif des droits de place pour les années 1902, 1903 et 1904 :

DÉSIGNATION DES ÉTABLISSEMENTS	PRIX DU MÈTRE LINÉAIRE			
	1re zone	2e zone	3e zone	4e zone
Théâtres, concerts et spectacles	6,50	7,50	6 »	4,50
Ménageries	7 »	8 »	7 »	5 »
Musées, panoramas	4,50	5,50	4 »	2,50
Billards, tournants, marchands sans jeux	5 »	6 »	4,50	3 »
Massacres ordinaires	5 »	6 »	4,50	3 »
Massacres vivants (avec têtes de carton)	6 »	7 »	5,50	4 »
Lingots, jeux de couteaux et jeux de palets	6 »	7 »	5,50	3,50
Tirs de salon	7,50	8,50	7 »	4,50
Tirs mécaniques et tirs à tuyaux	6 »	7 »	5,50	4 »
Tirs et massacres à l'arbalète	5 »	6 »	5 »	3,50
Manèges divers (chevaux de bois ancien modèle, vélocipèdes, vagues de l'océan, chemins de fer circulaires, bateaux, etc.)	8 »	9 »	7 »	5 »
Grands manèges (montagnes russes circulaires, chevaux ou autres animaux au galop, sauteurs, etc.)	10 »	12 »	10 »	7 »
Balançoires et fils aériens	6 »	7 »	5,50	4 »
Roues tournantes	7 »	8 »	7 »	5 »
Montagnes russes	6 »	7 »	6,50	4 »
Photographies	27 »	30 »	24 »	20 »
Pâtissiers forains	5 »	6 »	4,50	3 »
Cafetiers, marchands de vins et pâtissiers de l'avenue	2 »	2 »	2 »	2 »
Mailloches	10 »	12 »	9 »	7 »

Indication des zones :
- 1re zone. — De la porte Maillot à la rue du Marché ;
- 2e zone. — De la rue du Marché à la rue des Huissiers ;
- 3e zone. — De la rue des Huissiers à la rue du Château ;
- 4e zone. — De la rue du Château à la Seine.

La recette résultant de l'application de ce tarif s'est élevée en 1902 à 21.645 fr. 50.

Il existe, en outre, une fête particulière, donnée par les commerçants de l'île de la Grande-Jatte pendant 15 jours, à partir du dimanche de Pâques.

Banques et établissements financiers. — Les banques et établissements financiers situés à Neuilly sont :

1º Le bureau auxiliaire de la Banque de France, nº 40, avenue de Neuilly ;

2º La Banque de Neuilly, nº 99, avenue du Roule ;

3º Le Comptoir national d'escompte de Paris, nº 92, avenue de Neuilly ;

4º L'agence du Crédit lyonnais, nº 26, avenue de Neuilly ;

5º La Société générale destinée à favoriser le développement du commerce et de l'industrie en France, nº 52, avenue de Neuilly.

Sociétés diverses. — 1º L'Avenir (Société de secours mutuels) ;

2º Association des Dames françaises (Croix rouge française) ;

3º Société de prévoyance et de secours mutuels des Alsaciens-Lorrains ;

4º Le Souvenir français ;

5º Société d'horticulture de Neuilly-sur-Seine ;

6º Vétérans des armées de terre et de mer ;

7º Alliance française ;

8º La Lumière, loge maçonnique ;

9º Les Prévoyants de l'avenir ;

10º La France prévoyante ;

11º La Boule de neige (Société civile de retraites pour les 2 sexes) ;

12º Le Bien-Être, Société coopérative de consommation ;

13º La Force ouvrière, Société coopérative de consommation ;

14º L'Harmonie des enfants de Neuilly ;

15º Société de gymnastique et de tir ;

16º L'Amicale, Société lyrique ;

17º Réunion amicale des artistes peintres, musiciens et littérateurs de Neuilly (siège social à la mairie).

Syndicats professionnels. — Les syndicats professionnels déclarés à la mairie, conformément à la loi du 21 mars 1883, sont :

1º La Solidarité ouvrière des travailleurs municipaux de la ville de Neuilly (siège social, nº 12, rue des Poissonniers) ;

2° La Chambre syndicale des cantonniers, ouvrières et ouvriers des services réunis de la banlieue, n° 5, rue de Longchamp ;

3° La nouvelle Société coopérative des cochers, n° 9, rue Rouvray ;

4° L'Union, groupe d'embauchage mutuel d'ouvriers français peintres en bâtiment, n° 79, avenue de Neuilly.

Commission municipale historique et artistique. — Dans sa séance du 26 décembre 1902, le Conseil municipal a institué à la mairie de Neuilly une Commission spéciale dite Commission historique et artistique de Neuilly, composée de 18 membres [1], dans le but de rechercher les vestiges du vieux Neuilly, de constater leur état actuel, de veiller, dans la mesure du possible, à leur conservation, de suivre au jour le jour les fouilles qui pourront être entreprises ainsi que les transformations jugées indispensables et d'en conserver les preuves authentiques, enfin de recueillir les livres, estampes, médailles et photographies ayant trait à l'histoire de la commune. Plus récemment, dans sa séance du 18 mars 1904, le Conseil municipal a décidé de mettre à la disposition de la Commission une somme de 1.000 francs, afin de lui permettre la publication d'un bulletin donnant le résultat de ses travaux. Le premier numéro relatif à l'année 1903 est en préparation et paraîtra vers le mois de juillet 1904.

Médecins, pharmaciens, vétérinaires, sages-femmes. — 30 médecins, 22 pharmaciens, 1 vétérinaire, 11 sages-femmes.

---

1. Les membres de la Commission nommés par la délibération précitée, complétée par celle du 24 avril 1903 sont : le maire, président ; le conseiller général et le conseiller d'arrondissement de Neuilly, MM. Dutocq et Radenen, architectes ; Ed. Circaud, secrétaire ; de Cambis, vice-président ; Debraux, Poilpot et Bréham, artistes peintres ; Brothier de Rollières ; Fernand Bournon, archiviste paléographe ; Edgar Mareux, secrétaire du Comité des Inscriptions parisiennes, et Paul Marmottan ; enfin, 4 membres pris dans le sein du Conseil municipal.

ANNEXES

CONSEIL MUNICIPAL (1904)

(Effectif légal : 30 membres)

MM. BERTEREAU, maire.
    HERSELIN, 1ᵉʳ adjoint.
    BERTRAND (M.-G.), 2ᵉ adjoint.
    NORTIER, 3ᵉ adjoint.
    COSNEFROY, conseiller.
    BERTHAULT —
    GABRIEL —
    ANTONETTI —
    ACOQUAT —
    COSSON —
    AULANIER —
    MÉREL —
    SIBON —
    VILLENEUVE —
    HAHN —

MM. MERLE, conseiller.
    NAYROLLES, conseiller.
    POUJOL —
    DELAMARE —
    LEMAIRE —
    DEFAVRIE —
    DAVID —
    DIGUET —
    BERTRAND (P.-J.) —
    MESSE —
    CHASTEL —
    GUION —
    PLAÇAIS —
    TIXIER —
    SCHEIDECKER —

TARIF DES CONCESSIONS
DANS
LE CIMETIÈRE

Délibération du 7 février 1890, approuvée le 24 avril suivant pour les concessions décennales et quinquennales, modifiée, en ce qui concerne les concessions perpétuelles dans le cimetière ancien par délibération du 30 mars 1900 (approb. préf. du 2 juin suivant) et en ce qui concerne les concessions perpétuelles et trentenaires dans le cimetière nouveau, par délibération du 10 janvier 1902 (approb. préf. du 22 mars suivant).

CIMETIÈRE ANCIEN
CONCESSIONS PERPÉTUELLES

1° Pour les 2 premiers mètres superficiels	900 francs
2° Au delà des 2 premiers mètres et jusqu'à 4 mètres, chaque fraction à raison de 600 francs le mètre.	600 —
3° Au delà de 4 mètres, chaque fraction à raison de 1.200 francs le mètre	1.200 —

CIMETIÈRE NOUVEAU
CONCESSIONS PERPÉTUELLES

1° Pour les 2 premiers mètres superficiels	600 francs
2° Au delà des 2 premiers mètres et jusqu'à 4 mètres, chaque fraction à raison de 400 francs le mètres.	400 —
3° Au delà de 4 mètres, chaque fraction à raison de 800 francs le mètre	800 —

CONCESSIONS TRENTENAIRES

Pour 2 mètres superficiels.	75 francs

CONCESSIONS QUINQUENNALES (Renouvellements)

Pour 2 mètres superficiels. . . . .   30 francs

TARIF DU CAVEAU PROVISOIRE MUNICIPAL
(Délibération du 20 février 1885, approuvée le 26 juin 1886)

Pendant les 30 premiers jours, par jour . . . . .   2 francs
A partir du deuxième mois, par jour.   1   —

TARIF DES DROITS DE VOIRIE

(Délibération du 29 novembre 1895, approuvée par arrêté préfectoral du 28 février 1896)

Section I. — Travaux neufs

Construction :

D'un bâtiment, par mètre linéaire. . . . .   2 fr. »
Mesuré sur la longueur totale au rez-de-chaussée.

D'un bâtiment, par mètre superficiel . . . .   1 fr. »
Mesuré sur le produit de la hauteur moyenne de la face par la largeur totale.

D'un mur de clôture ou d'une grille, par mètre linéaire . . . .   2 fr. »

D'une clôture en planches, en treillage ou toute autre clôture légère, par mètre linéaire . . . . .   0 fr. 50

Il est expliqué qu'il ne s'agit ici que de clôtures à demeure fixe, et non de clôtures dites provisoires servant à entourer momentanément une fouille, un atelier de construction, etc.

Baie. Droit fixe . . . .   1 fr. »
Dans n'importe quelle partie d'un mur ou d'un bâtiment neuf ou surélevé, et quelles que soient ses dimensions, aussi bien dans les étages d'attique ou en retraite qui se trouvent dans un plan vertical, au-dessus de l'entablement, que dans les étages sis au-dessous de l'entablement.

Balcon (grand) dépassant 0 m. 22 de saillie, par mètre linéaire . . . .   20 fr. »
Mesuré sur la longueur du balcon, non compris les retours.

Balcon (petit) ne dépassant pas 0 m. 22 de saillie, par mètre linéaire. . . . .   10 fr. »

Bow-window (construction sur balcon), par mètre linéaire . . . .   30 fr. »
Par étage.

Barre d'appui, garde-fou, par mètre linéaire. . . .   5 fr.   »

Il s'agit ici de barres d'appui placées au droit des croisées, avec une très faible saillie, et complétées ensuite par un ouvrage en fonte ou en fer qui garnit le vide dans la partie inférieure.

Barrière provisoire, par mètre linéaire. . . . . . .   0 fr. 50

Mesuré, non pas en raison du développement linéaire de la barrière, mais en raison de la longueur de façade du terrain clos.

Barrière provisoire, par mètre superficiel et par trimestre. . . . .   0 fr. 50

Ce droit s'applique à la superficie du sol de la voie publique temporairement occupé. Il est valable pour un trimestre et renouvelable ; le trimestre, considéré comme unité, est toujours exigible.

Section II. — Travaux modifiant les constructions existantes

Surélévation d'un bâtiment, par mètre superficiel. .   1 fr.   »

Mesuré sur le produit de la surélévation par la longueur totale de la partie surélevée.

Surélévation d'un mur de clôture, par mètre linéaire.   1 fr.   »
Chaperon, par mètre linéaire. . . . .   0 fr. 50

Le dérasement d'un mur pour la conversion en mur bahut, orné d'une grille, donne lieu à la perception du droit complet d'alignement.

Conversion d'un mur de clôture en mur de face d'un bâtiment. . . . .   »   »

(Voir construction d'un bâtiment neuf, sauf la déduction du droit d'alignement déjà perçu.)

Ravalement entier d'une façade de maison ou de mur de clôture. Droit fixe. . . . .   10 fr.   »

Non compris le droit d'échafaud et de réfection d'entablement.

Ravalement partiel d'une façade de maison ou de mur de clôture. Droit fixe. . . . .   5 fr.   »

Ne sera considérée comme partie de ravalement donnant lieu à la taxe, que celle qui atteindra 2 mètres superficiels.

Les rejointoiements de moellons smillés ou piqués dans les soubassements, ainsi que les travaux de badigeonnage, peinture ou grattage ne seront pas compris comme ravalement.

Baie ouverte après coup ou agrandie :
Dans un bâtiment, au rez-de-chaussée, de 2 mètres et plus. Droit fixe. . . . .   10 fr.   »

Droit de poitrail non compris.

Dans un bâtiment, au rez-de-chaussée, de 0 m. 80 à
2 mètres. Droit fixe. . . . .   5 fr.   »
Dans un bâtiment, au-dessus du rez-de-chaussée, de
0 m. 80 et au-dessus. Droit fixe . . . .   5 fr.   »

Dans un mur de clôture { Baie de porte cochère ou charretière. Droit fixe . . . .   10 fr.   »
{ Baie de porte bâtarde. Droit fixe.   5 fr.   »

Droit de linteau ou fermeture non compris.

Au rez-de-chaussée, ne sont pas considérés comme baies les soupiraux de caves, ni les ouvertures pratiquées dans les devantures ou remplissages en menuiserie.

Toutefois, les soupiraux servant à l'éclairage des sous-sols destinés à l'habitation, au commerce ou à l'industrie, seront taxés comme baies de rez-de-chaussée.

Baie de moins de 0 m. 80 (dans sa plus grande
dimension. Droit fixe. . . . .   5 fr.   »

Compris le droit de linteau ou fermeture.

Poitrail ou toute fermeture de baie, de 2 mètres et
au-dessus (soit en bâtiment, soit en mur de clôture). Droit fixe. . . . .   10 fr.   »
Linteau ou toute fermeture de baie, plate-bande, arc
en pierre, etc., de 0 m. 80 à 2 mètres (soit en
bâtiment, soit en mur de clôture). Droit fixe. . .   5 fr.   »
Reconstruction de pied-droit et de dosseret (soit en bâtiment, soit
en mur de clôture) :
Au rez-de-chaussée, pour baie de 2 mètres et au-
dessus. Droit fixe. . . . .   6 fr.   »
Pour baie de moins de 2 mètres. Droit fixe. . . . . 3 fr.   »

Ces droits ne seront dus que pour le cas où les pieds-droits ou dosserets seront véritablement construits dans une largeur excédant 16 centimètres. Lorsque le constructeur, après avoir ouvert une baie, ne fera pas autre chose qu'en dresser les tableaux et de créer, par conséquent, des dosserets dans la maçonnerie ancienne, sans rien y ajouter, la taxe ne sera pas appliquée.

Reprise dans la face d'un bâtiment :
Trumeau construit au rez-de-chaussée, bouchement
de baie, par mètre superficiel. . . . .   2 fr.   »

Mesuré sur la superficie de l'ouvrage effectué.

Point d'appui intermédiaire, au rez-de-chaussée ;
pile, colonne, poteau, jambe-étrière. Droit fixe.   10 fr.   »

Pour chaque objet.

— 231 —

Échafaud, par mètre linéaire. . . . .   1 fr.   »
    Mesuré sur la longueur de la face de la partie du bâtiment échafaudé.
    Les échafauds volants ne seront pas taxés.
    Ne sont pas non plus taxés les échafauds placés à l'intérieur d'une barrière provisoire.

Entablement, corniche :
Réfection entière. Droit fixe . . . .   10 fr.   »
Réfection partielle. Droit fixe. . . . .   5 fr.   »
    Ces droits ne comprennent pas celui qui sera dû pour l'échafaud. — Toute réfection de moins d'un mètre ne donnera lieu à aucun droit.

Étais. Droit fixe. . . . .   5 fr.   »
    Comptés par chaque groupe d'étais, par chaque chevalement, par chaque ensemble de contrefiches réunies par des moises.

SECTION III. — SAILLIES CONSIDÉRÉES COMME FIXES

Appui de croisée; tablette, le plus ordinairement en
    bois, posée au-dessus du soubassement d'une baie
    et ne dépassant pas 0 m. 16 de saillie. Droit fixe.   5 fr.   »
Barreaux ou grille en saillie au droit d'une croisée.
    Droit fixe . . . .   10 fr.   »
Chardon ou herse. Droit fixe. . . . .   5 fr.   »
Tuyau de descente. Droit fixe. . . . .   10 fr.   »
   —   Renouvellement partiel. Droit
    fixe . . . .   5 fr.   »
    Toute réfection de moins de 1 mètre ne donnera lieu à aucun droit. Le droit entier de 10 francs sera perçu pour la réfection de plus de la moitié du tuyau.

Croisée en saillie. Droit fixe . . . .   5 fr.   »
Volet. Droit fixe. . . . .   5 fr.   »
Persienne. Droit fixe. . . . .   5 fr.   »
    Un volet fermant une baie tout entière doit la totalité du droit; deux volets réunis pour clore une même baie, formant une paire, ne payeront qu'un seul droit.

Jalousies de toute espèce. Droit fixe. . . . .   5 fr.   »
Moulures en menuiserie formant cadre ou cham-
    branle. Droit fixe. . . . .   5 fr.   »

Section IV. — Saillies considérées comme mobiles

Abat-jour; appareil placé au-devant d'une baie, pour modifier l'introduction de la lumière. Droit fixe.	5 fr. »
Réflecteur ; appareil disposé au-dessus des baies, pour y faire affluer plus de lumière. Droit fixe.	10 fr. »
Baldaquin, marquise, transparent, auvent, par mètre linéaire	4 fr. »
Établissement de banne, par mètre linéaire	3 fr. »
Renouvellement de toile de banne, par mètre linéaire.	0 fr. 50

Sont considérés comme bannes et taxés comme telles, les stores qui embrassent plusieurs croisées ou qui s'étendent devant les larges baies ouvertes, le plus souvent dans la hauteur des entresols.

Store en élévation, posé au droit d'une seule croisée et se développant en saillie. Droit fixe.	5 fr. »
Écran-paravent placé aux extrémités des étalages. Droit fixe	5 fr. »
Grande marquise ayant plus de 0 m. 80 de saillie, par mètre superficiel	5 fr. »

Mesurée sur la projection horizontale. Ne sont pas considérées comme grandes marquises, les grandes tentures en saillie disposées exceptionnellement, les jours de fêtes, devant les boutiques et portes cochères.

Devanture de boutique, distinction faite du seuil, par mètre linéaire.	5 fr. »
Socle ou seuil, parpaing recevant une devanture, par mètre linéaire	2 fr. »
Tableau d'enseigne de boutique, sous corniche en bois ou en pierre, par mètre linéaire.	2 fr. »

Mesuré entre les deux points extrêmes de la saillie.

Devanture en réparation. Toute réparation ou renouvellement de châssis, porte, tableau, caisson ou soubassement. Droit fixe.	5 fr. »
Parement de décoration, lambris appliqué sur les murs en élévation, par mètre linéaire.	5 fr. »
Montre ou vitrine. Droit fixe.	10 fr. »

Toute vitrine de moins de 0 m. 06 de saillie ne payera que comme tableau.

Enseigne, tableau-enseigne, attribut, écusson. Droit
 fixe . . . .   5 fr. »
 <small>Tout changement d'inscription sur une enseigne donnera lieu à la taxe.</small>

Enseignes découpées. Lettres appliquées sur les bal-
 cons. Droit fixe. . . . .   10 fr. »
 <small>Comptées pour une enseigne complète, quel que soit le nombre de mots.</small>

Grand tableau. Frise courante portant enseigne, par
 mètre linéaire. . . . .   1 fr. »
Pilastres, caissons isolés en menuiserie. Droit fixe.   5 fr. »
Lanternes. Droit fixe. . . . .   5 fr. »
 <small>Sera considéré comme lanterne isolée chaque appareil placé, soit directement sur le nu d'un mur ou d'une devanture, soit sur une tringle courante et consistant en support, conduite ou tringle avec globe, verre ou réflecteur.</small>

Rampe et appareil d'illumination formant une saillie
 spéciale, composés de tubes droits ou recourbés
 sur lesquels sont greffés de petits brûleurs, avec
 ou sans globe, par mètre linéaire. . . . .   1 fr. »
 <small>Mesurés sur la projection horizontale. Les rampes posées sur des objets en saillie, corniches, moulures, etc., et ne formant pas par elles-mêmes une saillie spéciale, ne devront aucun droit. — Les appareils formant une enseigne, un attribut, un chiffre, etc., seront considérés comme des enseignes, des attributs, etc., et taxés comme tels.</small>

15.

TARIF DE L'OCTROI

(prorogé pour 5 ans depuis le 1er janvier 1901
par décret du 31 décembre 1900)

OBJETS ASSUJETTIS AUX DROITS	MESURES et POIDS	DROITS A PERCEVOIR		
		TAXES PRINCIPALES	TAXES SPÉCIALES	TOTAL
Boissons et liquides				
Vins en cercles et en bouteilles.............	l'hectolitre	1,50	» 50	2 »
Cidres, poirés et hydromels.............	—	0,50	» 50	1 »
Alcool pur contenu dans les eaux-de-vie, esprits, liqueurs, fruits à l'eau-de-vie et absinthes...	—	26 »	10 »	36 »
Bières de toutes espèces.............	—	4 »	1 »	5 »
Vinaigres de toutes espèces et conserves au vinaigre.............	—	3 »	1 »	4 »

Pour la perception, la bouteille commune est considérée comme litre et la demi-bouteille comme demi-litre, en ce qui concerne les vins, cidres, poirés et hydromels. (Art. 145 de la loi du 28 avril 1816.)

Les vermouts, vins de liqueur ou d'imitation, ne sont pas assujettis à la taxe afférente aux vins; ils sont imposés pour leur force alcoolique totale, avec un minimum de perception de 16 degrés pour les vermouts et de 15 degrés pour les vins de liqueur ou d'imitation, et sont passibles des demi-droits de consommation, d'entrée et d'octroi jusqu'à 15 degrés et des droits pleins au-dessus de 15 degrés. (Art. 21 de la loi du 13 avril 1898.)

Les vins autres que ceux désignés au § précédent, qui présentent une force alcoolique supérieure à 15 degrés, sont imposables comme vins et passibles, en outre, du double droit de consommation, d'entrée et d'octroi, pour la quantité d'alcool comprise entre 15 et 21 degrés ; s'ils titrent plus de 21 degrés, ces vins sont imposés comme alcool pur. (Art. 3 de la loi du 1er septembre 1871).

Les vendanges et les fruits à cidre ou à poiré seront soumis aux droits, à raison de 3 hectolitres de vendange pour 2 hectolitres de vin, et de 5 hectolitres de pommes ou poires pour 2 hectolitres de cidre ou de poiré.

Les raisins secs destinés à la fabrication du vin sont imposés à raison de 3 hectolitres de vin pour 100 kilogr. de raisin.

Les fruits secs destinés à la fabrication du cidre ou du poiré seront imposés à raison de 25 kilogrammes de fruits pour 1 hectolitre de cidre ou de poiré.

Nonobstant les dispositions de l'article 145 de la loi du 28 avril 1816, les eaux-de-vie, esprits et liqueurs, expédiés en bouteilles, seront imposés d'après la capacité des bouteilles. (Art. 9 de la loi de finances du 27 juillet 1870.)

Les eaux-de-vie ou esprits altérés par un mélange autre que l'un de ceux déterminés par le Comité des Arts et Manufactures, sont soumis au même droit que les eaux-de-vie et esprits purs.

Les vinaigres concentrés, acides acétiques et pyroligneux, ainsi que les vinaigres de toilette, seront soumis à la quintuple taxe.

OBJETS ASSUJETTIS AUX DROITS	MESURES et POIDS	DROITS A PERCEVOIR		
		TAXES PRINCIPALES	TAXES SPÉCIALES	TOTAL
Comestibles				
Viandes de boucherie et de charcuterie fraîches, graisses, abats et issues............	100 kil.	2 »	2 »	4 »
Charcuterie, lard, viandes salées ou fumées...	—	4 »	2 »	6 »
Volailles de toute espèce............	le kil.	0,06	0,04	0,10
Gibier..........................	—	0,20	0,05	0,25
Fromages secs	—	0,06	0,04	0,10

La taxe est applicable, selon leur nature, aux viandes conservées, fraîches ou cuites.

Pour la perception de la volaille et du gibier, les préposés se conformeront à la moyenne de poids établie par le décret du 12 février 1870.

Réduction d'un quart sera faite sur les suifs bruts ou en branches.

Combustibles				
Bois à brûler, durs................	le stère	0,90	0,30	1,20
— tendres...............	—	0,50	0,30	0,80
Fagots et margotins...............	le cent	0,70	0,30	1 »
Charbon de bois et ses dérivés, charbon de Paris.	l'hectol.	0,25	0,05	0,30
Charbon de terre, tourbes et tous les autres combustibles minéraux............	100 kil.	0,20	0,10	0,30
Coke et escarbilles	l'hectol.	0,10	0,05	0,15
Cires blanches ou jaunes, bougie, acides stéariques et margariques.............	100 kil.	15 »	»	15 »
Chandelles, suifs fondus et graisses non comestibles........................	—	2 »	»	2 »

Les bois ou planches de déchirage sont imposés comme bois à brûler tendre.

Sont considérés comme bois durs, qu'ils soient combustibles ou bois d'œuvre : le chêne, le châtaignier, le charme, l'orme, le frêne, l'acacia, le hêtre, le noyer, le merisier, l'érable, le prunier, le poirier et le pommier. Tous les autres sont considérés comme bois tendres.

Les souches, gros copeaux et pavillons d'arrachis payeront la moitié du droit, ainsi que la braise de boulanger et le poussier de charbon.

Le coke fabriqué à l'intérieur, avec du charbon qui aura payé le droit, sera affranchi de la taxe.

OBJETS ASSUJETTIS AUX DROITS	MESURES et POIDS	DROITS A PERCEVOIR		
		TAXES PRINCIPALES	TAXES SPÉCIALES	TOTAL
Fourrages				
Foin, sainfoin, luzerne et autres fourrages	100 bottes de 5 kil.	2 »	»	2 »
Paille de toute espèce	—	1 »	»	1 »
Avoine, son, recoupes et toutes issues de moutures	100 kil.	1,30	»	1,30
Orge, maïs concasssés ou en tourteaux, féveroles.	—	0,70	»	0,70

Le droit se perçoit sur le nombre total des bottes, sans aucune déduction ni tolérance. Lorsque le poids des bottes excédera 5 kilogr., le droit sera perçu daus la proportion des taxes ci-contre. En cas d'introduction de fourrages non bottelés, le droit sera perçu au poids dans la proportion de la taxe ci-contre.

Les foins et les fourrages verts sont exempts du droit.

L'avoine et l'orge en gerbe acquitteront séparément pour le grain et la paille. L'orge mondé est exempt du droit.

Les avoines et orges moulus acquitteront comme en grains.

Matériaux				
Bois de charpente et de menuiserie durs	le stère	4,50	»	4,50
Bois de charpente et de menuiserie tendres	—	3,50	»	3,50
Chaux, mortiers de toute espèce	l'hectol.	0,40	»	0,40
Ciments de toute espèce	100 kil.	1 »	»	1 »
Plâtre	l'hectol.	0,40	»	0,40
Moellons, plâtras, pavés, meulières	le m. c.	0,50	»	0,50
Pierres de taille dures	—	3 »	»	3 »
Pierres de taille tendres	—	2,40	»	2,40
Dalles et carreaux de pierre	le m. sup.	0,50	»	0,50
Marbre et granit	le m. c.	12 »	»	12 »
Ardoises pour toitures	le mille	3 »	»	3 »
Briques, tuiles et carreaux	—	3 »	»	3 »
Poterie de toute espèce pour le bâtiment	100 kil.	0,20	»	0,20
Fers, fontes, aciers de toute espèce, zincs, plombs et cuivres destinés aux constructions immobilières, façonnés ou non	—	2 »	»	2 »
Vernis de toute espèce, autres que ceux à l'alcool, blanc de céruse et de zinc et autres couleurs, essence de toute nature, goudrons liquides, résidus de gaz et autres liquides pouvant être employés comme essences en couleurs	—	5 »	»	5 »

— 237 —

OBJETS ASSUJETTIS AUX DROITS	MESURES et POIDS	DROITS A PERCEVOIR		
		TAXES PRINCIPALES	TAXES SPÉCIALES	TOTAL
Les bois à ouvrer, d'essences dures, sont les mêmes que ceux mentionnés aux combustibles. Les bois de démolition venant de l'extérieur sont passibles du droit à moins qu'ils ne soient reconnus n'être bons qu'à brûler ; en ce cas, ils payent comme bois de chauffage. Les bois employés comme combustibles ou comme matériaux de constructions immobilières, sont seuls soumis aux droits. Réduction d'un tiers sera faite sur le volume des bois en grume. Les bois et métaux dont l'emploi ne sera pas nettement déterminé au moment de l'introduction et qui seraient déclarés à un usage autre que la construction immobilière, seront placés sous le régime de l'entrepôt, et il n'en sera accordé décharge qu'après justification de leur emploi. Le volume des bois confectionnés en charpentes ou en menuiserie, ainsi que celui des moellons et meulières piqués et de la pierre taillée, sera majoré d'un dixième. Les bois de construction qui, par leur forme ou leur volume, offriraient des difficultés de mesurage, seront imposés dans la proportion de 900 kilogr. pour un stère de bois dur et de 690 kilogr. pour un stère de bois tendre. Les carreaux de plâtre payeront comme plâtre pour leur volume. La pierre dite granit de Cherbourg, destinée au pavage et aux bordures de trottoirs, est assimilée à la pierre dure. Les pierres et les marbres factices payent comme pierres et marbres naturels. Les marbres introduits avec les meubles dont ils font partie seront exempts du droit, ainsi que les meubles. Lorsque le cubage du marbre présentera des difficultés, la taxe sera appliquée au poids à raison de 2.700 kilogr. par mètre cube. Les dimensions maxima des ardoises sont de 700 centimètres carrés ; celles des tuiles de 750 centimètres, celles des carreaux 300 centimètres; celles de la brique de 1.500 centimètres cubes; au-dessus, ces articles seront soumis au droit proportionnel. Les tuiles à emboîtement compteront pour 2 et les faîtières pour 4 tuiles. La taxe du cuivre sera double de celle du fer. Les ustensiles de ménage sont exempts de la taxe. Les ocres à l'état sec et les goudrons n'acquitteront que la moitié de la taxe des essences. Les quantités inférieures à celles déterminées au présent tarif seront imposées proportionnellement.				

TABLE

NOTICE HISTORIQUE............	7
I. Faits historiques	8
II. Modifications territoriales et administratives	30
III. Annales administratives. Liste des maires............	35
IV. Monuments et édifices publics. Bibliographie............	44

RENSEIGNEMENTS ADMINISTRATIFS

I. — TOPOGRAPHIE, DÉMOGRAPHIE ET FINANCES

§ 1. *Territoire et domaine*

A. Territoire
- Nom............ 59
- Dénomination des habitants............ 59
- Armoiries............ 59
- Limites, quartiers, hameaux, écarts et lieux dits............ 59
- Superficie de la commune............ 60
- Arrondissement............ 60
- Canton............ 60
- Circonscription électorale législative............ 60
- Bureaux de vote............ 60
- Circonscription judiciaire............ 60
- Circonscription de commissariat............ 61
- Orographie............ 61
- Hydrographie............ 61

B. Domaine
- Hôtel de ville............ 61
- Écoles communales............ 64
- Églises............ 66
- Presbytère............ 67
- Église évangélique............ 67
- Synagogue............ 68
- Cimetières............ 68
- Caveaux provisoires............ 71
- Tombes militaires............ 72
- Hospice communal............ 72
- Fondation Galignani............ 75
- Fondation Belœuil............ 76
- Remise de pompes............ 77
- Marchés............ 77
- Bureaux d'octroi............ 78
- Bureau de poste............ 78
- Commissariat............ 79

B. Domaine	Justice de paix...	79
	Propriétés communales...	79
	Squares et statues...	79
	Bois de Boulogne...	80

§ II. *Démographie*

A. Population	Population résidente, présente, par provenance, par nationalités, etc. — Naissances, décès, mariages...	81
B. Habitations	Habitations occupées ou non. — Classement suivant les étages...	84
	Nombre de logements...	84
	Ateliers, magasins et boutiques...	84
C. Divers	Électeurs inscrits...	85
	Recrutement...	85
	Recensement des chevaux et voitures...	85

§ III. *Finances*

A. Contributions	Principal des contributions...	85
	Perception...	85
B. Octroi...		86
Finances communales	Recettes ordinaires et extraordinaires...	88
	Dépenses ordinaires et extraordinaires...	88
	Emprunts...	89
	Valeur du centime. — Nombre de centimes grevant la commune et leur nature...	90
	Charges par habitant...	90
	Secours...	90
	Receveur municipal...	90

II. — SERVICES PUBLICS

§ I. *Bienfaisance*

Bureau de bienfaisance...	91
Dons et legs au Bureau de bienfaisance...	95
Dons et legs faits à la commune...	99
Hospice de vieillards...	103
Orphelinat municipal...	108
Hospice Galignani...	110
Fondation Belœuil...	113
Service médical de nuit...	114
Traitement des malades dans les hôpitaux de Paris...	115
Assistance à domicile...	115
Aliénés, Enfants assistés et moralement abandonnés...	116
Protection des enfants du 1er âge...	117
Secours aux familles nécessiteuses des soldats de la réserve et de la territoriale...	117
Secours divers alloués par la commune...	117
Propagation de la vaccine...	118
Bureau municipal de placement gratuit...	118
Société de secours mutuels...	118
Mutualité scolaire...	122
Caisse des écoles...	123

§ II. *Enseignement*

Enumération par groupe scolaire du nombre de classes, d'élèves et de maîtres	126
Enseignements spéciaux et cours municipaux	128
Élèves admis dans les écoles primaires, supérieures et professionnelles de Paris	128
Classes de garde et classes de vacances	128
Cantines scolaires	129
Bibliothèques scolaires	129
Bibliothèque pédagogique	129
Bibliothèque municipale	130
Association philotechnique	131

§ III. *Voirie*

Routes nationales et départementales	132
Chemins vicinaux de grande communication	133
Chemins vicinaux ordinaires	134
Chemins ruraux	134
Voirie urbaine	134
Prestations	135
Entretien des rues et chemins vicinaux. — Balayage	135
Enlèvement des boues	136
Droits de voirie et de stationnement	137
Seine	137
Ponts	138
Egouts	142
Distance de Paris et des communes du canton	148
Moyens de transport	148
Eaux	154
Éclairage	156

§ IV. *Justice et police*

Justice de paix	159
Officiers ministériels	160
Commissariat et agents de police	160
Gendarmerie	160
Gardes champêtres et appariteurs	161

§ V. *Cultes*

Paroisse	161
Fabrique. — Budget. — Fondations	161
Congrégations	161
Église évangélique	162
Synagogue	162

§ VI. *Services divers*

Poste, télégraphe, téléphone	163
Caisse d'épargne	164
Sapeurs-pompiers	164

Marchés	168
Pompes funèbres	170
Bureaux de tabac	172
Archives	172

§ VII. *Personnel communal*

Employés de la mairie	173
Divers	173
Pensions et retraites	175

III. — INDUSTRIE ET COMMERCE

Considérations générales sur l'industrie et le commerce	177
A. *Industrie*	178
Tapisserie et passementerie	178
Parfumerie et produits pharmaceutiques	179
Électricité	182
Carrosserie	183
Comestibles	186
Scierie et exploitation de carrières	186
Imprimerie	187
Industries diverses	187
B. *Commerce*	188
Automobiles	190
Grains	190
Chantiers de bois et charbons	190
Garde-meubles	190
Vins et liqueurs	190
Ventes publiques	191
Agriculture	191

IV. — ÉTABLISSEMENTS PRIVÉS

Bienfaisance et médecine	192
Orphelinats et maisons de refuge ou de retraite. — Asiles et crèches	192
Hôpitaux et maisons de santé	204
Enseignement privé	210
Établissements sportifs et Jardin d'Acclimatation	212

V. — RENSEIGNEMENTS DIVERS

Fêtes locales	219
Banques et établissements financiers	220
Sociétés diverses	220
Syndicats professionnels	220
Commission municipale historique et artistique	221

ANNEXES

Conseil municipal	225
Tarif des concessions dans le cimetière	226
Tarif des droits de voirie	228
Tarif de l'octroi	234

COMPOSÉ, IMPRIMÉ ET BROCHÉ
PAR LES PUPILLES DU DÉPARTEMENT DE LA SEINE,
ÉLÈVES DE L'ÉCOLE D'ALEMBERT
A MONTÉVRAIN

NEUILLY-SUR-SEINE

COMPARAISON
de la
POPULATION
et des
RECETTES ORDINAIRES
Relevées aux époques de Recensement
(1801 à 1901)

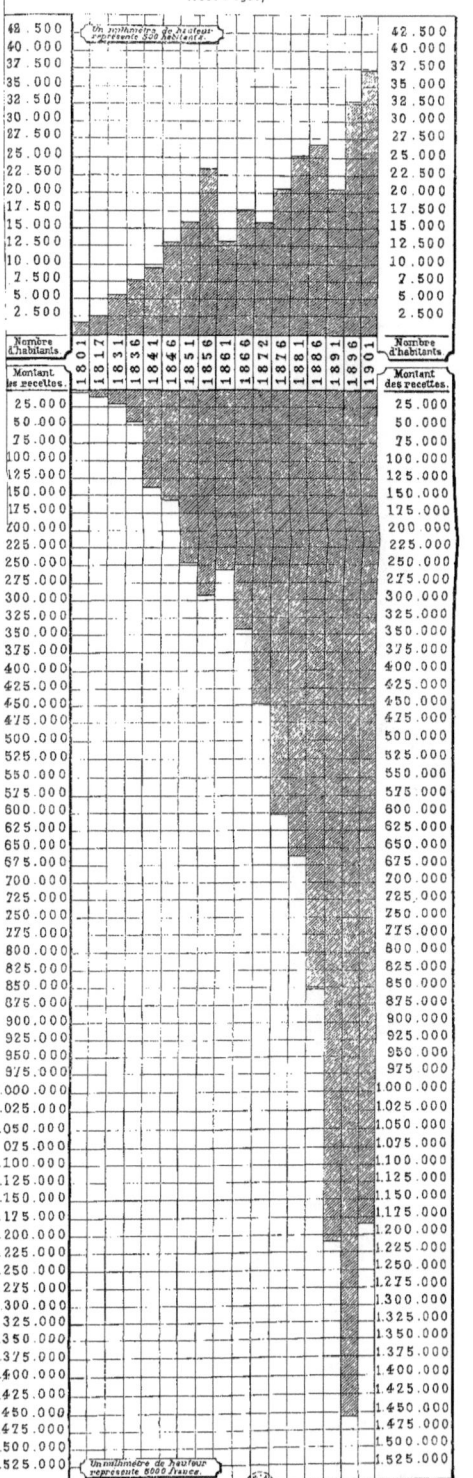

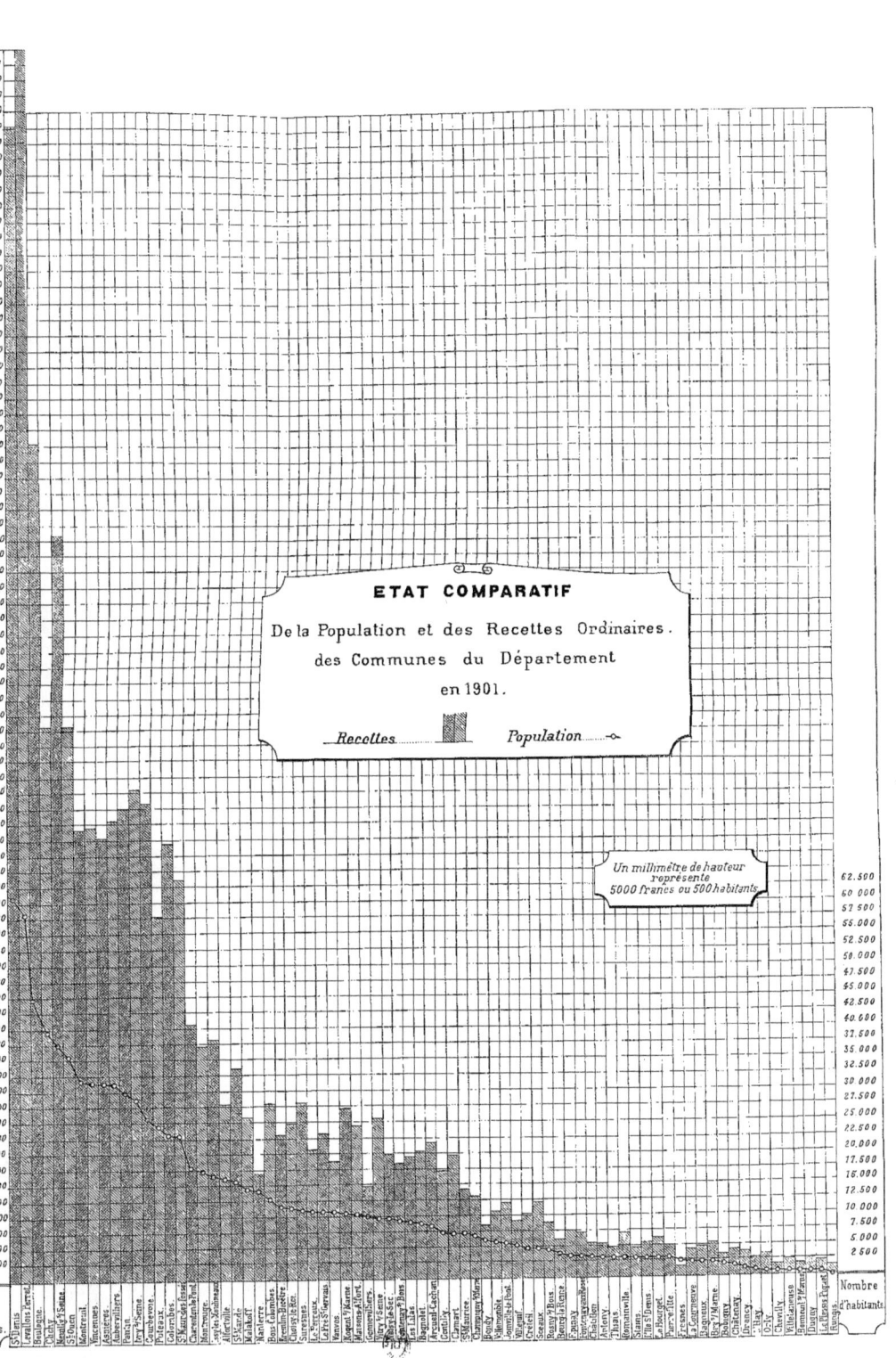

NEUILLY-SUR-SEINE
Limites actuelles de la Commune reportées sur la Carte dite des Chasses (1764-1773)

EN DÉPOT
A LA PRÉFECTURE DE LA SEINE

DIRECTION DES AFFAIRES DÉPARTEMENTALES
BUREAU DES COMMUNES

(Annexe Est de l'Hôtel de Ville)

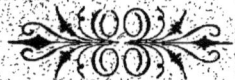

www.ingramcontent.com/pod-product-compliance
Lightning Source LLC
Chambersburg PA
CBHW070637170426
43200CB00010B/2056